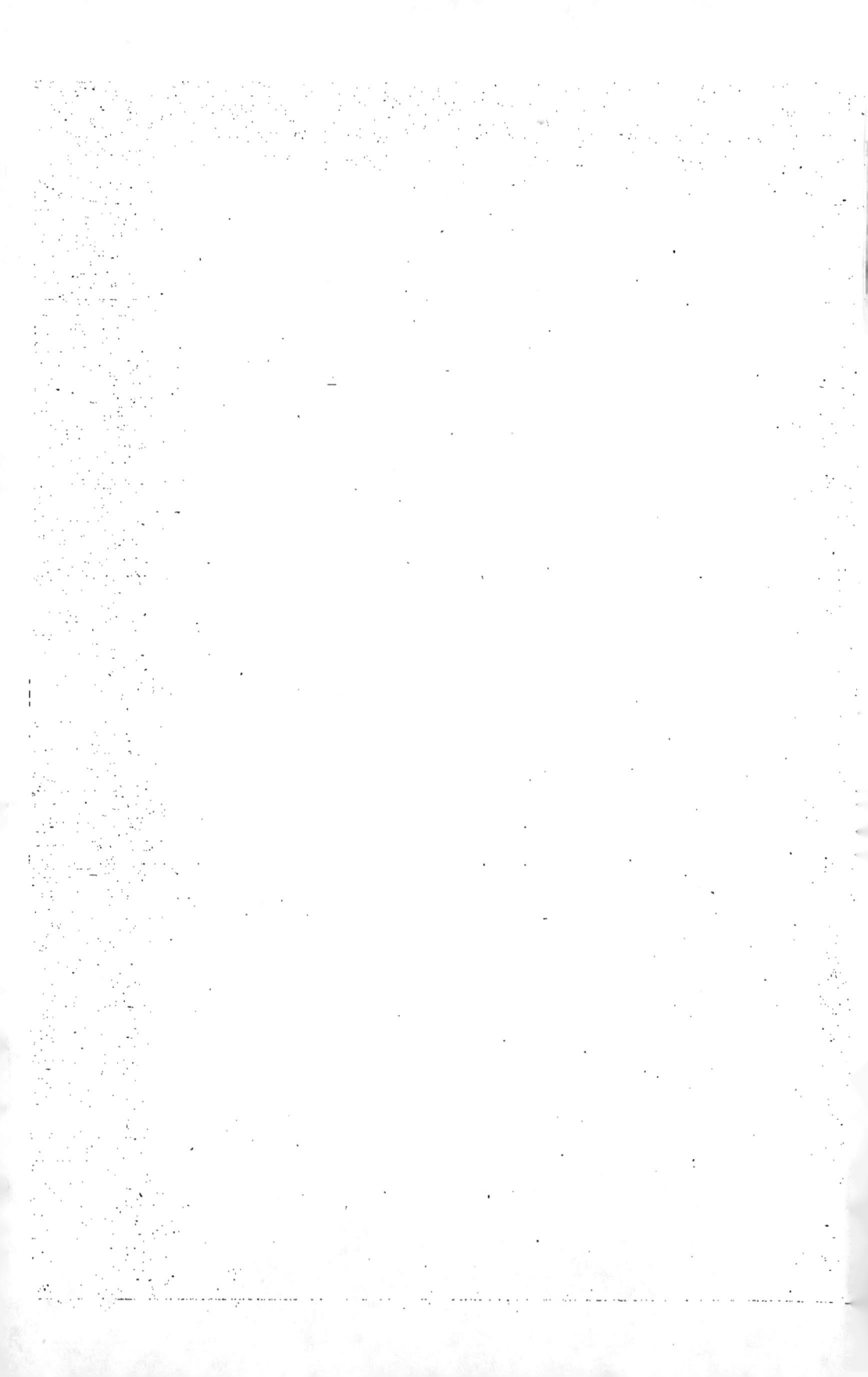

CHARTES COMMUNALES

ET

FRANCHISES LOCALES

DU

DÉPARTEMENT DE LA CREUSE,

PAR

Louis DUVAL,

ARCHIVISTE DU DÉPARTEMENT DE LA CREUSE.

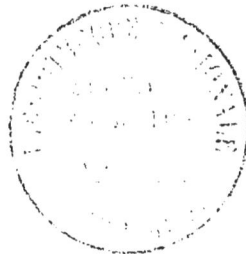

CHARTES COMMUNALES

ET FRANCHISES LOCALES

DU

DÉPARTEMENT DE LA CREUSE.

INTRODUCTION.

CHAPITRE I.

Anciennes divisions géographiques. — Origines du comté de la Marche
et de la vicomté d'Aubusson.

La Creuse est peut-être de tous les départements de la
France celui qui, dans sa constitution territoriale, présente les
éléments les plus divers. Huit provinces ont contribué à sa
formation : la Marche, le Limousin, le Poitou, la Combraille,
le Franc-Alleu, l'Auvergne, le Bourbonnais et le Berry. Une
variété non moins grande régnait dans la condition des habitants avant 1789. Tandis que le régime du *franc-alleu* s'était
maintenu dans le petit pays de ce nom ; tandis que, dans la
Marche, dès le XIIIᵉ et le XIVᵉ siècle, le servage s'était singuliè-
rement adouci ; que les tenures en franchise s'étaient multi-
pliées et que toutes les localités un peu importantes étaient en
possession de libertés municipales plus ou moins étendues,
dans la Combraille nous voyons la servitude personnelle sub-

sister dans toute sa rigueur jusqu'à la Révolution. Chaque seigneurie avait pour ainsi dire sa coutume particulière et, dans chaque fief, la condition des personnes loin d'être égale présentait souvent les différences les plus tranchées.

En recueillant les chartes de commune et de coutumes qui se rapportent à ce pays, les actes d'affranchissement particuliers, en analysant les principales déclarations contenues dans les terriers, nous avons posé les bases fondamentales de toute étude sérieuse sur l'histoire de ce pays. Nous n'avons nullement la prétention de résoudre nous-même toutes les questions que ces précieux documents peuvent servir à élucider. Mais nous nous croyons obligé, afin d'en mieux faire ressortir l'intérêt de rechercher: 1º quelle était, dans la région qui nous occupe, la condition des personnes et des terres avant l'établissement des communes ; 2º comment les habitants des villes et ceux des campagnes sont parvenus à obtenir, les uns une organisation municipale complète, les autres, un adoucissement à la condition à laquelle ils étaient soumis ; 3º quelles furent les conséquences de ces concessions de droits et de franchises, et qu'elle influence elles ont eue sur le développement de la classe moyenne.

Par une coïncidence heureuse, en embrassant dans cette étude non pas seulement la Haute-Marche, mais la totalité de la circonscription actuelle du département de la Creuse, nous ne dépassons que sur un très-petit nombre de points les limites des plus anciennes divisions du pays. Il est à remarquer en effet, que toutes les communes du département, à l'exception d'une vingtaine seulement, appartiennent à l'ancien diocèse de Limoges, lequel, comme on sait, représentait le territoire de l'antique *civitas Lemovicina*. Toutes les autres divisions, féodales, militaires, judiciaires, administratives et financières qui se croisaient en tous sens et de la façon la plus bizarre à travers ce territoire, n'ont ni la même antiquité, ni la même fixité, ni la même importance.

Quant aux dix-huit *pagi* antérieurs au XIIᵉ siècle, mentionnés par M. Deloche dans ses *Etudes sur la géographie historique de* la Gaule, et spécialement sur les divisions territoriales du Limousin et désignés par ce savant sous le nom de « pagi authentiques, » l'existence même de plusieurs de ceux que l'auteur place dans la Creuse ne nous paraît pas suffisamment prouvée. M. Deloche reconnaît lui-même que souvent, pour établir certaines limites, il n'a pu s'appuyer que sur des données plus ou moins conjecturales. Est-il vraisemblable, par exemple, que deux localités aussi peu éloignées l'une de l'autre que Vallières et Saint-Georges-Nigremont aient donné leur nom à deux pagi authentiques ? Nous ne parlerons pas du pagus Betrivus, du pays de Bort, dont l'existence paraît très douteuse à M. Deloche lui-même ; ce qui ne l'a pourtant pas empêché de donner place à ce prétendu territoire sur ses cartes de l'Orbis Lemovicinus.

M. Deloche se fondant sur ce fait que l'attribution à tel ou tel pagus de plusieurs petites circonscriptions mentionnées seulement à partir du xıe siècle, n'est indiquée par aucun document antérieur à cette époque, n'hésite pas à ériger ces circonscriptions en pagi. C'est ainsi que, d'après M. Deloche, Guéret aurait été capitale du pagus Garactensis, et Dun, capitale du pagus Dunensis. Cependant tout le monde sait que Guéret, le Bourg-aux-Moines, ne date que de la fin du vıııe siècle et n'a pris d'importance que beaucoup plus tard. Quant au pays de Dun, M. Deloche reconnaît qu'il ne l'a pas trouvé mentionné antérieurement à 1427 [1].

Ces cantons qui ne représentent nullement d'anciens pagi, doivent être placés dans la même catégorie que les pays de Barmantois et de Chargnac mentionnés par Benjamin Guérard dans sa liste des petits pays de France d'origine moderne. A ces noms, et au même titre, M. Deloche eût pu ajouter :

1º Le pays de Drouille, qui a laissé son nom à la commune de Saint-Christophe-en-Drouille, canton et arrondissement de

[1] Plus d'un siècle auparavant, les noms des paroisses de Saint-Sulpice-le-Dunois et de Bussière-Dunoise : Ca. Sti Sulpicii Dunensis, Ca. de Buxeria Dunensi, figurent dans le Pouillé du diocèse de Limoges, remontant au commencement du xıve siècle, qui existe aux Archives de la Creuse.

Guéret; au village de *Drouille*, commune de Saint-Eloi, canton de Pontarion, arrondissement de Bourganeuf; et, d'après une note insérée par M. Bosvieux dans une copie du Cartulaire de Bénévent, à la commune de Saint-Léger-le-Guérétois, dont l'ancien nom aurait été Saint-Léger-le-*Drouillois*. Cette localité dépendait de la châtellenie de Drouille, quoique située tout près de Guéret.

2° Le *Bridereix*, qui tire son nom de l'ancienne châtellenie de *Bridiers*, commune de la Souterraine, dont nous retrouvons le nom dans Saint-Léger *Bridereix*.

3° M. Deloche ayant admis dans sa liste des *pagi* authentiques le pays de la *Montagne*, déterminé par la position des deux communes de Saint-Léger-la-*Montagne* et de Saint-Pierre-la-*Montagne*, au sud de Laurière, on se demande si ce géographe n'eût pas dû accorder la même attention aux communes de Faux-la-*Montagne*, de Saint-Yricix-la-*Montagne* et de Ste-Feyre-la-*Montagne*, situées aux environs de Felletin et de Vallière,

A nos yeux, il est préférable de prendre pour base des recherches sur les plus anciennes divisions géographiques les circonscriptions adoptées par l'église. Les pouillés des diocèses ont d'abord cet avantage de fournir un instrument commode pour reconnaître à quel archidiaconé ou archiprêtré se rattachait chaque localité d'un pays déterminé. Ces divisions ont pu, il est vrai, subir certaines modifications, mais l'on peut affirmer que, dans leur ensemble, si elles ne représentent pas toujours d'une façon absolue l'ancien territoire des *pagi*, elles offrent avec ces circonscriptions des analogies frappantes dont il importe de tenir compte. Il nous paraît regrettable que M. Deloche n'ait pas cru devoir utiliser les indications contenues dans les pouillés du diocèse de Limoges. Les Archives du département de la Creuse (fonds du chapitre de la Chapelle-Taillefer) possèdent un pouillé du commencement du XIV° siècle. Ce pouillé est d'autant plus précieux qu'on y trouve rattachés aux archiprêtrés dépendant du diocèse de Limoges, les paroisses qui en furent distraites en 1317 pour former le diocèse de Tulle. Il existait à Limoges un autre pouillé, de la même époque, cité par Nadaud, dans la préface de son grand ouvrage intitulé *Pouillé du diocèse de Limoges*, dont la publication commencée sous les auspices de la Société archéologique du Limousin, par M. l'abbé Texier, a malheureusement été interrompue par suite de la mort de ce savant, mais il paraît que ce document lui-même a disparu.

Le diocèse de Limoges renfermait au commencement du xive siècle dix-sept archiprêtrés. Ceux dont le territoire est entré, en totalité ou en partie, dans le département de la Creuse sont les suivants :

1° Combraille, en totalité, renfermant 82 bénéfices ;

2° Aubusson, en totalité (à l'exception de six paroisses), renfermant 42 bénéfices situés dans la Creuse ;

3° Anzême, en totalité, renfermant 41 bénéfices ;

4° Bénévent, presqu'en totalité, renfermant 54 bénéfices situés dans la Creuse ;

5° Chirouse, en partie, renfermant 8 bénéfices situés dans la territoire de la Creuse ;

6° Rancon, en partie, renfermant 9 bénéfices situés dans la Creuse.

A cette nomenclature il convient d'ajouter une vingtaine de paroisses appartenant aux diocèses de Bourges et de Clermont, réunies en 1790 au département de la Creuse.

Nous ne pouvons nous dispenser de dire quelques mots des origines du comté de la Marche et de la vicomté d'Aubusson.

D'après la chronique d'Adhémar de Chabannes remaniée au xiie siècle, et d'après Geoffroi de Vigeois, [1] le roi Eudes, en

---

[1] « Hic Odo... primo in Aquitania rex ordinatus est apud Lemovica... Constituit in ea urbe vicecomitem Fulcherium, industrium fabrum in lignis, et Lemovicinum per vicecomites ordinavit, similiter et Bituricam, et secundo anno in Francia rex elevatus est. » (Adhémar de Chabanes, ap. Labbe, *Nova Bibl. mss.* T. II. p. 163.)

« Primus ille, qui precepto Odonis regis Lemovicensem vicecomitatum obtinuit, Fulcherius dictus est: cui successit Geraldus, etc. » (Geoffroi de Vigeois. ch. XLI, ap. Labbe, T. II. p. 300.)

887, ou suivant d'autres en 892, [1] aurait partagé le gouvernement des comtes du Limousin et du Berri entre plusieurs vicomtes et changé l'organisation administrative du pays. Suivant Baluze [2] un seigneur influent du Limousin, nommé Rannulfe d'Aubusson, aurait été alors préposé au gouvernement de la contrée appelée la Marche. M. Deloche pense au contraire que la création de la Marche date bien de cette époque, mais que le territoire assigné au vicomte d'Aubusson était complètement en dehors de cette circonscription, renfermée alors dans les limites de la Basse-Marche [3].

M. R. de Lasteyrie va plus loin, il soutient, contre tous les chroniqueurs, contre tous les historiens du Limousin, que le partage de ce comté entre plusieurs vicomtes, par le roi Eudes, est une pure supposition. « 1° La Marche, dit-il, n'existait pas à cette époque. M. Deloche a fort bien démontré qu'elle ne date que de la seconde moitié du xe siècle, et qu'elle ne comprenait pas à l'origine le pays d'Aubusson. 2° On ne trouve dans les chartes du ixe siècle aucune mention de vicomtes autres que ceux de Limoges. Les vicomtes d'Aubusson, des Echelles, de Turenne, n'apparaissent que dans le courant du xe siècle, bien des années après ceux de Limoges. C'est une forte raison de croire qu'ils n'ont pas été créés ensemble. 3° Cette division du Limousin entre plusieurs vicomtes serait un fait exceptionnel pour l'époque. L'habitude au ixe siècle était de n'avoir qu'un vicomte par comté. 4° Enfin, si ce partage du Limousin entre plusieurs vicomtes avait eu lieu, chacun d'eux aurait eu forcément une circonscription distincte, qui aurait pris le nom de vicomté, ou un autre analogue. Or M. Deloche a prouvé qu'il n'y a jamais eu de vicomtés en Limousin avant la troisième race, etc. [4] »

[1] Raynal. *Hist. du Berry*, T. I. 326. — Chazaud, *Etude sur la chronologie des sires de Bourbon*, p. 143.

[2] « Vicecomites instituit... Rannulfum Albuciensem in eâ parte provinciæ quæ Marchia vocitatur » (Baluze, *Hist. Tutel.* p. 16-18).

[3] Deloche. *Études sur la géogr. hist. de la Gaule et spécialement sur les divisions territoriales du Limousin*, p. 252, 253, 408, 409.

[4] *Etudes sur les comtes et vicomtes de Limoges*, p. 60.

Que conclure de cette confusion, dirons nous a notre tour
après M. R. de Lasteyrie ? Quelle lumière pouvons nous tirer
de ces assertions inconciliables en ce qui concerne les origines du comté de la Marche et de la vicomté d'Aubusson ? En
voyant les erreurs et les contradictions manifestes dans lesquelles sont tombés tous les érudits qui se sont occupés de la
question, ne faut-il pas conclure que si l'on veut essayer d'éclair-
cir ces difficultés, il ne reste d'autre moyen que l'examen
attentif des rares documents que nous a légués cette époque.

Si, à l'exemple des Bénédictins [1], nous admettions l'authen-
ticité de la donation du Moutier-Rozeille au monastère de
Saint-Yrier, faite par Carissima, en 674, selon le P. Le Cointe,
en 751, selon Mabillon, nous aurions, à cette date, à inscrire
un nom en tête de la liste des vicomtes d'Aubusson et l'anté-
riorité de ceux-ci par rapport aux comtes de la Marche serait
incontestable. A la fin de cet acte, en effet, à la suite des
noms de Carissima et de Roricius, évêque de Limoges, nous
trouvons les souscriptions suivantes : S. *Ebonis Albussonen-*
sis principis. S. Rigaldi Cambonensis. S. Ebalonis comitis.
Malheureusement, quoique ce texte ait été publié par Du-
chesne, il est impossible d'y voir autre chose qu'un titre faux,
fabriqué après coup, dans le but de suppléer à la perte du
titre véritable. Cet acte doit évidemment être rejeté.

Devons-nous également écarter d'une manière absolue,
comme nous y invite M. R. de Lasteyrie, la tradition consignée
dans le texte remanié d'Adhémar, relativement aux nouvelles
divisions administratives qu'aurait établies le roi Eudes en
Limousin, vers la fin du IXe siècle ? Nous avouerons que même
après l'excellente dissertation de notre savant confrère, toutes
les obscurités qui planent sur la question ne nous semblent
pas complétement dissipées. Il faut bien reconnaître que toutes les objections présentées par M. de Lasteyrie sont loin

---

[1] *Gall. Christ.* t. II, col. 548, B, 177 B, instr. — Roy de Pierrefitte. *Etu-*
des hist. sur les monastères du Limousin et de la Marche, XII. Moutier-
Rozeille

d'avoir la même valeur. Et d'abord quand il serait vrai que la Marche n'existât pas au temps du roi Eudes, pourrait-on tirer de ce fait un argument contre l'institution des vicomtes d'Aubusson, à cette époque, si l'on admet que le district assigné à ceux-ci était, à l'origine, en dehors des limites mêmes de la Marche ? Evidemment non. Laissant donc de côté la question de fond, examinons successivement chacun des éléments sur lesquelles repose toute cette argumentation.

1° Est-il vrai que la Marche ne date que de la seconde moitié du x⁰ siècle ?

2° Est-il vrai qu'à l'origine elle ne comprenait pas le pays d'Aubusson ?

§ I. *Est-il vrai que la Marche ne date que de la seconde moitie du* x⁰ *siècle.*

Tout le monde sait que le mot *marche* (frontière) est d'origine germanique. C'est aussi chez les Germains et chez les Gaulois que nous trouvons l'usage rapporté par César de convertir en une sorte de pays neutre, désert, le plus souvent inculte, appelé *marches*, toute la partie du territoire qui avoisinait les frontières communes de chaque tribu.

A l'époque carlovingienne, ces marches, dit M. Deloche, devinrent une institution destinée à garantir certaines fractions de l'empire, par exemple pour tenir en respect les populations de l'Aquitaine qui ne subirent presque jamais patiemment le joug des souverains qui siégeaient dans le Nord de la Gaule. Un diplôme de Charlemagne nous fournit un exemple du mode suivi pour l'établissement des marches. La *marca* devait être, d'après cet acte, de trois mille pas, comptés d'un certain lieu vers l'orient, vers l'occident, vers le septentrion et vers le midi [1].

Les marches eurent donc, dans le principe, un caractère essentiellement militaire. Le commandement y était confié à des officiers qui prirent le nom de *marchiones*, de *marchiœ comites*. C'est de là qu'est venu le titre moderne de marquis.

[1] *Etudes sur la géogr. hist.* etc. p. 402-403.

En 894, par exemple, nous voyons le roi Eudes, dans un
diplôme par lequel il accorde l'abbaye de Saint-Hilaire de
Poitiers à l'évêque Ecfred, donner à Robert son frère et à
Adémar, fils d'Ermenon, qui succéda à Rainulfe II, comte de
Poitou, les titres de *fideles nostri et marchiones dilecti*[2].

Vers la fin du ixe siècle, les anciennes *marches* communes
du Limousin, du Poitou, du Berri et de l'Auvergne et la
région environnante paraissent avoir été ainsi placées sous
le commandement d'un officier revêtu du titre de *marchio*, de
marchiœ comes. Telle est à n'en pas douter l'origine de la province de la Marche.

M. Deloche va plus loin, et pour donner toute la précision
désirable à son opinion, il n'hésite pas à affirmer que « la
Marche fut instituée par le roi Eudes en 887. « Nous croyons
avoir démontré, ajoute-t-il, qu'en présence des usurpations
incessantes du comte de Poitiers, duc d'Aquitaine, des ir-
ruptions périodiques des bandes Normandes dans ces malheu-
reuses contrées, un intérêt national et un intérêt dynastique
des plus pressants commandaient cette création. »

Que les changements qui eurent lieu dans l'organisation
administrative du Limousin à la fin du ixe siècle, aient été opé-
rés par le roi Eudes en 887, comme le veut M. Deloche, ou que
ces créations soient l'œuvre du comte Eudes, qui gouverna
les comtés de Toulouse et de Limoges, de 876 à 918, comme
incline à le penser M. de Lasteyrie, c'est ce que nous ne sommes pas en mesure de décider. Mais nous admettons, après
l'*Art de vérifier les dates* et M. Deloche, que c'est suivant toute
vraisemblance à Geoffroi premier, comte de Charroux, que fut
confié le gouvernement du district militaire créé alors sur le
nom de *Marche*.

« Nous sommes d'autant plus autorisé à le penser, dit M.
Deloche, que Boson le Vieux qualifié, dès 954, comte de la
Marche ou *marquis* et dont l'office était déjà héréditaire, était
fils du comte Sulpice et petit-fils de ce même Geoffroy. D'ail-

[2] Documents sur l'histoire de Saint-Hilaire de Poitiers (*Mém. des anti-
quaires de l'Ouest*, T. XIV. p. 16).

leurs la position du comte de Charroux sur la frontière commune du Poitou et du Limousin et son influence dans le pays, le désignaient naturellement au choix du souverain. »

§ II. *Est-il vrai qu'à l'origine, la Marche ne comprenait pas le pays d'Aubusson ?*

Suivant M. Deloche (p. 408-412) la Marche primitive ne se composait, outre l'enclave de Charroux, que du territoire « des archiprêtrés de Saint-Junien et de Rancon, et de plus de la partie occidentale de l'archiprêtré d'Anzême : elle s'étendait des rives de la Tardoire et des sources de la Charente aux rives de la Creuse, au delà de laquelle ce grand fief prenait une zône de terrain située en face de Guéret (*Waractus*) et d'Ahun (*Agedunum*). »

Nous devons d'abord faire remarquer que si Ahun faisait partie de la Marche primitive, il n'est pas exact de dire que ce pays ne comprenait que les archiprêtrés de Saint-Junien, de Rancon et une portion de celui d'Anzême, attendu qu'Ahun et toutes les paroisses environnantes situées à gauche de la Creuse, Fransèches, Saint-Yrieix-les-Bois, Saint-Hilaire-la-Plaine, La Saunière, Mazeirat, faisaient partie de l'archiprêtré de Combraille, lequel avait pour limites de ce côté la chaîne de montagne qui traverse le pays du Sud au Nord-Ouest. C'est ainsi que l'archiprêtré d'Anzême s'étendait du même côté non pas seulement jusqu'à la Creuse, mais jusqu'aux montagnes et aux collines qui bordent cette rivière à gauche.

Une des principales raisons invoquées par M. Deloche pour prouver que le territoire environnant Aubusson ne faisait pas partie de la Marche, au x⁰ siècle, est tirée de la charte par laquelle Diotricus fonda une église collégiale dans son alleu de la Tour-SaintAustrille, le 8 août 959, en présence de ses seigneurs, Rainaud vicomte d'Aubusson et Boson, comte de la Marche (*marchionis*). Or on remarque que dans cet acte le vicomte est nommé avant le comte, et que sa souscription est placée au-dessus de celle de ce dernier. Baluze induit de là que les deux personnages étaient pour le moins égaux et que par conséquent le vicomte d'Aubusson n'était pas dans la dépendance de Boson. « Il faut en conclure aussi forcément, dit M. Deloche, que le territoire d'Aubusson n'appartenait point à la Marche ; car il va de soi que si ce territoire en avait dépendu, il aurait été, ainsi que son vicomte, soumis au comte de la Marche. »

Ces deux conclusions nons paraissent également excessives.

1° Si les inductions que l'on peut tirer de l'ordre dans lequel se présentent les souscriptions au bas des chartes avaient une valeur absolue, il faudrait dire, comme Baluze paraît incliner à le penser, non pas seulement que le comte et le vicomte étaient égaux en dignité, mais que le comte était au-dessous du vicomte. Conséquence absurde, mais plus logique que le terme moyen adopté par M. Deloche. Or il s'en faut de beaucoup que l'ordre des souscriptions ait cette importance. On pourrait, en effet, citer une foule d'actes dans lesquels les noms des personnages qui y figurent ne sont nullement placés suivant le rang qu'occupent ceux-ci dans la hiérarchie [1] ; et l'on s'étonne que Baluze, sur une présomption aussi légère, ait cru pouvoir trancher une question aussi grave. Au reste, M. de Lasteyrie constate (p. 69) que tout le chapitre consacré par Baluze aux vicomtes d'Aubusson « fourmille d'erreurs ou d'inadvertances. »

2° Les mêmes souscriptions ont inspiré à Baluze et à M. Deloche deux conclusions diamétralement opposées. Nous venons de voir que, d'après M. Deloche, le territoire d'Aubusson, à l'origine, ne dépendait pas de la Marche. Baluze pense, au con-

---

[1] L'acte de vente du vicomte Archambaud à Diotric, publié par M. de Lasteyrie (nᵒ XIV, 8 août 959), nous en fournit une preuve. Voici dans quel ordre sont placées les souscriptions : « Signum Doctrici nepotis. Eubalus præsul Lemovicensis. Signum Doctrici qui donationem fecit. Signum Benedicti filii ejus. Signum Rainaldi vicecomitis. Signum Bosonis marchionis. » En 1077 nous voyons Aldebert, comte de la Marche, placer sa souscription, au bas d'un acte d'affranchissement d'un colibert, avant celles de Geoffroi, duc d'Aquitaine et de Philippe, roi de France (*Documents pour l'hist. de Saint-Hilaire de Poitiers*, nᵒ XC).

traire, que cette région a toujours fait partie de la Marche [1].

Les auteurs de l'*Art de vérifier les dates* ont vu tout autre chose dans cette charte de 959. S'appuyant sur cet acte, ils vont jusqu'à dire, dans l'article relatif aux comtes de la Marche et dans l'article des vicomtes de Limoges, que ce même Boson, qualifié *marchio*, lequel n'est autre que Boson, comte de la Marche et du Périgord, possédait « le Limosin dans son marquisat [2]. »

Cette opinion, assez hardie, qui changerait complétement la face de la question, ne semble pas même avoir été aperçue par M. Deloche et par M. de Lasteyrie. Il est d'autant plus surprenant que ce dernier n'en ait pas parlé, qu'à cette même date il est assez difficile de dire avec certitude quel était le vicomte de Limoges.

Mais pour renverser ce système qui place le territoire d'Aubusson en dehors de la Marche primitive, nous n'avons pas besoin de recourir à des arguments d'une valeur contestable, ni de sortir du cercle étroit dans lequel nous voulons nous renfermer. Nous trouvons dans le texte même de la charte de Diotricus des éclaircissements suffisants. Diotricus déclare, en effet, que la fondation faite par lui d'une église collégiale, dans son alleu de la Tour-Saint-Austrille, a eu lieu en présence et avec le consentement de ses *seigneurs* le vicomte Renaud et le marquis Boson. Que pouvons-nous souhaiter de plus clair ? Ne ressort-il pas précisément des termes mêmes de l'acte, que la Tour-Saint-Austrille était soumise à la fois à la juridiction du vicomte d'Aubusson et à celle du comte de la Marche, que le possesseur de cet alleu nomme « ses *seigneurs* ? » Or cette localité n'est qu'à quelques lieues d'Aubusson, et l'on comprend dès lors qu'elle pouvait dépendre des vicomtes de ce nom [3]. Mais s'il est vrai, comme on vient de le voir, que

[1] *Hist. Tutel,* p. 16.
[2] *Art de vérifier les dates,* t. II, p. 375. col. 2 et 391, col. 1.
[3] C'est à tort que M. de Lasteyrie (p. 69) prête à D. Clément l'erreur dans laquelle est tombé et pouvait seul tomber M. Marvaud en confondant la Tour-Saint-Austrille avec Lastours (Haute-Vienne). Le titre seul donné à la charte de

le possesseur de cet alleu [1] avait en même temps pour seigneur le comte de la Marche, ne faut-il pas en conclure que vraisemblablement celui-ci avait dans sa dépendance le vicomte d'Aubusson. Cette supposition n'est-elle pas d'ailleurs conforme aux notions que nous avons sur les attributions respectives du comte et du vicomte, ce dernier, dans l'origine, n'étant que le représentant du comte, *missus comitis?*

Les possessions des vicomtes d'Aubusson s'étendaient fort avant dans la partie du Limousin qui forme aujourd'hui les départements de la Haute-Vienne et de la Corrèze, c'est-à-dire dans les vicairies d'Auriat[2], de Tarnac[3], de Bar[4], de Rosiers[5], d'Uzerche[6] et d'Espagnac[7].

958, d'après M. Deloche 959, publiée dans le *Gallia Christiana,* ne permet pas de s'y tromper : *Charta fundationis ecclesiœ collegiatœ de Turre S. Austregisili.*

[1] Diotric possédait en outre plusieurs biens aux environs, notamment dans les localités suivantes :

Avuntium, Ahun (*Gallia Christ.* t. II, col. 169, Instr).

Agentum, Aien, commune d'Ahun (*ibid*).

Capella a Sancti Petri que vocant Petroso, Peyroux-Saint-Pierre, commune de Saint-Chabrais (Lasteyrie, nº XIV).

Illa Brugaria, La Bruyère, commune de Tardes (*ibid*).

Illa Caceria, Le Chauchet? (*ibid*).

[2] Par une charte de l'an 1100, Alaïz de Magnac, femme de Rannulfe, vicomte d'Aubusson, donna au monastère de Tulle deux mas situés dans la *villa de Castanet.* Or cette localité n'est autre que Châtenet-en-Dognon, que M. Deloche (p. 321), place dans la vicairie d'Auriat, d'après une charte de 999.

[3] « Ego Rainaldus, vicecomes Albuciensis... Cedo Deo et sancto Martino... in villa mea quæ est in parrechia de Ternat, quæ vocatur Ruillac, mansum meum de Ribeira. » Ex *Chartul. Tutel.,* ann. 1100, ap. Baluze, p. 399.

[4] Ann. 936. Charte par laquelle Rainaud, vicomte d'Aubusson, donne au monastère de Tulle deux mas, « in pago Lemovicino, in vicariâ Barrense, in parrechia sancti Pardulphi de Gimel, in villâ quae dicitur Meill.» (Ibid., col. 359). — Circà ann. 950. « Rotbertus, vicecomes Albuciensis, dedit... duos mansos apud villam de Bar » (Ibid).

[5] Ann. 945. « Ego Boso, abba laicus monasteriorum Rosuliensis et Evanenssis, pater Rainaldi, Albuciensis... dono etiam eidem sancto Martino, in eadem vicaria Rosuriense, villam meam quæ dicitur Laucenor. » (Ibid.)

[6] Ann. 945 «... et in vicaria Usercensi, in loco qui vocatur Carus mons, plantadam meam et mancipia mea » (Ibid).

[7] Circà ann. 937 Nos... Rainaldus vicecomes et uxor mea Alsindis... cedi-

Ni Baluze, ni M. Deloche, ni M. R. de Lasteyrie ne produisent un seul document qui établisse que les possessions des vicomtes d'Aubusson sont restées jusqu'au XIIIᵉ siècle, comme on le prétend, en dehors du district placé sous le commandement du comte de la Marche. M. Deloche s'explique cette absence de preuves par la rareté des documents de cette époque. Mais le savant académicien s'est chargé lui-même de nous donner la mesure de la confiance que l'on peut accorder à une pareille argumentation. M. Deloche déclare, qu'à l'égard de la Marche toute entière, on constate également l'absence complète de mentions géographiques relatives à ce comté jusqu'au milieu du XIIIᵉ siècle. Il en tire cette conclusion que le *comitatus Lemovicencis* a continué d'exister dans son intégralité jusqu'à cette époque. « Si, dit-il, ce *comitatus* avait perdu sa signification première, et avait été réduit au profit d'un *comitatus* nouveau ou de la *Marca*, on trouverait la mention de lieux existant dans le *comitatus* de la Marche, et nous n'en avons pas découvert jusqu'ici [1]. » M. R. de Lasteyrie s'est bien gardé d'adopter une pareille opinion. Mais nous comprenons que M. Deloche une fois engagé dans ce système, soit allé jusqu'au bout. Si la conclusion à laquelle est arrivé M. Deloche est absolument inadmissible, il est évident que toute l'argumentation elle-même pèche par la base.

Nous pouvons donc dire à notre tour que le défaut de mention du comté de la Marche quant aux possessions des vicomtes d'Aubusson, ne prouverait nullement que ces possessions étaient jusqu'au XIIIᵉ siècle en dehors de la région soumise à nos comtes. C'est d'ailleurs, comme on l'a vu, ce qui ressort de la charte de Diotricus. Toutes ces possessions dépendaient-elles également du comte de la Marche, à l'origne? c'est ce qu'il serait difficile de déterminer d'une manière précise. Mais nous voyons par diverses chartes tirées des cartulaires

---

mus ad monasterium quod vocatur Bellus locus... curtem meam indominicatam, et est ipsa villa in orbe Lemovicino, in vicaria Spaniacense, quæ dicitur Petraficta (Ibid. col 260.)

[1] Deloche. *Ibid*, p. 261.

de Tulle et d'Uzerche que les comtes de la Marche concédèrent ou ratifièrent, dès le xe siècle, plusieurs donations relatives à cette région. D'où il faut conclure que, dès cette époque, les possesions des comtes de la Marche n'étaient nullement renfermées dans les limites étroites indiquées par M. Deloche. Comment admettre dès lors que tout le pays situé entre ces possessions appartenant aujourd'hui à la Corrèze et les limites de la Basse-Marche, soit resté complètement en dehors de leur autorité, laquelle, dans l'origine, ne l'oublions pas, avait un caractère militaire, et avait pour objet la défense des marches?

En 997, Boson comte de la Marche, à la demande de Hugue de Gareill et d'après le conseil de Roger de Leron[1], convertit en abbaye l'église du Moutier d'Ahun, possédée depuis un temps immémorial par ses ancêtres, et la plaça sous la dépendance de l'abbé du monastère d'Uzerche[2].

En 1072, la comtesse Aina, fille de Geraud de Montignac et de Nonie de Granol, mère d'Aldebert II, comte de la Marche (que le P. Anselme prétend mal à propos avoir été le mari de la même Aina), donna à l'abbaye d'Uzerche un alleu situé dans la vicairie de ce nom, dans la paroisse d'Espartignac, dans la ville de Ceirat[3].

Le cartulaire d'Uzerche contient une charte par laquelle la comtesse Almodis, de concert avec Boson son fils, confirma les donations faites à l'abbaye d'Uzerche par le comte Aldebert, son père, et par le comte Eudes, son oncle. On y voit également la notice d'une confirmation des mêmes donations par le comte Aldebert, fils d'Almodis[4]. Le premier de ces actes, fait sous l'épiscopat d'Eustorge, évêque de Limoges,

---

[1] Leron ou Laron, fief situé dans la paroisse de Saint-Amand-de-Jartoudeix (canton et arrondissement de Bourganeuf.)

[2] *Gallia Christ.*, t. II, col. 190, instr.

[3] Bonaventure de Saint-Amable, *Annales du Limousin* p. 343. — Deloche, *Études sur la Géographie*, p. 398, n. 2. — Saint-Allais, *Précis. histor. sur les comtes de Périgord*, p. 13, 14.

[4] Ego Almodis, comitissa Marchiæ et filius meus Boso, damus et concedimus Deo et sancto Petro et ecclesiæ Uzerchiensi donationem quam avunculus

ne peut être antérieur à 1106; le second, d'après le nom d'un des témoins, Foucaud, abbé de Charroux, remonterait au moins à 1088[1].

Vers 1086, d'après Robert, du Dorat, mais probablement quelques années plus tard, le comte Eudes, du consentement du comte Aldebert son frère, fit un don d'héritages au monastère de Saint-Martin-de-Tulle. [2]

On trouve dans l'*Histoire de Tulle* par Baluze, à la date de 1106, la notice de la donation faite par Eudes, comte de la Marche, au monastère de Tulle, de l'église de Viam (canton de Bugeat, arr. d'Ussel, Corrèze)[3]. La même année, le même comte donna à un moine de Tulle un alleu, *alodum*, dont il l'investit avec un clou qu'il tenait à la main[4].

Le 2 janvier 1119, le comte Eudes, du consentement d'Aldebert son frère, donna aux monastères de Roquamadour et de Tulle, la forêt de Monsalvy, sauf le droit du prieur d'Autoire[5] (Autoire est situé près de Viam).

Les comtes de la Marche sont cités parmi les premiers bienfaiteurs du prieuré de Blessac, ordre de Fontevraud, fondé par Raynaud, vicomte d'Aubusson, vers 1120. On trouve dans le cartulaire de Blessac le titre d'une donation faite par Aldebert, *consul* de la Marche, [6] et le texte d'un autre acte par lequel

meus, Odo comes, fecerat, etc. Et simul de patre meo Aldeberto et de supradicto avunculo meo Odone habuerunt fevales et tenuerunt, 10 kalend. april. Ageduni, Eustorgio Lemov., episc., Guill. duce, etc. *(Cartul. Uzerch.)* — Adelbertus comes, supradictæ Almodis comitissæ filius, frater Bosonis, confirmavit prædicta dona Aldeberto abbati. Testes Folcadus, abbas Sancti Salvatoris Carrofensis, Robertus prior, Almodis comitissa, mater Aldeberti. Fer. 2 Paschæ, apud Carrofum. (Bonav. de Saint-Amable, *Annales du Limousin,* p. 343.)

[1] *Gallia Christ,* t. II, col. 1281.

[2] *Tables des manuscrits* de D. Fonteneau, p. 82.

[3] *Hist. Tutel.,* col. 453.

[4] *Ibid.,* lib. II, c. 16, *Art de vérifier les dates,* t. II, p. 379.

[5] *Ibid.,* col. 469.

[6] Aldebertus, consul Marchiæ, dedit Deo et beatæ Mariæ sanctisque monialibus, de Blatsac... *(Cartulaire de Blessac,* n° 17, Archives de la Creuse, série H.)

le même Aldebert, comte de la Marche, donna au prieuré de Blessac, du consentement d'Erengarde, sa femme, d'Aldebert et de Boson, ses enfants, différents héritages situés à Ville-Bije (commune de Pionnat [1]).

Vers la même époque, le comte Aldebert donna à l'abbaye de Bénévent, du consentement d'Aldebert et de Boson, ses fils, tout ce qu'il possédait en la forêt de Chérignac (commune et arrondissement de Bourganeuf) [2] et l'église de Saint-Pierre de Brillac, dont la position nous est inconnue [3].

Les exemples de donations que nous venons de citer montrent avec évidence combien était hasardée l'assertion de M. Deloche relativement à l'étendue des possessions des comtes de la Marche jusqu'au XIIIᵉ siècle. Il n'est plus possible de soutenir que, jusqu'à cette époque, leur domaine resta renfermé dans les limites du territoire appelé depuis Basse-Marche. Nous savons en outre que, dès le milieu du XIIᵉ siècle, les comtes de la Marche avaient une résidence à Guéret et qu'ils y séjournaient quelquefois. La chronique de Geoffroi de Vigeois nous apprend qu'un des officiers du comte Aldebert Bernard d'Auric, y surprit la comtesse, un jour de vendredi saint, en conversation criminelle avec le chevalier Geoffroi Paret qu'il tua sur le champ et dont le corps fut transporté à Saint-Vaury. Répudiée par son mari, la comtesse épousa plus tard Chalo de Pons. [4] Aldebert ayant perdu son

[1] Ego Aldebertus comes, cum assensu et voluntate uxoris mee Orengardi, et filiorum meorum Aldeberti et Bosonis, pro amore Jesu Christi et genitricis ejus semper virginis Mariæ, dono et concedo monasterio Fondis Ebraudi et loco de Blatzac, unum mansum apud Villam Biga et quidquid in eadem villa ad meum dominium pertinet, in hisque alii homines quoquo modo et hi habent a me, cum sanctimoniales ab illis illa poterunt acquirere, dono, concedo, absolvo. Hoc donum et hæc concessio facta sunt in manu dominæ Agnetis de Bordis, priorissæ et S. S. prioris : testes, Ademarus de Albuzonium, Rotgerius de Larunt, Gaufridus de Meyrac, Traballio et Geraldus de Muniquel. (*Ibid*, 66.)

[2] *Cartulaire de Bénévent*, p. 108. Dans cet acte, comme dans un des précédents, Aldebert prend le titre de *consul*.

[3] *Ibid*.

[4] Chronique de Geoffroi de Vigeois, ch. LXX.

fils, qu'on disait avoir été emporté vivant par le diable, à cause du meurtre d'un chevalier qu'il avait tué injustement, vendit sa terre à Henri II, roi d'Angleterre, pour 6,000 marcs d'argent. [1]

A partir du XIIIe siècle, l'histoire des comtes de la Marche de la maison de Lusignan, dont la chronologie défigurée par les auteurs de l'*Art de vérifier les dates* à été fixée par M. Léopold Delisle, ne présente plus de difficultés[2].

Quant aux vicomtes d'Aubusson, comme nous l'avons dit, l'absence de renseignements positifs nous oblige à laisser dans l'ombre plusieurs points de leur histoire. On n'est même pas complètement d'accord sur la généalogie de cette famille. Tel qu'il est l'article consacré par Baluze aux vicomtes d'Aubusson est encore le plus exact que nous connaissions. On a même lieu de s'étonner que Nadaud, Legros et Roy de Pierrefitte, leur éditeur, soient tombés sur ce point dans des erreurs que les indications précises fournies par l'éminent auteur de l'Histoire de Tulle auraient dû leur épargner. Pourquoi, par exemple, faire de Rannulfe III (désigné plus loin, mal à propos, dans le *Nobiliaire du Limousin* sous le nom de Rannulfe IV) un fils de Rannulfe II, alors qu'il est établi, par une charte, de 1093 à 1098, tirée du *Cartulaire de la Chapelle-Aude* et citée par Baluze, que ce vicomte et Guillaume, son frère, étaient fils de Rainaud II et de la vicomtesse Adelaïde, sa femme?[3] Au reste, M. Roy de Pierrefitte déclare lui-même, que « jusqu'au numéro XI de cette généalogie (XIIIe siècle), Nadaud et Legros ont entassé notes sur notes avec une confusion incroyable. »

Comme pour les comtes de la Marche, c'est seulement à partir du XIIIe siècle que l'on est complétement fixé sur la

[1] *Chroniques de Saint-Martial de Limoges*, p. 185.

[2] L. Delisle, *Mémoire sur une lettre inédite adressée à la reine Blanche par un habitant de La Rochelle*. Appendice. Chronologie historique des comtes de la Marche issus de la maison de Lusignan. (Extrait de la *Bibl. de l'Ecole des chartes*, 4e série, T. II.)

[3] *Hist. Tutel.*, p. 68. — Chazaud, *Cart. de la Chapelle-Aude*, n° LIV, p. 95.

chronologie et sur l'histoire des vicomtes d'Aubusson. En
1226, par exemple, nous voyons le roi Louis VIII ordonner au
vicomte d'Aubusson de rendre hommage au comte de la
Marche et déclarer que le comte, pour son château d'Aubusson, a promis de ne pas inquiéter le vicomte pour ce qu'il
a pu faire précédemment au sujet d'Aubusson [1]. En 1233, le
même vicomte, dans l'hommage qu'il rendait à Archambaud,
sire de Bourbon, pour ce qu'il tenait de lui dans les baronnies
de Chambon et de Combrailles, lesquelles n'ont jamais fait
partie de la Marche, déclarait qu'en première ligne, il était
homme lige du comte de la Marche [2].

Nous n'ajouterons qu'une seule réflexion, c'est que si, sans
tenir compte des observations que nous avons présentées, et
contrairement à l'opinion même d'un généalogiste de la maison
d'Aubusson, le P. Bouhours, on admettait que les vicomtes,
jusqu'au XIIIe siècle, sont restés indépendants des comtes de
la Marche, il faudrait montrer quand et comment, bien antérieurement à 1226, ces rapports auraient été changés. Or, sur
ce point, nos honorables contradicteurs en sont réduits aux
conjectures.

[1] Ludovicus Dei gratia Franciæ rex, dilecto et fideli suo vicecomiti de Albuconio, salutem et dilectionem. Mandamus vobis quatenus dilecto et fideli
nostro Hugoni de Lezigniaco, comiti Marchiæ, faciatis homagium de castro
vestro de Albuconio. Tali conditione quod si idem comes vel heredes sui defi-
cerint de fideli servicio nobis vel heredibus, vos, cum castro vestro de Albuconio, nobis et heredibus adhæretis donec id esset emendatum, ad judicium
curiæ nostræ. Idem etiam comes creantavit nobis, sicut domino suo ligio,
quod malivolentiam aliquam adversum vos de cætero non habebit, pro
aliquo quod hactenus feceritis de Albuconio, dictoque mandamus comiti ut
suas litteras supra hoc vobis exhibeat patentes. Actum Valenciæ, anno Domini
millesimo ducentesimo vicesimo sexto, mense junii. (*Cartulaire des comtes
de la Marche*, Blancs-Manteaux, n° 84, C, à la Bibliothèque nationale,
pièce 9.)

[2] Huillard-Bréholles, *Titres de la maison ducale de Bourbon*, t. I,
p. 34, 2. — Chazaud, *Étude sur la chronologie des sires de Bourbon*,
p. 212.

CHAPITRE II.

État forestier primitif de la Creuse.

Les forêts ayant joué un grand rôle dans le développement de la propriété foncière au moyen-âge, nous croyons utile d'entrer à ce sujet dans quelques détails.

Le sol du département de la Creuse, dont une portion considérable appartenait aux *marches* communes des Bituriges, des Arvernes, des Lémovices et des Pictons, paraît avoir été, dans l'origine, en grande partie, couvert de bois. « Les forêts, dit M. Alfred Maury, formaient entre les territoires des *civitates* de véritables frontières, comme un espace neutre; car à cette époque les nations n'avaient pas l'habitude de tracer avec la rigueur d'aujourd'hui la ligne de démarcation de leur domaine respectif. Les *marches* ou frontières étaient laissées sans culture, et quand la région intermédiaire entre deux ou plusieurs *civitates* était favorable à la végétation des bois, elle se recouvrait bientôt de vastes forêts. Il subsiste en France quelques vestiges de ces grandes *marches* toutes boisées. »

M. Alfred Maury regarde la forêt de Gervelle, située au nord de Dun-le-Palleteau, comme étant « sans contredit, le reste le plus important de l'ancienne marche forestière qui séparait les Bituriges des Arvernes. [1] » A cette forêt se reliait celles de Murat, de Fessot, de la Forêt-au-Comte, de Pilmongin et des Rassades, appartenant à la châtellenie de Crozant[2]. Ces forêts qui, aujourd'hui, ont

---

[1] Alfred Maury, *Forêts de la Gaule*, p. 43, 365.

[2] Dans la *Déclaration de la valeur des châtellenies en la comté de la Marche, en 1571*, on trouve ce qui suit, à l'article de la châtellenie de Crozant : « En laquelle chastellenie de Crozant le Roy a cinq belles grandes foretz, la glandée et paisson desquelles ledict Barre heust afférmées l'année dernière plus de IIIIᶜ livres t., pour la grande quantité de gland qui y estoit. Mais à l'ocasion desdicts troubles, il ne se trouva aucun qui y voulut mectre des pourceaux, de crainte qu'ilz ne fussent vollés. Au moyen de quoy, ledict Barre fust contrainct laisser icelles foretz pour IIIIxx livres. » (*Archives de la Creuse*, série A, art. 8.)

en grande partie disparu, présentaient ensemble, en 1670, une superficie de 1,733 arpents. Elles se rattachaient, dans le principe, à la forêt de Saint-Germain-Beaupré et s'étendaient, au midi, au-delà de Saint-Aignant-de-Versillac, de Saint-Léger-Bridereix, de Noth, de la Souterraine, où nous trouvons les villages de Bois-Riboux et de l'Age-au-Bost, de la Petite-Vergnolle et des Sauvages, de la Forêt, de Bosquénard, Boscavillot, Bois-du-Breuil, jusqu'à la forêt de Vitrac, commune de Saint-Maurice. Du même massif se détachaient à l'est : les bois de Ligneaux, des Lignes, de la Grange, du Rouget, de Chante-Oiseau, de Plas-Bernard, de Puy-Landon, de Bourliat, de Labergerie, qui dépendaient de l'abbaye d'Aubepierre et avaient encore, vers 1740, une contenance d'environ 500 arpents [1] ; — le Bois-de-Vost, le Bois-Bouchard, (commune de Lourdoueix-Saint-Pierre); — la forêt de Parnac (commune de Chambon-Sainte-Croix) ; — le Breuil et la Forêt-du-Temple (commune de Morteroux); — Bois-Lamy (commune de Moutier-Malcard); — le Bois-de-Fonteny et le bois de Nouziers ; — le Bois-de-la-Grange, le Bois-Emaux, le Bois-Vieux et le Bois-de-Cabillon (commune de la Cellette); — le Bois-Turquet (commune de Tercillat); — le Bois-Moutard, contenant 77 arpents, dépendant de l'abbaye de Pré-Benoît (commune de Bétête) ; — le Bois-Chevroil, le Bois-Verd et la Vergne (commune de Nouzerine); — la Brousse et et un autre bois représenté par les Essards (commune de Bussière-Saint-Georges ; — la Forêt, le Bois-Chevreau et le Bois-Dinier (commune de Saint-Pierre-le-Bost; — les Forests, la Métairie-du-Bois (commune de Leyrat; — le Bois-de-Crose, le Bois-de-Fondrenier (commune de Boussac); — la Brousse, la Loge-du-Bois et la Forêt (commune de Saint-Silvain-Bas-le-Roc ; — le Bosfeix et la Forêt (commune de Saint-Silvain-sous-Toulx); — la Forêt-de-Fayant, le Bois-de-la-Forge (commune de Verneiges); — le Breuil, le Bois-de-Bueix (commune de Nouhant); — la Forêt-de-Verrière, la Sagne-du-Bois

[1] État des bois dépendants des établissements religieux de la Marche vers 1740 *Arch. de la Creuse*, série B. *Eaux et Forêts*, canton 1.

et le Breuil (commune de Lépaud) ; — le Bois-de-Montbardoux et le Bois-de-Saint-Martial (commune du Châtelet) ; — le Grand et le Petit-Luc, le Breuil (commune de Chambon) ; — le Bois-d'Évaux, le Bois-du-Chez, le Bois-Bouleau (commune d'Evaux) ; — le Breuil (commune de Saint-Julien-la-Geneste) ; — la Forêt (commune de Fontanières) ; — le Bois-Clos (commune de Reterre) ; — le Pont-de-la-Forêt (commune de Charron) ; — les Garennes (commune d'Auzances) ; — la Forêt-de-Drouille, le Moulin-du-Bois, le Bois-Matroux (commune de Dontreix) ; — les Guerennes (commune des Mars) ; — les Vergnes (commune de Chard) ; — le Bois-Queyreaux, le Breuil et le Breuillet (commune de Mautes) ; — les Vergnes (commune de Saint-Avit-de-Tardes) ; — les Vergnes (commune de Saint-Maurice) ; — la forêt de Margnat (commune de Saint-Georges-Nigremont) ; — la forêt du Mas-Laurent, la forêt de Clairavaux, le bois de Féniers, le Breuil (commune du Mas-d'Artige) ; — la forêt de Bayssac ; — la forêt de Châteauvert ; — le bois de la Breuille (commune de Saint-Merd-la-Breuille.)

Les environs de Pigerolles et de Gentioux paraissent aujourd'hui à peu près complétement déboisés ; cependant on trouve au nord de cette dernière commune, le Luc, et au-delà de Faux-la-Montagne et de la Villedieu, la forêt de la Feuillade couvrait les deux rives de la Maulde et se reliait probablement au bois des Salles qui touche le Thaurion. Plus loin nous rencontrons le Bost et la Vergne (commune de Saint-Martin-le-Château): — le Bois-Larron (commune de Morterol); le Bois-Rosé (commune de Faux-Mazuras) ; — Soubrebost, Bosmoreau, la forêt de Mérignat (commune de Mérignat) ; — la Forest (commune de Montboucher) ; — la forêt de Pourrioux, le Breuil (commune de Saint-Pierre-Chérignat) ; — la forêt de Chauverne-Neyre (commune de Châtelus-le-Marcheix) ; — le bois de Plein-Pannier et la Forge-du-Bost (commune de Ceyroux) ; — le bois de Mourioux, le Bréuil (commune de Mourioux; — la forêt d'Aulon, le Bossabut (commune d'Arrênes) ; — le Bois-Neuf et les Breuilles (commune de Marsac) ;

— le bois de l'Age (commune de Bénévent); — le Breuil, (commune du Grand-Bourg-de-Salagnac); — le Bois-Auza-reix (commune de Saint-Étienne-de-Fursac); — la Forest (commune de Saint-Pierre-de-Fursac); — le Breuil (commune de Saint-Priest-la-Feuille.) Ce lieu n'est pas éloigné de la fo-rêt de Vitrac (commune de Saint-Maurice), qui nous a servi de point de départ.

Il résulte de l'exploration longue et minutieuse à laquelle nous venons de nous livrer, que si l'on suit attentivement les contours du département de la Creuse, on découvre, presque à chaque pas, des vestiges des bois qui, dans l'origine, de-vaient former une chaîne à peu près continue autour de ce ter-ritoire. Si nous pénétrons plus avant dans l'intérieur du dé-partement, nous rencontrons plusieurs massifs qui, avant la Révolution, présentaient une étendue considérable.

D'après M. Alfred Maury, la Marche ne possédait déjà plus, au siècle dernier, qu'un très-petit nombre de ses anciens bois. Cependant, la *Statistique du département de la Creuse*, par M. La Salcette, préfet, évalue la surface des forêts du département avant la Révolution à 30,000 arpents métriques, réduite à 23,000 en l'an XI, date de ce mémoire, par suite des destruc-tions considérables qui eurent lieu à cette époque. A elle seule, la forêt de Chabrières (bois de la ville, bois du Chapître, bois du Prieur de Guéret, bois de Sainte-Feyre, bois du comman-deur de Maisonnisses) non compris le bois de Fayolles, n'avait pas moins de 801 hectares. A l'ouest de Guéret, derrière la montagne de Maupuy, est un canton très-boisé dans les bois de Sardet, de Samuel, de Saint-Vaury, de Mont-Bernage, de Bus-sière-Dunoise (ensemble 950 hectares) représentent les débris principaux et dont le centre était occupé par Saint-Silvain-Montaigu, qui, comme le pense M. Alfred Maury, doit sans doute son nom à cette circonstance. Le canton de Bénévent possédait les bois de Lage, de Ceyroux, d'Aulon et le bois Cha-baud (382 hectares).

A l'ouest la forêt de Chabrières étendait ses ramifications dans les communes de Pionnat, Ajain, Blaudeix, Saint-Yrier-

les-Bois, Maisonnisses, Sardent, Ahun et Chénérailles. L'ensemble de ces bois appartenant à la nation en l'an III, présentait un développement de 656 hectares. Ces bouquets de bois, d'après M. Alfred Maury, reliaient les bois de Chabrières à la forêt de Pognat, située à deux lieues d'Ahun, entre Sous-Parsac, Chamberaud et Saint-Sulpice-le-Donzeil et presque entièrement disparue : cette forêt n'avait plus que 558 arpents en 1670. Les forêts royales, situées aux environs d'Aubusson avaient encore, à la même époque, 727 arpents. Il faut y joindre l'importante forêt du prieuré de Blessac, dont l'étendue, d'après l'état dressé en 1831, était de 329 hectares.

L'ancien district de Felletin n'était pas moins boisé. Le canton de Felletin avait, en l'an III, 800 arpents de bois nationaux, le canton de la Courtine, 200 ; la forêt de Féniers avait encore 174 hectares en 1831. Nous savons en outre que, dans ce district, on avait vendu 1383 arpents de bois nationaux, qui la plupart furent essartés. Les districts d'Evaux, de Chambon et de Boussac étaient beaucoup moins riches sous ce rapport. Nous avons indiqué quelle était l'importance des forêts du district de La Souterraine. Mais de toutes les forêts de la Creuse, la plus considérable, à l'époque de la Révolution était celle du Grand-Prieuré d'Auvergne qui, en l'an IV, présentait un développement de 600 hectares.

Dès le temps de César, l'état forestier primitif de la Gaule, principalement dans le midi et dans le centre, s'était déjà profondément modifié. Ces défrichements prirent une extension considérable pendant les trois ou quatre premiers siècles de la domination romaine. Tout atteste la prospérité de notre pays à cette époque. On compte dans la Creuse près de cent localité, dont le sol est jonché de débris d'antiquités romaines. Quelques-uns de ces établissements, tels qu'Ahun, Evaux, Bridiers, paraissent avoir eu une véritable importance. Quelquefois au contraire, on découvre leurs ruines au milieu de landes incultes et de terres envahies par les bois ; preuve évidente que sur certains points la civilisation, la culture, ont perdu du terrain. « La tyrannie et la fiscalité romaines d'abord, dit Montalem-

bert, puis les ravages des invasions barbares avaient rendu au
désert, à la solitude, des contrées entières. Tel *pagus* qui, du
temps de César, avait fourni des milliers de combattants contre l'ennemi commun, n'offrait plus que quelques populations
éparses à travers des campagnes livrées à elle-mêmes, qu'une
végétation spontanée et sauvage venait chaque jour disputer à
la culture et qui se transformaient graduellement en forêts [1] »

Les forêts et les terrains vagues qui séparaient les cités, les
petits *pagus* et même les simples villages, conservèrent longtemps le caractères de marches communes, de propriété indivise entre les centres de populations qu'elles séparaient. Il
était dans les habitudes des Gaulois et des Germains lesquels,
dans l'origine, ne connaissaient point la propriété personnelle,
qu'à chaque groupe d'habitations correspondît une propriété
commune en pâtures, en forêt, en terrains vagues qui, grâce au
bouleversement social qu'entraîna l'établissement de barbares
furent presque partout usurpées par les grands propriétaires.
Quoique la légitimité de ces droits qui faisaient toute la res-
source des pauvres eût été consacrée par les lois barbares,
notamment par celle des Wisigoths, l'exercice en fut dès lors
limité, restreint, sinon complétement supprimé. C'était l'é-
quivalent d'enlever aux petits propriétaires leur alleu ou
les forcer à y renoncer. « Ainsi, loin que le désordre social,
dit M. Fustel de Coulanges, ait amené la mise en commun
des terres, il eut au contraire pour effet de supprimer presque
partout ce qui était le bien commun ; et cette suppression se
fit non pas au profit des prolétaires ou des pauvres, mais au
profit des propriétaires les plus riches [2]. »

La vie de saint Pardoux, écrite au VIIIe siècle, nous a conservé certains détails qui montrent d'une façon sensible que
les droits d'usage, loin d'avoir toujours pour origine une concession seigneuriale, sont souvent bien antérieurs à la féodalité elle-même, et que dans la Marche, au moins sur certains

[1] *Les Moines d'Occident*, t. III. p. 383.
[2] *Les origines du régime féodal*, article publié dans la *Revue des Deux-
Mondes*, 1er août 1874.

points, l'éxercice de ces droits ne subit pas d'interruption. Il y est question, notamment, d'un paysan des environs de Guéret qui ayant été dans la forêt couper du bois pour son chauffage, suivant la coutume, y trouva, adhérents au pied d'un vieil arbre, des champignons connus sous le nom vulgaire de *lemiges*, qu'il courut offrir à Saint-Pardoux[1]. Il résulte également des termes mêmes de la vente de la forêt de Chabrières à la ville de Guéret, par Jacques de Bourbon, que de toute ancienneté les habitants avaient droit d'y prendre du bois pour leur chauffage[2]. Nous ferons remarquer enfin que, dans les actes du XIIe au XIIIe siècle, il est plus d'une fois fait mention des forêts *communes*, c'est-à-dire sujettes aux droits d'usage[3].

On sait que les pâcages, landes, marais, bois ou montagnes qui, dans la Creuse, sont restés la propriété indivise des sections de commune, présentent une étendue considérable. Vers 1840 on évaluait la superficie de ces terrains communaux à 94,000 hectares dont les six dixièmes en montagnes[4].

CHAPITRE III.

État des personnes et des terres antérieurement au XIe siècle.

« L'homme est libre en sortant des mains de la nature, a

---

[1] Labbœi *Nova Bibliotheca*, T. II, p.601 — Coudert de Lavillatte, *Vie de saint Pardoux* (Guéret, Dugenest, 1853, p.70)-Du Cange, *Glossarium*, au mot *Lemiga*.

[2] V. ci-dessous, p. 60.

[3] *Cartulaire de Bonlieu* : Ego Amelius Ruffus, etc., donamus, etc., in omnes boscos meos communes ligna ad calefaciendum et ad edificandum (f° 26). — Ego Amelius Rufus del Chambos, etc., donamus etc., plenum usuarium in communi memore de Landas (f° 41).—Ego W. Charbonel etc., donamus etc., plenum usuarium in communi memore de Landas (f° 41). — Ego Petrus Marbodius de Landas dono, etc., plenum usuarium in communi nemore de Landas (f° 42). — Ego Stephanus de Sancto Caprasio dono... in communi memore de Landis, plenum usuarium etc. (f° 201) — *Cart. d'Aubignac*: Petroninus Porreti de Foresta Baster etc., recognoverunt se tradidisse... vicesimam quartam partem in nemore quod vulgariter appellatur nemus commune vel Albiniacus *Cominaus*, sito in parrochia de Mohet, (id., liasse f° 19).

[4] *Arch. de la Creuse*, Série M. Renseignements sur les montagnes et sur les terrains communaux de la Creuse, par M. Léonard, garde général.

dit, Rousseau, et partout il est esclave. » L'étude des faits qui
se sont accomplis pendant le moyen âge nous présente un
spectacle précisément inverse. Nous voyons la masse de la
population passer progressivement de l'esclavage à la liberté;
nous voyons la propriété qui, sous l'empire de la loi romaine
comme sous le régime féodal, était fixée en un petit nombre de
mains, se développer par le travail et devenir peu à peu ac-
cessible à tous; nous voyons enfin la formation de la propriété
individuelle, loin d'être, comme on l'a prétendu, l'origine de
l'inégalité sociale, servir au contraire, à faire disparaître les
différences originelles et à battre en brèche le système qui
faisait dépendre de la naissance la condition des personnes.

On a dit[1] que l'établissement des barbares dans les Gaules
fut suivi de la dépossession des anciens propriétaires, au profit
des conquérants. Ce système est aujourd'hui complétement
abandonné.

Il est bien évident que, dans la période d'anarchie qui pré-
céda et suivit la fin de l'empire, les propriétés furent, comme
les personnes, exposées à toutes sortes de violences. On sait
en outre que les Francs, en arrivant en Gaule, trouvèrent un
grand nombre de domaines abandonnés par leurs maîtres,
dont ils purent s'emparer par voie d'occupation. Il y a loin
de là à une dépossession générale, faite en vertu du droit de
conquête. On sait d'ailleurs que l'établissement des Germains
en Gaule ne fut rien moins qu'une conquête. Les chefs germains se substituèrent à l'autorité nominale des empereurs,
en vertu de conventions et de traités et avec le concours des
évêques. Les rois barbares se trouvèrent ainsi mis en possession des domaines, qui avaient appartenu au fisc impérial : là est
la vérité.

L'établissement des Germains n'amena pas non plus, immé-
diatement du moins, de modification bien sensible dans la
condition des personnes. Les hommes libres, d'origine gallo-
romaine, continuèrent à être régis par le droit romain,

---

[1] Montesquieu, *Esprit des lois*, liv. xxx. — Monteil, *Hist. agricole de
la France*. Introduction, par Ch. Louandre, p. 16.

auquel les lois des Wisigoths et des Burgondes redigées à cette
époque, empruntèrent même un grand nombre d'articles.
Quant aux personnes non libres, la condition des esclaves
germains qui, d'après le témoignage de Tacite, se rappro-
chait beaucoup de celle des serfs du moyen-âge, ne tarda
pas à empirer, après que leurs maîtres se furent établis dans
les Gaules. D'un autre côté, les esclaves gallo-romains purent
trouver dans les coutumes barbares une certaine protection
qui n'était pas inscrite dans la loi romaine. L'influence de
l'Eglise contribua certainement beaucoup à améliorer le sort
de l'esclave[1]. L'histoire du Limousin nous montre, au vie siècle,
saint Yrier, possesseur de riches domaines en ce pays, rendant la liberté à une partie des esclaves attachés à l'exploitation de ses terres et allégeant les liens des autres en les don-
nant à l'Eglise. Il est incontestable cependant que jusqu'au
ixe siècle, et même plus tard, cette influence n'empêcha pas
les esclaves d'être soumis parfois aux traitements les plus
durs. Dans la vie de saint Pardoux, par exemple, nous voyons
des ouvriers, coupables d'une faute légère, condamnés par le
prévôt du monastère de Guéret à être battus de verges[2].

Pour faire disparaître l'esclavage, qui formait l'une des bases
de la société antique, il ne fallut rien moins qu'une transfor-
tion complète de cette société. Le grand fait social du moyen-
âge, la substitution du servage à l'esclavage personnel, se lie
ainsi à la révolution politique qui donna naissance au régime
féodal. Le servage est une des choses que l'on a le plus repro-
chées au moyen-âge, tandis que c'est un de ses plus beaux
titres de gloire. Comme la féodalité elle-même, le servage fut
une transition nécessaire, sans laquelle la civilisation n'eût pu
accomplir sa marche en Occident. C'est alors seulement que
dut disparaître la *personnalité* des coutumes, qui devant la loi,

---

[1] En ce qui concerne le droit d'asile dans les églises, par exemple, ou
trouve des détails touchants dans une lettre de saint Rucice, évêque de Limoges *(Rurici* epist. 19., lib. II.)

[2] Prepositus... predictos carpentarios verberari precepit... verberibus vapu-
lare judicavit. » (Vie de saint Pardoux, p. 82, 136).

établissait une différence originelle entre la race des vain-
queurs est celle des vaincus. Le droit devint territorial, réel,
attaché non plus à la personne, mais à la terre ; chaque province eut sa coutume générale, chaque fief sa coutume locale,
chaque *manse* sa condition particulière. C'était encore un progrès, un acheminement vers le grand principe de l'égalité
civile. La condition de la terre entraînant celle de l'homme
qui la possédait, on comprend que la propriété devait désormais jouer le premier rôle dans la transformation sociale, qui
restait à opérer [1].

Les diverses formes des affranchissements sont indiquées
clairement dans les actes du concile tenu à Limoges en 1031.
Il y est dit « qu'ils peuvent avoir lieu ou devant ce siége épis-
copal, ou devant les reliques de saint Martial, ou dans n'importe quelle église, en présence de témoins ou en présence du
corps d'un parent décédé, selon la coutume de beaucoup de
villes ; l'acte doit toujours être rédigé par le chancelier en titre
de l'évêché de Limoges. Il est reconnu en outre que les
affranchissements faits dans un des palais royaux, ou dans un
lieu où le roi réside et en sa présence, sont légitimes. Bien
plus, la *loi salique* déclare que partout où un maître le voudra,
il pourra donner la liberté à son esclave [2]. » Cette décision
canonique montre évidemment que l'Eglise, loin d'être oppo-
sée aux affranchissements, comme on l'a dit, s'efforçait de
multiplier en faveur des esclaves les moyens d'émancipation.

D'après M. Deloche (*Cartulaire de Baulieu*, Introduction,

[1] Il restait un immense pas à franchir, dit Augustin Thierry : « C'était
tout le régime de la propriété foncière à détruire et à remplacer. » *(Essai
sur l'histoire du Tiers-État, p. 23).* — Rivière, *Histoire des Institutions de
l'Auvergne*, T. I, p. 215.

[2] Labbei *Nova Bibliotheca*, T. II. p. 793.

[3] B. Guérard, dans les Prolégomènes du *Polyptique d'Irminon* (p. 387),
constate que l'esclavage romain existait encore au commencement de la troisième race et qu'il avait généralement disparu avant la fin du XIIe siècle. M.
Rivière, dans son *Histoire des Institutions de l'Auvergne.* (T. I, p. 157) dit
également que la transformation de l'esclavage, déjà avancée au IXe siècle,
s'acheva dans les siècles suivants.

p. xcix) l'esclavage aurait persisté en Limousin jusque vers la
fin du xii⁰ siècle. M. Deloche cite à ce sujet un acte de 1105 à
1170, par lequel « Ebles II, vicomte de Ventadour, prononça
l'affranchissement de tous ses esclaves, pour le salut de son
âme.» Plus loin M. Deloche dit que, dans les terres de l'abbaye de
Beaulieu,« il y avait, outre les serfs, des personnes qui les cul-
tivaient et qui sont désignées dans les actes, soit sous les noms
de *rustici*, soit sous le titre général de *mancipia*[1], qui comprenait à la fois la classe des colons et celle des esclaves. » Des
assertions aussi graves auraient besoin d'être appuyées sur
quelques preuves : l'auteur n'en fournit aucune. L'acte de
1105 à 1170, qu'il donne comme étant du xi⁰ siècle, parle seulement de serfs (*servos et ancillas*), et ne fait nullement mention des *mancipia*. Pour nous, nous n'avons trouvé, dans les
chartes, aucun indice de la persistance de l'esclavage proprement dit au-delà du xi⁰ siècle.

Il nous reste à examiner s'il est vrai que l'*allodialité* ait complètement disparu, dans ce pays, lors de l'établissement du
régime féodal, et si, avant les concessions des chartes de commune et d'affranchissement, la condition des bourgeois des villes était la même que celle de la généralité des habitants des
campagnes, et si tous étaient soumis au droit de *mortaille*.

L'intérêt que présente cette question a été parfaitement
apprécié par M. Victor Maingonnat, juge honoraire à Aubusson, dans ses études sur *la Marche et le Franc-Alleu*. « Il
y aurait, dit-il, sur l'allodialité ou la *franquisia* des héritages,
sur ses origines ou sur son mode de formation en France des
choses curieuses à dire.... Mais nous n'avons pas eu l'ambi-

[1] On trouve un exemple de l'emploi de ce terme, en 945, dans la charte
contenant les donations faites par Boson, abbé laïque de Moutier-Ro-
seille et d'Evaux, et par Rainaud, vicomte d'Aubusson, son frère, au monastère de Tulle : « Dono etiam in viceria Usercensi, in loco qui vocatur Carus
mons, plantadam meam et *mancipia* mea quæ ipsius vinee cultores debent
existere. » *Hist. Tutel.*, col. 368.

En 1100, Alaiz de Magnac, femme de Rainaud, vicomte d'Aubusson,
donna au monastère de Tulle : « Duos mansos in villa de Castanet, cum servis
et ancillis et colibertis. » *Hist. Tutel.*, col. 445.

tieuse pensée de faire ici une histoire du Franc-Alleu. La constitution des *alods* ou *sortes* est obscure, difficile à exposer, etc. » Il est regrettable que M. Maingonnat n'ait pas poussé plus avant ses recherches sur ce sujet, arrêté par l'autorité imposante du texte de la coutume d'où il paraît résulter, qu'au XVIe siècle, le principe de l'allodialité originelle des biens immeubles n'était pas admis dans ce pays.

« La Marche, dit-il, était une des provinces coutumières du royaume où la seigneurie directe, féodale, universelle, était reçue comme établie; la vieille maxime : « Nulle terre sans seigneur », y épanouissait ses nombreux privilèges et y régnait sans conteste (art. 325, 326) de la coutume. Dans le système de cette maxime, toute vente, tout devoir personnel, toute obligation. se changeaient en prix annuel d'un bail à cens; les impôts d'origine romaine, les redevances introduites par abus du pouvoir justicier, les tailles, les corvées étaient considérées comme des charges féodales et la terre possédée par les vilains comme la cause de tous ces devoirs. »

Nous devons d'abord faire observer, qu'il ne faut pas chercher l'étymologie du mot alleu dans *loos*, « sort, terre tirée au sort, » comme l'ont soutenu M. Guizot et d'autres historiens modernes. Sous la première race, on donnait le nom d'*alleux* aux *propres*, à l'*hœreditas aviatica*. Plus tard, lorsque vint à se produire la propriété incomplète du bénéfice, l'alleu prit en opposition et par antithèse le sens de propriété absolue et indépendante, de biens libres. [1] Examinons si, sous le régime féodal ce mode de possession disparut aussi complètement qu'on l'a dit [2].

Dans les diverses provinces qui avoisinaient la Marche on constate l'existence du franc-alleu. Les coutumes d'Auvergne et de Bourbonnais [3] consacrent expressément le principe de

---

[1] Lalanne. *Dict. hist. de la France*, art. ALLEU. — La Thaumassière, *Traité du Franc-Aleu du Berry*, ch. I.

[2] Guizot, *Dict. de la Conversation*, art. ALLEU. — Guérard, *Prolégomènes du Polyptique d'Irminon*, T. I. p. 206.

[3] *Coutumes du Bourbonnais*, art. 392.

l'allodialité originelle, du franc-alleu sans titre. » Le Berry et
le Poitou ne purent obtenir l'insertion dans leurs coutumes
d'une clause destinée à sauvegarder ce principe tutélaire;
mais les jurisconsultes éminents qui ont commenté ces coutumes s'accordent [1] à proclamer « que. dans ces provinces,
les héritages sont réputés alodiaux, francs et exents de toutes
servitudes et charges quelconques, s'il n'appert du contraire
par titres authentiques.... Le premier moyen sur lequel la
franchise et liberté de nos biens est établie, dit hardiment la
Thaumassière, c'est la nature des choses, qui les a toutes pro-
duites dans une véritable et parfaite liberté, exemptes de toutes
servitudes et déchargées de tous droits seigneuriaux, qui n'ont
esté introduits que par une usurpation... Suivant le premier
et le plus ancien droit, qui est celuy de la nature, nos prédécesseurs ont conservé leurs biens en la liberté dans laquelle
ils ont esté produits par la nature. [2] »

L'existence de l'allodialité en Limousin est également
admise par plusieurs historiens de cette province, notamment
par le P. Bonaventure de Saint-Amable : « Il y a encore dit-il,
une autre recherche à faire touchant les biens alodiaux ou de
franc-alleu... Les titres et carthes de ce temps-là font souvent
mention de ces alleuds ou terres allodiales... Qui voudra voir
beaucoup d'autres donations de ce franc-alleu, faites par
divers seigneurs ou autres personnes, n'a qu'à lire les titres
que rapporte Jean Besly, dans les preuves des *Comtes de Poitou*,
et il sera plus que satisfait. » Le P. Bonaventure va plus loin,
s'appuyant sur Hauteserre en Justel, il prétend que les *bachel-
leries*, dont on trouve assez fréquemment la mention dans les
chartes du Limousin, ne sont autre chose que des alleux [3];
système diamétralement opposé à celui de M. Deloche qui
place les *bacheliers* au plus bas degré parmi les paysans [4].

[1] Rat. *Coutumes du Poitou*, art. 37.
[2] *Traité du Franc-Aleu du Berry*, ch. VII.
[3] *Annales du Limousin*, p. 363, 364.
[4] Le principal texte sur lequel roule la discussion est le ch. 46 des Coutumes de Barcelone : « Sacramenta rustici qui teneat mansum et laboret

Entre ces deux opinions extrêmes se trouve la vérité. Du Cange range les *baccalarii* dans la classe intermédiaire entre les nobles et les serfs en citant à l'appui des titres que M. Deloche n'a pas toujours expliqués d'une façon satisfaisante.

La persistance du droit romain en Limousin, pays de droit écrit, fournit un argument beaucoup plus sérieux en faveur du maintien de l'allodialité dans cette province. « C'est une vérité si constante, dit Furgole,[1] qu'elle est reconnue et attestée par un article que l'on trouve dans les arrêtés de M. le Président de Lamoignon. « Ès provinces régies par le droit

cum parc boum sunt credendı usque ad VII solidos platæ. De aliis manque rusticis qui dicuntur baccalarii, credantur sacramenta usque ad IV mancusos auri Valentiæ; deinde quidquid jarent per examen caldariæ demonstrent. » Or, dit M. Deloche, « ces termes prouvent le contraire de ce que Du Cange soutient, car au *rusticus* qui occupe le manse et le cultive avec une paire de bœufs, ils opposent les autres *rustici* appelés *baccalarii*, et, loin que ceux-ci soient supérieur aux premiers par la condition, ils lui *[sic]* sont évidemment inférieurs, car, tandis que le cultivateur du manse muni d'un attelage est cru dans ses serments jusqu'à concurrence d'une valeur de sept sous, qui valaient seize deniers chacun, soit cent douze deniers, ils ne sont crus que jusqu'à concurrence de quatre mangons *(mancussi)* ou sous d'or de seize deniers chacun, soit cent soixante-quatre deniers ; et leur serment pour le reste se contrôle par l'épreuve de la chaudière. » (*Cartulaire de Beaulieu,* Introduction p. CCLXXXVI CCLXXXVII).

M. Deloche n'oublie qu'une chose, c'est que dans un cas il est question de monnaie de *plata* et dans l'autre, de monnaie d'or, et que les sous d'or des *baccalarii* représentaient environ trente-deux sous d'argent des simples paysans, admis seulement à prêter serment pour une somme de sept sous, qui était ainsi plus de quatre fois moins forte que celle pour laquelle le serment des *baccalarii* était reçu.

Dans la notice sur l'abbaye de Beaulieu (*Gallia Christ.*, T. II. p. 626, D.) on trouve un exemple de l'emploi du mot *baccalaria*, que Denys de Sainte-Marthe explique ainsi : « *Baccalaria*, seu *Vaccalaria*, B. pro V, locus ubi nutriebatur seu recludebatur *vaccarum* armentum. » (*Ibid.* Gloss. p. 305).

Le *Baccalarius,* dit M. Brachet (*Dict. etym. de la langue fr.*), propriétaire d'une *baccalaria*, d'un bien rural est au-dessus du serf, tout en restant un vassal d'ordre inférieur. *Baccalaria*, qu'on doit rapprocher de *baccalator*, « gardeur de vaches », dans les textes latins du neuvième siècle, dérive de *bacca* « vache » forme que l'on trouve pour *vacca* dans la basse latinité. »

[1] Furgole, *Traité du Franc-Alleu* (Œuvres complètes, T. v, p. 103 et 115).

« écrit, tout héritage est réputé *franc-alleu*, s'il n'y a titre ou
« reconnaissance au contraire, » et que les magistrats les
plus attentifs à la conservation des droits de sa Majesté, l'ont
reconnu: tel est M. de Basville, intendant du Languedoc,
dans ses Mémoires, pag. 139. 140 »

Furgole mentionne également la Basse-Marche, pays de
droit écrit, parmi ceux « qui ont conservé aux héritages leur
liberté naturelle et primitive. [1] » Il cite en particulier l'usage
de la sénéchaussée du Dorat, dont Boucheul, dit-il fait mention, dans la Préface du *Coutumier général du Poitou*, p. 27,
tom I. »

Il est admis, il est vrai que la plupart des alleux disparurent,
dans la période d'anarchie qui donna naissance au régime
féodal. La violence, dit M. Fustel de Coulanges, eut moins de
part à cette révolution que la nécessité sociale, qui obligeait
les petits propriétaires à demander à un puissant voisin la
protection que l'autorité publique était impuissante à leur
assurer. L'homme libre promettait une redevance, des services; il faisait plus, il donnait sa terre, il livrait sa personne
même. Telle est probablement l'origine des *clientes* de la
periode féodale. De son côté, l'homme de guerre promettait
qu'il *sauverait* et garderait le laboureur, sa famille, sa maison,
ses meubles, son blé. [2] Ces faits supposent une association
d'intérêts, un engagement réciproque, librement débattu et
susceptible de revêtir des formes les plus variées. Mais en
montrant comment les alleux ont disparu nécessairement,

---

[1] Le Bordelais, par exemple, revendiquait avec énergie, en 1236, le privilège de l'allodialité en s'appuyant sur une tradition singulière :

Item dixerunt quod cum rex Karolus acquisivit terram à Sarracenis, duxit
secum milites et alios nobiles ad soldatam. Minores autem secuti sunt exer-
citum ejus sine soldata, et ideo militibus quibus minus tenebatur, eo quod
propter soldatam venerant, dedit possessiones quas habent sub certo servicio
exercitus. Minoribus autem qui gratis venerant et qui gaudebant de popu-
latione terræ, liberas tradidit possessiones, et eas francas, id est liberas,
constituit, hoc solum injungens, quod juvarent ipsum ad tuendam terram.
(*Gallia Christ.* T. II, Instr. p. 392, G.)

[2] Fustel de Coulanges, *Les origines du régime féodal.*

dans les pays où le régime féodal atteignit tout son déveloplpement, ils expliquent comment ce mode de possession a pu se maintenir dans les provinces où la féodalité était moins puissante. Or tel est précisément le cas de la Marche, où de tout temps, les possesseurs de fiefs furent nombreux et où leur pouvoir fut dès lors très-limité. Le fait de la persistance de l'allodialité dans les provinces voisines de la Marche vient à l'appui de cette opinion.

La mention des *aloda* n'est pas d'ailleurs très-rare dans nos chartes du XIe au XIIIe siècle. [1] Le souvenir de ce mode propriété s'est même conservé dans plusieurs anciens noms de lieux. [2] Nous n'ignorons pas que le mot alleu était susceptible d'acceptions assez diverses. Mais il est constant que partout il désignait certains héritages jouissant de franchises plus ou moins étendues [3].

Il n'est pas possible d'admettre, à plus forte raison, que

[1] 1087-1096 : Umbaldus, Lemovicensis episcopus, dedit ecclesiam S. Præjecti de la Plaina, in alodio S. Stephani et suo. Umbaldus Lemovicensis episcopus dedit S. Bartholomæo cappellam de Auraria quæ erat de alodio S. Stephani et in suo. — Petrus Camborent, fratres ejus, etc. dederunt ecclesiam de Camborent, hortos sub ecclesia, juxta fontem, mansum del Mont qui erat alodium ipsorum. — Rainaudus de Sauzeto dedit apud Sazairacum partem terræ de alodio suo. — Ugo de Chaalac dedit alodium suum, scilicet mansum del Doget. (*Cart. de Bénévent*, f° 10, 95, 109, 114, 124. — Le *Cart. de la Chapelle-Aude* (n° XXVII) nous apprend qu'au XIe siècle la terre de Utis, possédée allodialement par Raymond, le prêtre de Boisse, puis par le prieuré de la Chapelle-Aude, fut réclamée par Amelius de Chambon, comme fief de sa mouvance. Dans son Introduction placée en tête de ce *Cartulaire*, M. Chazaud remarque à ce propos (p. LXIII) que « l'alleu, bien que peu compatible avec le régime féodal, subsista longtemps encore dans le Bourbonnais ; les titres de la Chambre des comptes de Moulins nous font connaître les conditions auxquelles les ducs de Bourbon réussirent, au XVe siècle, à faire entrer enfin les derniers alleus dans leur mouvance. »

[2] Il existe dans la commune de Châtelus-le-Marcheix un village du nom de *Laleuf*. On trouve en outre dans le *Cartulaire de Bonlieu*, la donation faite par Pierre de Saint-Domet de la dîme du mas de l'Aleu. En 1205, Etienne de la Roche, donne les dîmes de Lignerolles et de Saint-Chabrais, par acte daté de *Alodeira*.

[3] Léopold Delisle. *Etudes sur les classes agricoles en Normandie*, p. 42, 43.

tout vestige du principe de l'allodialité des terres et de la
liberté originelle des personnes ait disparu dans les villes. Il
ne paraît pas que le régime de la main-morte ait jamais existé,
par exemple, dans une ville comme la Souterraine, où dès la
fin du x⁰ siècle, nous voyons les habitants s'insurger pour ne
pas payer la taille, où nous voyons les mêmes tentatives de
renouveler au xiiᵉ, et où toujours, dans leurs aveux et dénom-
brement, les bourgeois déclarent « tenir leurs héritages franchement et allodialement [1]. »

M. Maingonnat admet également que les bourgeois de Sermur « vivaient sur un sol de franchise, libres de tout joug sei-
gneurial, et ne payant au châtelain titré qu'une rente franche,
simple canon ou vectigal, sans aucun mélange, soit des charges
personnelles de la directe serve et mortaillable condition. Ils
possédaient leurs immeubles, *sicut res propria, res sui juris,
cum omni libertate.* A quoi bon une charte d'affranchissement
à la population alleutière d'un pays de franchises, libre *ab
initio,* et n'ayant pas connu la servitude [2] ? »

On en peut dire autant d'Ahun et d'un territoire situé aux
environs où les habitants n'ont jamais payé ni lods ni ventes.
Même privilège à Bellegarde, capitale du pays de Franc-Alleu.
Au commencement du siècle dernier, nous voyons même les
habitants du petit bourg de Sainte-Feyre près Guéret soutenir
énergiquement qu'il n'était pas démontré qu'ils dépendissent
en *censive,* du roi auquel ils devaient seulement une rente
franche, et que cette rente franche pouvait bien avoir été re-
reconnu sans *directe* [3].

Ce qui vient à l'appui de cette thèse, c'est qu'il résulte
des art. 130 et 176 de la coutume de la Marche que le droit

---

[1] *Terrier de la prévoté de la Souterraine,* 1539. (Archives de la Haute-
Vienne.)

[2] Maingonnat. L'*Antique baronnie de Combraille,* article publié dans le
Mémorial de la Creuse, en 1875.

[3] *Archives communales de Sainte-Feyre.* Mémoire fourni par les habitants dans un procès contre leur seigneur au sujet des lods en vente (xviiiᵉ
siècle.)

de lods et ventes n'était exigible qu'en vertu d'un titre, et que le vassal était, par conséquent, censé exempt de ce droit, à moins de preuve contraire. Ce principe fut même consacré par un arrêt du Conseil d'État, du 1er juillet 1684, et par un autre arrêt rendu en faveur des habitants du bourg de Chavannat. Tout un territoire des environs de Guéret jouissait de la même exemption sans qu'il fût possible d'en indiquer l'origine.

CHAPITRE IV.

Causes qui ont amené la transformation du servage et préparé l'avénement des communes.

Dans son beau livre sur l'*Economie rurale de la France depuis 1789*, M. Léonce de Lavergne fait un tableau de l'état actuel de l'agriculture du département de la Creuse, auquel nous croyons utile d'emprunter quelques traits.

« La nature du sol est du granit pur. Ce genre de terrain, s'il a ses inconvénients, a aussi ses avantages; faible et sabloneux, il laisse rapidement échapper l'engrais, mais il est en même temps très-facile à cultiver; il se refuse a la production du froment tant qu'il n'est pas amendé par la chaux, et le seigle lui-même s'y montre avare de ses grains; mais il abonde en prairies naturelles et la plupart des racines y viennent parfaitement...

« On est là bien près de l'idéal des philosophes égalitaires; les communistes eux-mêmes pourraient y trouver la satisfaction de leurs théories, puisqu'un cinquième environ du sol est possédé en commun. Qu'en est-il résulté? une indigence universelle.

« Chaque village a dû être, à l'origine, la résidence d'une seule famille, car les habitants portent tous le même nom. La terre étant considérée comme n'ayant aucune valeur, les paysans ont pu se la partager sans difficulté, à mesure qu'ils ont formé de nouvelles familles; et comme ils ont conservé leurs anciennes habitudes de culture, il est venu un point où le sol n'a plus suffi....

» Ainsi constitué, ce pays devait avoir très-peu d'histoire.

Quoique rappelant les *borders* d'Écosse, on n'y recueille aucune des traditions belliqueuses qui se rattachent d'ordinaire à ces frontières entre la plaine et la montagne qu'on appelle des *Marches*. De nombreuses générations de cultivateurs obscurs y ont vécu, sans prendre part à nos agitations nationales ; les siècles ont passé sans les toucher. Un événement historique assez mal connu, la révolte des Croquants, à la fin du seizième siècle, les a, seul, détournés un moment de leurs habitudes pacifiques. »

Ce tableau, qui assurément n'est pas flatté, renferme quelques inexactitudes, mais on y trouve aussi des appréciations générales qui révèlent une observation profonde des faits, et dont il importe de tenir le plus grand compte.

M. de Lavergne reconnaît que les communaux, les terres incultes et les forêts, dont l'ensemble occupe encore aujourd'hui une superficie de 250,000 hectares, c'est-à-dire presque la moitié du département de la Creuse, constituent les bases de la richesse agricole de ce pays. Ce qui manque, ce sont les capitaux. Au moyen âge le travail, principalement le travail des moines et de leurs colons, eut pour effet de convertir une vaste étendue de terrains improductifs, en champs fertiles, en prairies, en étangs poissonneux. Ainsi fut créé un capital d'une importance considérable qui, entraîné peu à peu dans le torrent de la circulation, vint vivifier toutes les branches du corps social.

M. de Lavergne suppose que cette contrée « rude et stérile d'apparence, ayant peu tenté l'ambition des grands, les petits ont pu s'y établir sous l'autorité d'un faible nombre de seigneurs et d'abbés. » Il nous est facile d'établir que c'est justement l'inverse qui a eu lieu :

1° De de tout temps, comme nous l'avons dit, les possesseurs de fiefs ont été nombreux dans la Marche, d'où il est résulté que leur autorité ou leur puissance y a toujours été limitée.

« Il serait presque impossible, dit M. Bosvieux [1], de dresser

[1] Bosvieux, *Rapport de M. l'Archiviste*, session de 1862, p. 23, 24.

l'état complet des fiefs qui ont existé sur le territoire du département de la Creuse, depuis l'origine de la féodalité jusqu'à la Révolution française; mais il est certain que ce nombre allait en s'accroissant à chaque siècle. Si l'on s'en rapportait à quelques registres d'aveux, conservés aux Archives de la ville de Guéret et à la Bibliothèque de Poitiers, on arriverait à un chiffre énorme déjà, et cependant fort inférieur à la réalité. En effet, ces documents ne mentionnent que les fiefs relevant directement du roi et ne s'occupent pas des arrière-fiefs bien autrement nombreux. Il ne serait pas téméraire d'avancer que, vers 1789, le territoire de la Creuse était morcelé entre 4,000 circonscriptions féodales. »[1]

2° Sur ce territoire d'une étendue restreinte, on comptait, au moyen âge, une vingtaine d'établissements monastiques, abbayes, prieurés conventuels, collégiales, commanderies, dont plusieurs très-importants ; et nous pensons que c'est précisément à ces établissements religieux que la Marche est redevable d'une partie de ses progrès agricoles, économiques et sociaux.

On sait en effet qu'un grand nombre de villes, bourgs et villages doivent leur origine à des établissements monastiques. Dans l'Auvergne, d'après M. Branche, on ne compte pas moins de trente-six localités fondées par les moines. [2] Si dans la Creuse on faisait une statistique complète des villes et villages qui ont la même origine, on arriverait à un chiffre considérable. Les noms de Moutier-d'Ahun, Moutier-Rozeille, Moutier-Malcard, Bénévent-l'Abbaye, par exemple, indiquent suffisamment que les localités ainsi désignées ont dû commencer par être des moutiers, des abbayes. L'étymologie des noms de Bourg-aux-Moines (Guéret), et Lioux-les-Monges est également assez claire. La Celle-Barmontoise, la Celle-Dunoise, la Celle-sous-Gouzon, Celles (commune du

---

[1] La liste des châteaux de la Marche avant la Révolution, publiée dans le tome III des Mémoires de la Société des sciences naturelles et archéologiques de la Creuse, ne contient pas moins de 250 articles, et l'auteur fait remarquer que cette liste est fort incomplète.

[2] L'Auvergne au moyen âge, T. I, p. 439.

Grand-Bourg) la Cellette, révèlent l'existence d'un petit
monastère [1]. La Forêt du Temple, le Temple (commune de
Bord-Saint-Georges) le Temple (commune du Bourg-d'Hem)
rappellent le souvenir des Templiers. On compte enfin dans
la Creuse plus de cent communes ou villages qui portent un
nom de saint. Au reste, l'histoire nous fournit à ce sujet les
ndications les plus positives [2]. Ainsi, d'après Geoffroy de
Vigeois, Chambon dut son importance aux reliques de
sainte Valérie; la Souterraine à une image miraculeuse de la
Vierge; Guéret à saint Pardoux; le Grand-Bourg à l'ermite
Léobon; Saint-Pierre et Saint-Etienne-de-Fursac à sainte
Rufine et à sainte Justine; Saint-Vaury et Saint-Goussaud aux
deux solitaires de ce nom; Ahun à saint Sylvain.

Les documents que renferment les Archives de la Creuse
nous permettent d'affirmer que dès le XIIIe, dès le XIIe siècle,
et même avant, d'importants progrès avaient été réalisés:
1º Dans la culture des terres et particulièrement dans les domaines qui dépendaient des établissements religieux. 2º Par
l'admission d'abord temporaire et bientôt définitive d'un grand
nombre de travailleurs à l'exercice des droits de propriété
dont les modes reçurent une extension de plus en plus grande.
3º Par le fait même du développement d'une certaine aisance
dans quelques familles sorties de la classe agricole, et par
l'impulsion féconde qu'en reçurent le commerce et l'industrie
des villes. Nous pensons enfin que, dans les siècles suivants,
cette situation est restée à peu près stationnaire, ou du
moins n'a fait que des progrès relativement peu considérables,
par suite des guerres, des abus du régime féodal, qui ont été
en s'aggravant jusqu'à la Révolution, et des erreurs économiques imputables à l'administration de l'ancien régime.

§ I. Progrès agricoles réalisés antérieurement au XIIIe siècle.

A l'époque mérovingienne, comme nous l'avons vu, une

[1] Il faut observer cependant que cella servait également à désigner l'habitation du manse tributaire. Cf. Rivière, *Institutions de l'Auvergne*, t. I,
p. 172.

[2] *Chron. de Geoffroi de Vigeois*, ch. xv.

partie de la Marche et du Limousin était demeurée ou redevenue sauvage. Pendant longtemps les hommes épris de l'idéal entrevu par les pères du désert purent venir, du fond de la Normandie, de la Flandre [1], de l'Italie et même de l'Ecosse [2], y chercher la réalisation de leurs rêves ascétiques. Tels furent au VIᵉ siècle, les ermites Marien et Animien son disciple, retirés dans une forêt près d'Evaux [3]; saint Léobon, qui vers la même époque, habitait une solitude des environs de Fursac [4]; saint Goussaud qui s'était fixé sur la montagne qui porte son nom [5]. On montre même à Saint-Vaury le râcloir que l'on dit avoir appartenu au solitaire, patron de ce bourg. Plus tard nous trouvons les ermites de la Cellette [7] du Châtelard-Saint-Blaise etc., saint Gaucher, saint Geoffroi, etc. Plusieurs paroisses n'ont pas d'autre origine [9]

[1] *Vie de Saint Geoffroi*, par M. Bosvieux. (*Mém. de la Soc. archéolog. de la Creuse*, T. III, p. 131, 137.)

[2] Texier, *Dict. géogr. de la Marche et du Limousin*, art. *Agriculture*.

[3] Labbe, *Nova Bibl. mss.* T. II, p. 432.

[4] *Histoire de la Marche*, T. I, p. 67.

[5] Bonaventure de Saint Amable, *Annales du Limousin* p. 250.

[6] *Livret des expositions industrielle et artistique*, etc., Guéret; Dugenest, 1869, p. 48.

[7] Bonav. de Saint-Amable. *Annales*, p. 477.

[8] M. Victor Maingonnat a consacré, dans le *Mémorial de la Creuse* du 23 août 1868, un article à l'*Ermite du Châtelard Saint-Blaise.*

[9] Le hameau de l'*Ermitage*, commune de la Souterraine, fut dans l'origine un ermitage. Au commencement du XVIIᵉ siècle un ermite nommé Antoine Cormier, inhumé le 9 décembre 1608, y résidait encore (*Assises scientifiques de Limoges*, 1867, p. 219).

Le testament de Jean Mercier, marchand de la Souterraine, du 18 avril 1407, contient un legs de 5 sols à la recluse de la Souterraine (Arch. de la Creuse, série G. Communauté des prêtres de la Souterraine, carton VI.) On voit par le testament de Jeanne de la Chapelle (Johanna de Chapellania), veuve de Pierre Gorbaud, du 15 août 1444, que l'habitation de la recluse était située du côté de Bousseresse : « Terra de Malo passu, sita in territorio de Beyssareys... inter iter publicum per quod itur versus grangiam prepositatus de Subterranea vocatam de Reclusa. » (Série H. Prévôté de la Souterraine. carton II).

En 1120 Hengelelme et Bernard de Mortemard (de Morte Mario), son frère, donnèrent aux chanoines de Bénévent une partie du bois de Jourde

L'influence qu'eurent les moines, les ermites, sur le développement de l'agriculture est incontestable. On serait presque tenté de croire qu'ils possédaient jusqu'au don merveilleux de transformer la nature elle-même et de couvrir d'une végétation luxuriante les collines les plus arides, en lisant la description pompeuse, consignée par le comte Boson dans la charte de fondation du Moutier-d'Ahun, en 997 : « Cette « église, dit le comte de la Marche, est située non loin du « bourg d'Ahun ; d'un côté le cours de la Creuse serpente à « travers des prairies délicieuses, de l'autre, de la colline, « au sommet de laquelle s'élève le bourg, découlent des « sources jaillissantes et pendent des ceps de vignes; de « sorte que les habitants y trouvent l'eau et le vin pour se « rafraîchir. » [1]

Mais c'est surtout à partir du XIe siècle que les travaux agricoles dont nous admirons les résultats prirent un développement considérable. Ce fut une des formes du mouvement

(Jorda), pour y mettre des terres en culture, et bâtir des habitations et y élever une église paroissiale. L'abbé de Saint-Benoît de Quinçay renonça en même temps en faveur des chanoines au droit qu'il prétendait avoir sur un ancien ermitage en ruines qui s'élevait dans cette forêt: « Pro quodam ædificio heremitarum quod in eodem nemore dirutum habere se dicebat, unde canonicis calumniam inferebat… De investitura quam in præfato eremitarum ædificio antecessores suos antiquitus habuisse dicebat finivit calumniam. » (Cart de Bénévent, p. 125).

On voit par une autre charte du même cartulaire qu'Umbert de Folles (Umbertus Folii), prieur de Bénévent, accorda à l'ermite Ainard la permission de chanter la messe dans le Bois-Auzaret (in Bosco Ary), paroisse de Saint-Hilaire de Fayolles (commune d'Arrènes). à condition qu'aucune autre personne, fût-ce un ermite, un clerc, ou un laïque, excepté sa propre famille, un autre prêtre et un clerc, ne vînt l'entendre (Ibid. fo 94).

Il existe dans la commune de Janaillat (canton de Pontarion, arron. de Bourganeuf), un bois appelé de l'Hermite, au milieu duquel s'élevait un château, berceau de la famille de ce nom, Nous avons également dans la commune de Lussac (canton de Chambon, arron. de Boussac) un hameau de l'Hermite, et, près de Bourganeuf, l'Ermitage de la Roche.

Du Cange explique, à l'article HEREMITA, que ce mot est quelquefois employé dans le sens de « cella, habitatio heremitæ. »

[1] Gallia Christ. T. II, pol. 190.

merveilleux qui, vers l'an mil se produisit dans toutes les
les directions de l'activité humaine. On sait que les moines de
Fontevrault, de Citeaux, de Grandmont y prirent la plus
grande part. « Au nord et au midi, du couchant au levant,
dit M. l'abbé Texier, ils ont transformé tout le Limousin.
Partout où leur pioche a frappé le sol, elle en a fait jaillir des
récoltes et les fruits du midi, la vigne et le figuier. C'est
donc avec raison que le sculpteur du XIIIᵉ siècle auquel on
doit le tombeau de saint Etienne de Muret, a paré son cercueil
des plantes acclimatées par ses disciples sur ce sol ingrat...
Quels développements n'acquéraient pas les troupeaux des
moines pasteurs [1] qui s'interdisaient l'usage de la viande,
même en cas de maladie! Au tombeau de saint Etienne, déjà
cité, les convers, appelés au tribunal du souverain juge, s'y
présentent avec les troupeaux qu'ils ont gardés pendant leur
vie terrestre : chèvres, moutons et porcs; c'est un de leurs
titres à la miséricorde divine. — Tous les monastères cister-
ciens firent les mêmes merveilles sous des formes différentes :
à Bonlieu, entre autres, la Tarde fut coupée d'écluses et de
chutes d'eau mises au service de moulins, de viviers et de
canaux d'irrigation. »

Essayons de fixer, au moyen de quelques détails l'idée que
l'on peut se faire par l'étude des documents, de l'état de
l'agriculture dans la Marche au XIIᵉ et au XIIIᵉ siècle. Nous
allons donc passer en revue rapidement : 1º le Bétail, 2º les
prairies et pâcages, 3º les terres arables et leurs produits, 4º les
vignes, jardins et ouches, etc.

Les agronomes les plus éminents s'accordent à reconnaître
que la Creuse est avant tout un pays d'élevage et d'engraisse-
ment. Les produits animaux sont même les seuls produits
qu'elle exporte. On y trouve aujourd'hui l'équivalent d'une

[1] Un passage de la vie de saint Junien résume admirablement l'œuvre
agricole des moines : « Cœpit enutrire animalia..., pullorum nutrimenta
plurima congregavit, caprarum etiam et ovium greges habuit, ut de velleri-
bus earum vestimenta conficerentur et lac et caseum in cibo servorum Dei
proficeret. Habuit etiam armenta ad exercitium laboris et agriculturæ. »
(Labbe, Nova Bibl. ms., T. II, p. 574).

tête de gros bétail par 2 hectares : l'Angleterre n'en a pas
davantage, d'après M. dè Lavergne. « Chaque ville de la
Marche, écrivait Davity au XVIIe siècle *(Théâtre du monde,
1655),* abonde en bétail gros et menu qui se débite à Paris et
aux villes de France en assez grand nombre, et a ses foires
dans le pays même et à celui d'Évaux, où de la Picardie
Touraine, Ile-de-France, Berry, Blaisois, on vient acheter des
moutons en très-grande quantité. La ville de Felletin en fait
une grosse vente à certains jours de chaque mois, particulièrement de bœufs pour le labourage... Bonnat fait aussi un
grand trafic de pourceaux et les Espagnols y viennent acheter
des poulains. »

Appropriée à la nature du sol, trouvant dans les communaux,
dans les droits de vaine pâture, les moyens de s'étendre pour
ainsi dire indéfiniment [1], l'agriculture pastorale paraît avoir
pris dans la Marche, dès le moyen-âge, une véritable importance.

ESPÉCE BOVINE. — La vente des bœufs et des vaches engrais-
sés dans la Marche était évaluée aux cinq sixièmes du total de
l'exportation des produits animaux de cette province, en 1763.
En l'an III, dans le district de Felletin en ne comptait pas
moins de 27,000 bêtes à cornes, 67,000 moutons et seulement
2,085 porcs, 1,065 chevaux, ânes et mulets. Ces indications,
évidemment, ne peuvent donner qu'une idée assez approxi-
mative de l'état des choses aux époques antérieures, mais si
les chiffres de la production ont dû changer, il paraît
probable que les proportions elles-mêmes ont beaucoup
moins varié.

A défaut des documents statistiques qu'on ne saurait
découvrir, on peut citer un nom qui, à lui seul, semble être
une preuve de l'importance qu'avait pris l'élevage des
bestiaux dès le XIe siècle. Sur les limites de la Creuse et de la
Corrèze s'élève un plateau aujourd'ui dénudé qui porte le nom
de *Millevaches,* et qu'on trouve mentionné, dès l'année 1048

[1] Aussi un article de la Coutume (art. 359) interdisait aux cultivateur
d'avoir pendant l'été plus de bétail qu'ils ne pourraient en nourrir l'hiver.

dans une donation faite à l'abbaye d'Uzerche. [1] Ce plateau doit sans doute son nom, comme l'a remarqué justement M. Joanne, aux vastes pâturages qui s'étendaient sur ses groupes mamelonnées, aujourd'hui dépouillées des forêts qui les couvraient autrefois et qui y entretenaient une fraîcheur favorable à la végétation.

On sait que les abbés d'Uzerche, qui avaient plusieurs possessions dans l'étendue des domaines des comtes de la Marche, s'occupèrent avec un soin particulier de la multiplication du bétail, et de l'amélioration des races, notamment l'abbé Giraud, qui vivait dans la seconde moitié du XIe siècle [2].

Il est impossible que cet exemple n'ait pas été imité de plus ou moins loin par les monastères de la Marche, mais malheureusement les documents qui permettraient de constater cette augmentation de la production du bétail nous font à peu près défaut. Au reste, la culture, dans la Marche, n'ayant lieu qu'au moyen de bœufs, [3] il est évident que la multiplication du nombre des bœufs fut évidemment une des conditions essentielles du progrès agricole [4].

[1] En 1048 Roger de Leron donna à l'abbaye d'Uzerche l'église de Millevaches (ecclesiam quae vocatur Millevaccas), et tout l'alleu qui en dépendait, avec les prairies, les forêts, les terrains cultivés et les terres incultes. (Baluze, *Hist. Tutel.*, col. 867.

[2] Grex domini multiplicatus est usque ad centum patres.... habuit exinde vir iste prudentissimus greges ovium, armenta boum et equitium quod vulgo bravaria dicitur, equorum et equarum, gregem etiam porcorum. Et in his omnibus erant ministri et custodes statuti et maneria tam ad victum quam ad indumentum. (*Historia monasterii Usercensis,* apud Baluze, *Hist. Tutel*).

[3] Aussi avait-on soin de distinguer les bœufs domptés des bœufs non soumis au joug : « Volo etiam et precipio quod abbas de Albiniaco et abbas de Columpna accipiant duos boves domitos et tres runcinos quos habeo in domo mea et unam vaccam cum sua sequela, » (Testament de Bonnet Marquis, écuyer, 1257, Abbaye d'Aubignac, pièce cotée J. IV. *Archives de la Creuse*).

[4] L'obligation, pour le serf, de faire feu vif n'existait que lorsque l'héritage était suffisant pour l'entretien d'une paire de bœufs (art. 142, 143 des *Coutumes de la Marche*.) L'art. 136 prévoit même le cas où sur un héritage insuffisant, dans le principe, à nourrir des bœufs, le serf parvenait à en tenir toute l'année.

L'obligation pour le tenancier de nourrir deux paires de
bœufs résultait d'ailleurs de plusieurs dispositions des coutumes de la Marche et des coutumes locales [1]. Ainsi, l'homme
de franche condition qui s'était engagé à faire la vinade entière
était tenu, qu'il eût des bœufs ou non, à fournir au seigneur
deux paires de bœufs et une charrette pour aller au vignoble
faire sa provision de vin. (Art. 140 des *Coutumes*).

Les mots *baccalaria*, *baccalarius*, dont nous avons indiqué
plus haut (p. xxxv) l'étymologie (vacnerie, gardeur de vaches),
paraissent avoir servi à désigner les domaines et les tenanciers
des domaines qui ne nourrissaient que des vaches. Il est probable que ces domaines consistaient principalement en prairies
et n'avaient que peu ou point de terres arables. Quelquefois
la *baccalaria* faisait partie du domaine exploité directement
par le seigneur lui-même, et prenait alors le nom de *baccalaria indominicata* [2]. On voit par ces détails combien est in-
suffisante l'explication de ce terme proposée par M. Deloche [3].

[1] « Beatrix, uxor Widonis de la Rocha, dedit quod pater suus Rotgerius de
Laront quærebat in villa de Restol, scilicet carnem unius vaccæ. (*Cart. de
Bénévent*, p. 90.)

En 1334, le vendredi après la Saint-Martin d'été (8 juillet), Jean de Chénérailles vendit à Roger le Fort des Ternes, professeur de droit, pour le prix
de 38 sous tournois, une rente d'une éminade de seigle due par chaque
homme des villages du Bois-Châtaignon et de Laumanges (villagii de Bosco
et de Lombanges, parochiæ de Creyssaco), qui tenait bœufs, et une quarte de
seigle sur ceux qui n'en tenaient qu'un ou qui n'en tenaient pas. (*Cart.
des Ternes*, t. i.)

[2] 866, Testament du comte Geoffroi : « Curtem meam indominicatam, quæ
vocatur Igeracus, cum ecclesia in honore S. Martini constructa, et baccalariis
indomnicatis et mansis servilibus. » (*Cart. de Beaulieu*, charte III). — 926,
Donation faite par Aitaudis et par Etienne, son fils : « Ad illas Macerias,
capella nostra, quæ est fundata in honorem S. Petri, cum ipsa l accalaria
indominicata, cum ipso prato, cum ipso brolio indominicato. » (*Ibid.*, charte
XXXVIII.) — 893, Donation faite par Ainard, prêtre : « Alium mansum ubi
Magnolenus vitus est manere, in eodem loco, baccalaria mea indominicata. »
(*Ibid.*, charte LXIII,)

[3] *Cartulaire de Beaulieu*, p. cii et cclxxix-cclxxix, notes et éclaircissements.

Nous avons cité plus haut (p. xviii), un article des coutumes de Barcelone

CHARTES COMMUNALES

ET FRANCHISES LOCALES

DU

DÉPARTEMENT DE LA CREUSE.

I.

CHÉNÉRAILLES.

1265, février (V. S.)

*Coutumes et franchises accordées à la commune de Chéné-
railles par Hugues XII de Lusignan, comte de la Marche
et d'Angoulême, confirmées par Hugues XIII, son fils, comte
de la Marche et d'Angoulême, seigneur de Fougères, le 2 juillet 1279.*

A totz equels qui veiran equestas presentz letras. Nos Hugo
lo Brus, comps de la Marcha e d'Engolesme e senhor de Faugieras, salut e patz. Nos las enseguentz letras de bona me-
moria nostre redoptalble et onrat pair e senhor qui fo, Hugo
de Lezinha, compte de la Marcha et compte d'Engolesme,
am [1] son veray sael e contrasael sayladas, non chanceladas,
non rasas non effatçadas, senz tot barat e sentz tota falsetat,
avem vegut e regardat diligenment, la tenors de las quaus, mot
e mot, sentz mais e sentz meintz, senset en equestas paraulas :
En nom dau Pair e dau Filh e dau Saint Esperit, amen. Nos
Hugo de Lezinga, comps de la Marcha e comps d'Engolesme,
donem a la vila de Chanalhelhas, a totz los homes e a totas la
femnas que maisos i penrion, ni estarion en la vila de Chanal., los usatges e bonas cosdumpnas, las melhors que hom

---

[1] *Am,* avec (Raynouard), *anc,* dans le patois du Berri (Littré).

poiria trobar, a ops [2] de borzos, a Montpellier, o al Pey [3], o a Salvanhet [4], o en autras bonas vilas, et los bos usatges que hom poiria trobar a ops de borzos.

1. Las peatzos [5] que foron donadas au chami devon aver xvi bratsas de lonc e viii bratsas d'anple ; las autras fors deu chami, vii brassas de lonc e vi d'anple ; e chascuna peatzos dona au senhor l'an, una quarta de froment vendent e comprant, [6] en aissi cum est talhada la quarta en la peira, josta la chapela [7]. Vers es que lo senger accsset de las plassas e de las peatzos, a deniers, e a mais de fromento a meintz que non es dit de sus [8].

[2] *Ops*, choix, volonté, *optio* (Du Cange). — Ce mot signifie ici *usage* et dérive de *opus*.

[3] Le Puy-en-Velai.

[4] Souvigni (Allier).

[5] *Peaso, Peazo*, spatium vacuum certo pedum numero definitum, in quo ædificari aut aliquid poni locarive potest, quod ad feudum domini pertinet, Gall. *Peason* et *Peazon* (Du Cange).

[6] *Comprant*, achetant, *comparans*.

[7] « Les seigneurs s'étant entremis de donner des coutumes à leurs sujets, établirent en même temps des mesures dans leurs terres, ce qui a causé dans cette province et dans les autres du royaume une grande confusion, chaque seigneur ayant voulu avoir sa mesure particulière et dissemblable de celle des autres. » (La Thaumassière).

« Dans une même seigneurie, il y a souvent différentes mesures ; celle dont on se sert au marché, qu'on appelle *mesure vendant*, est quelquefois autre que celle dont on se sert pour la récolte des deniers seigneuriaux, et qu'on appelle *mesure censale*, ou *mesure de grenier*. » (Renauldon). Les étalons des mesures devaient être gardés ou dans les églises, ou dans un autre lieu public. On les faisait anciennement, comme on les fait encore en divers lieux, de métal ou de pierre, leg. *Modios* 9. Cod. de susceptoribus (D'Espeisses, t. III, p. 138). On remarque dans différentes localités de la Creuse d'anciennes mesures en pierre. On peut citer notamment celles de Crozant, placées à la porte de l'église, celles de Lépaud, etc. — La chapelle de Chénérailles, dont il est ici question, est probablement la chapelle Sainte-Catherine joignant et hors les murs de l'église de Saint-Barthélemi de Chénérailles.

[8] Dans la charte de la Peyrouse (Puy-de-Dôme), qui suit pas à pas la nôtre, ces mots sont ajoutés à la fin de l'article qui correspond à celui-ci : « et aucunes maors ou menors que non est dit dessus » (*Coutumes locales du Berri*, p. 97).

2. E si contentz era entre lo senhor e aquel qui porton las peatzos, aquel cui hom en demanderia re, deu jurar sobre sainz [1] que aub etal ces la li dones lo senger o ses baylos, o que ab etal ces li fu autreada quand el la compret.

E [2] si l'avia de son patrimoni, o per heretaige, el deu jurar sobre saintz que el e li sien l'an portada x ans o plus, senz veda [3] de dreit, e deven esser creutz par son segrament e remaner en patz, par l'usatge de Chanal.

3 E degus hom ni neguna femna que maisos i aya no dara ja leda [4] d'aver que venda, quescus sya.

4 E si hom i prent peatzo, deu i bastir dintz 1 an, o la deu claure, o pueys que aura estat bastida o clausa si tot la chausa sa herma gos, per aquo no la pert, am que page lo ces au senger.[5]

5. E si hom estrainhtz i venia cui hom apelos de servitut, e non es geis [6] segutz dintz 1 an e 1 jorn, des aqui en lai pot remaner en la vila cum autre franx home, e non es geis tengutz a respondre a mantz [7] que a l'usatge.

6. E tuit aquelh home e totas equelas femnas qui lor aver metrant ni comandarant en Chanal., par patz ni par guerra que lo comps aia am lor ni am lor senhoratge, no lo perdrant que sau e quitte l'enportarant.

7. E tuit aquelh home qui en Chanal. aurant maisos per

---

[1] *Jurer sur saints,* c'est-à-dire sur les reliques des saints.

[2] *Aub, ob, ab,* avec; *o* dans le patois poitevin.

[3] *Veda, veuda,* vue, enquête.

[4] *Leda, leuda,* droit qui se levait sur les choses et particulièrement sur les marchandises vendues.

[5] Cet article se trouve ainsi reproduit dans la charte de Montferrand (1291) : « Quicumque accipiens pedam, sive peazo, debet ibi ædificare et eam claudere infra annum et diem ; et si postquam ædificata seu clausa fuerit, licet hermetur, non perdet eam dummodo censum domino vel ejus bajulo persolvat. »

[6]. Gis, jà, *jàm,* désormais. En provençal *ges,* en italien *gia* dans le patois bourguignon *gei* et *degy,* déjà.

[7]. *Mantz,* sommation *mandatum.* — Tout cet article se trouve dans la charte de la Peyrouse, avec cette variante : « N'en est tenu à répondre mas que à l'usage. »

neguna guerra no los perdrant, ni anor [1], ni avenir, no devent
aver regart dau comple ni daus seus.

8. Qui sa maiso vendra dara daus xx sols xii d. de vendas, e
am las vendas o a autrear lo comps.

9. E qui sa maiso engatgia, lo comps o a autrear sentz aver
com len do.

10. Las peatzos si lo bayles dona en Chanat e los autatis [2]
que i fai que au comple apartenont donar i autrear, es com si
lo comps o donava.

11. E tuit equil home qui maiso ant en Chanat las podent
donar e vendre a totz homes e a totas femnas, fors a saintz e;
a morgues e a chanorgues [3] e a chavaliers [4] e a sirventz [5]
aquest no devont aver mayso, par l'usatge de la vila, e si li
aviont, devont en far lat [6] a la vila com a li autre, à l'usatge.

12. Lo comps ni la compteisa, ni hom por lor, non ant en

---

[1] *Anor*, aujourd'hui, *in horá*. *Anci* dans le patois parlé dans le midi du
département de la Creuse.

[2] *Autatis*, authentiques, actes publics.

[3] *Morgues*, *chanorgues*, moines, chanoines.

[4] « Ancienement les nobles ne possédaient que des héritages féodaux et
les non-nobles et bourgeois des héritages chargés de cens, fonds de terre ou
terrage; et ils n'avaient pas permission de les mettre en main-noble ou
main-morte. C'est ce que justifient nos anciennes coutumes. » (La Thaumassière, (*Traité du Franc-Alleu*. ch. XVII.) C'est ce qu'on voit par la coutume de la Peyrouse, et par celle de Villefranche dont un article porte :
« Terras eisdem bugensibus dederunt liberas... hoc salvo quod terras quæ
sunt in censu domini Borbonii non possunt dare nec vendere monachis, canonicis, templariis et aliis hominibus religiosis. »

A l'égard des ecclésiastiques ou gens de main-morte, suivant l'ancienne
coutume générale du royaume, ils étaient incapables d'acquérir ou de pos-
séder des héritages au préjudice du seigneur de fief. « Ainçois sont tenus,
dit la coutume de Loriis (art. 86) vuider leurs mains et de les mettre entre
les mains de personnes qui ont puissance de le vendre, aliéner ou en
disposer. »

[5] *Sirvent: serviens*. avait quelquefois le sens d'écuyer.

[6] *Lat* ou *lol*, contribution. — La fin de ce paragraphe est ainsi reproduite
dans les coutumes d'Aigueperse : « Et si maison y avoient, ils doivent et seront
tenus de payer et contribuer à tous les frais de ladite ville, ainsi comme les
habitants en icelle. »

Chanal. [1] arberiatge [2], ni tolta [3], ni talba [4], ni questa [5], ni compra forsadament [6], ni no devont home gardar [7] qui tort aia fait a home de Chanal., senz l'acort daus cossols.

13. [8] Lo comps donet lo mostier de Chanal. Saint Bartholimey e lo cementera, par tal covent, que hom de Chanal., ni femna, no i done sel i estara, mas taus quant si volia.

14. En clam [9], III sols.

15. En coube [10] d'ome o de femna qui seria faitz iradament, dont lo comps o ses bayles aurioat clam, a lo comps LX sols a sa marce [11] quant ert guarentit.

16. E si batalha es formada en Chanal., en la cort al compte, pueys que auront jurata i lo conps LX sols a sa marce d'aquel

---

[1]. Article emprunté à la charte de Montpellier, 1204 : « Le seigneur de Montpellier n'a point et n'a jamais eu droit de *tolte*, *queste*, prét forcé ou exaction quelconque. »

[2]. *Arberiatge*, *harbergeria*, *harbergia*, *hébergage*, « jus *gisti* ac procurationis, seu divertendi in domum vassalli et in ea hospitandi : vel præstatio pro redemptione ejusmodi procurationis domino exsolvitur. » (Du Cange.)

[3]. *Tolla mala*, *tolta*, *maltôte*, exaction.

[4]. Le mot *taille*, comme le mot *tolte* prenait souvent le sens d'exaction : « Exactiones, quas quas *tallias* vulgo vocant... Nulla auxilia, nullas tallias sive collectas, nulals omnino exictiones exigant, etc. (Du Cange.)

[5]. *Questa* droit levé tous les ans par le seigneur sur chaque habitant tenant feu et lieu, synonyme de *fouage*- « *Queste*, dit la Thaumassière, se prend pour la taille aux quatre cas et autres impositions *quêtables*. La *quête courant* était imposée à la volonté du seigneur (Coutume de la Marche, article 123, 127.)

[6]. Droit de prise, ou de vente forcée.

[7]. *Gardar*, protéger.

[8]. Cet article assez obscur me paraît pouvoir être ainsi traduit : « Le comte a donné le moutier (c'est-à-dire l'église) de Chénérailles à Saint-Barthelemi et le cimetiere, avec cette convention que tout homme ou femme de Chénérailles qui y auront une place ne devront lui payer aucun droit, mais donneront ce qu'ils voudront.

[9]. *Clam*, *claim*, action, ajournement. Dans les coutumes d'Auvergne et de Nivernais, ces mots signifient l'amende due au seigneur pour dommage de bêtes faits sur héritage d'autrui.

[10] *Coube*, *cobe*, coup, en provençal *colbe*, *colp* du bas-latin *colpus*, forme barbare de *colaphus*.

[11] *Marce*, marc, marc ou marque.

ques utreyria [1].

17. D'ome qu'esta en Chanal. no deu lo comps levar loita [2] de
plait.

18 Qui intra en autrui ort, [3] ni en autrui vinha [4] de Chanal, por mal faire, dara II sols, o la deu au compte o a lo
para [5] XII d.

19 [6] E si mescla i es faita e hom i trai glai iradament,
por la mescla, LX sol i a lo comps quant er guarentit.

20 E si en Chanal. ve [7] fausadre [8] qui porto moneda
fausa enenjanava [9] home son escient, la fausediz es au
compte.

21 E si hom de Chanal. n'avia enjanat, deu li redre lo comps
son chaptal.

[1] La charte de la Peyrouse porte : « Sessante soz à sa merci de celui qui
se retreroet. » Dans la leçon que nous donnons *utreyria* peut venir de
ottriare, outriare, octroyer, accorder.

[2] *Loita, lozta, loideria*, formes diverses de *lesda, leudis*, droit, prestation.
Loita de plait signifie le droit payé pour l'exemption du service de plait.
(Du Cange, *Glossarium* T. V. p. 278. col. 1.)

[3] *Ort*, jardin, *hortus*. Ce nom est assez fréquent dans la nomenclature to-
pographique de la Creuse.

[4] Nouvelle preuve de la culture de la vigne dans la Creuse au moyen âge.
Au XVIe siècle, il y avait encore dans la Marche quelques héritages plantés
de vignes. On voit en effet dans les *Coutumes de la Marche* rédigées à cette
époque, un chapitre consacré au droit de *ban*, que les seigneurs s'étaient
reservé pour la vente du vin qu'ils pouvaient recueillir de leurs vignes. Mais,
comme le remarque l'un des commentateurs des coutumes, Couturier de
Fournouë, « la mauvaise qualité et la maigreur des terres de la Marche ne
les rendent pas propres pour y faire des vignes; l'usage en a été aboli, tant
de la part des seigneurs qui avaient droit de ban que de celle des autres
habitants de la province qui font leur provision de vin dans les provinces
voisines. »

[5] Les *pairs* des communes étaient les assesseurs des maires, ou conseillers.

[6] Cet article se retrouve dans une charte de 1270, publiée par Baluze
dans l'*Histoire d'Auvergne*, T. II, p. 511 : « E si i a mescla et om i trai glasi
nudament per la mescla LX sol à la marc en Bernard de la Tor. » — « Tous,
à la marc en Bernard de la Tor. » — « Tous hom de Charros qui glaive
esmogut traira vers autre... (Seconde Coutume de Charroux, art. 28.)

[7] *Ve*, vient. Cette forme s'est conservée dans le patois de la Creuse.

[8] *Fausadre*, forme oblique de *fulsalor*.

[9] *Enenjanava*, trompait, *engeignait*, du latin *ingeniare*.

22 De livra fausa e de marc faus qui i vent ni i conprant son escient e n'es proat, Lx sols a la marce au compte.

23 L'auna fausa, vii sols.

24 De mesura de vi fausa, vii sols.

25 De quarta fausa, vii sols.

26 De lesda retenguda, vii sols, si no la paia dintz viii jorns.

27 En chaval e en eigna [1] en mul [2] e en mula, iv d de leda, qui lo vent.

28 D'asne, 1 d.

29 De buou [3], 1 d.

30 De vacha, 1 d.

31 D'una dozena de mostos [4] o de chabras [5], 1 d.

32 En cueir [6], mealha.

33 En una dozena de pelas de chabras, 1 d.

34 Drapiers et ferriers e pellutciers e cordoaniers et cocrier [7] et çabaters [8], o autres merchadiers qui a marchay ni a feira [9] venria, dara chascun vi d. l'an, ce es ii d. de lesda chesque feira.

35 Si merchadiers venia en Chanal. e de sus [10] e no i vent no dara la lesda.

36 Us peissoniers, iv d.

37 Una charretada de peissos [11], vi d.

38 Una charrada de madieira [12], 1 d.

---

[1] *Eigna*, agneau; *agnet*, dans le patois parlé à Guéret.

[2] *Mul*, mullet, dans le patois parlé à Aubusson.

[3] *Buou*, bœuf, *buouo* dans le patois parlé à Aubusson.

[4] *Molos*, moutons, *mostos* (pancarte de Limoges), *maoutou*, (patois de Guéret).

[5] *Chabra*, chèvre. Patois d'Aubusson, *tchabrau*.

[6] *Cueir*, cuir. *Cœu* dans le patois d'Aubusson.

[7] *Cocriers*, coriarii (Du Cange).

[8] *Çabaters*, savetiers.

[9] *Feira*, foire (patois de la Creuse).

[10] Charte de la Peyrousse : « *Deliet* » proche.

[11] *Peissos*, poissons, *peissou* dans le patois de la Creuse.

[12] *Madieira*, *materia*, bois de construction : d'où *madrier*.

39 De charrada de cercles, una faissa [1].

40 De charrada de lenha, ii futz [2].

41 De charrada d'olas [3], I d.

42 De char qui lo vent, I d.

43 Una sauma de fruita, mealha.

44 Qui vent fromatges dara I fromatge l'an, o vi d.

45 D'una mola [4], I d.

46 De totas anonas [5], dau setier una copa [6] de lesda, e las viii fant quarta, en ansi cum es tallada la quarta en la peira, josta la chapela.

47 [7] Totz hom e tota femna qui sunt de l'usatge de Chanal, si s'en voliunt anar en autre luec, podent o faire sau e quitte, si voliunt, ilh e las lor chausas, e lo segner las lor a a gardar xl jorz fors de la vila, de se e dau seus, per sa terra ; i aquelas qui remanont dintz la vila de Chanal devont esser segurs tant quant ilh en volriont estar a dreit a l'usatge.

48 Si li cossol voliont levar deniers de la vila par lat de la vila, e ni avia degun home qui s'en deffendes, lo bailes o ses comandament devont ostar [8] la forsa daquel, a la requesta daus cossols.

49 Totz hom qui deu lesda, la deu donar au lesdier, o a son comandament, avant que passe la vila.

50 De totes sanc qui siria fait iradament, am glai o am basto, o am peira, a lo segner lx sols por la colle et lx sols por lo sanc, quant seria proat.

---

[1] *Faissa, faisia, fascis,* faix.

[2] *Futz,* fuseau. — On appelle *fusado,* dans le patois de la Creuse, la masse de fil enroulée autour du fuseau.

[3] *Olas,* marmites, du latin *olla,* doù *oille, ouille* et *ouillage.*

[4] *Mola, melle,* mesure de grains.

[5] *Annona,* blé.

[6] *Copa,* coupe, huit coupes font une quarte.

[7] Cf. art. 20 de la seconde Coutume de Charroux ; Coutume d'Aigueperse ; art. 13, de la Coutume de Menetou-sur-Cher, etc.

[8] *Ostar,* ôter, empêcher, du latin *haustare,* limousin, *doustà,* Berri, *oûter* et *dôter.*

51 Lo lesdier [1] qui porta la quarta no deu loyer penre por la quarta bailar, mas la lesda.

52 Aus molis de Chanal. ana moure il home e las femnas de Chanal. lo sestier por una copa oiteval [2]; e no deu donar audatge si no li aiuda, e si li aiuda [3], dara li par l'usatge daus molis de Clarmont.

---

[1] Le *lesdier*, avait les droits de plaçage, étalage et mesurage (*lesda*). A Bourges ces droits étaient perçus au nom du vicomte de Bourges, par les maires et échevins. Dans certaines villes ces droits et le dépôt des étalons des mesures appartenaient, à titre de fief, à certaines familles. Ainsi, en 1682, nous voyons Anthoine Redier, maître chirurgien de la ville de Jarnages, déclarer qu'en qualité de mari de Gilberte Chapeau, il possède en toute propriété, conjointement avec ses belles-sœurs « le droit accoutumé estre levé en ladite ville de Jarnages à cause des poids qui leur appartiennent aussy en propriété, attachés, scis et situez en leur maison propre et particulière, et ausquels poids toutes les marchandises vendues et acheptées, de quelque nature et qualité qu'elles soient, par les habitans ou autres allant et venant ès jours de foire, marchés ou autres, doivent estre pezées en balancées... A cause du droict de propriété desdits poids, ledit comparant est tenu annuellement et solidairement avec ses dites belles-sœurs, envers le Roy, à cause de ses domaines et chatellenie d'Aubusson, d'une maille d'or, vallant huict sols quatre deniers. » (Archives de la Creuse, E 2, ter. *Terrier de la vicomté d'Aubusson*, t. II f° 366, 367.) — D'après la coutume de Nançay (*Coutumes locales de Berri*, p. 226), les poids et mesures devaient être vérifiés tous les ans par le *vayeur* ou *chartrime* (cartularius.)

[2] La *Coupe* était la mesure généralement employée pour déterminer la quantité de blé prise par le seigneur pour droit de mouture. Nous trouvons dans les Coutumes de Solignat (Puy-de-Dôme), l'article suivant : « Omnes homines de dicta communitate debent molere unum sextarium bladi pro una cupa octavali. » (Du Cange.) Comme toutes les anciennes mesures, la valeur de la coupe était très-variable. A Saint-Dizier (Haute-Marne), seize coupes faisaient un setier. Nous pensons qu'à Chénérailles la coupe avait la même valeur et équivalait par conséquent à la moitié d'un boisseau. « L'usage de la Marche, dit en effet Couturier de Fournouë (Coutumes, art. 311), est que le droit de mouture, dû au meunier, est un seizième d'un setier, ledit setier composé de huit boisseaux. »

[3] *Aiudatge*, du latin *adjutare*, aider. (Ne se trouve pas dans du Cange.) Sorte de droit dû en sus de la coupe, probablement lorsque le meunier allait chercher le blé chez les vassaux du seigneur. D'après la Coutume de la Marche, (art. 309) en effet, les hommes sujets au *monage* étaient tenus de mener eux-mêmes leurs grains au moulin *banier*, et le meunier n'allait

53 En fornatge, i ^{1} d. dau sestier.

54 En escutiers e en seliers e en freniers, ^{2} vi d. l'an, ce es a dire ii d. de chasque feira ^{3}.

55 En una floisina ^{4} de bos i d.

56 En un cot ^{5} e en una tela que hom porta a sun col, i d., si o vent, e si o vent a estazo, vi d. l'an, ii d. de chesque feira.

57 En cera, i d., e qui la vent a estazo, ii d. l'an.

jamais les chercher. S'ils s'avisaient d'aller moudre ailleurs, le seigneur confis-quait le blé, la farine, le pain et quelquefois le cheval et la voiture du délin-quant, sans préjudice d'une amende. L'auteur de la *Pratique universelle pour la renovation des terriers* (t. II, p. 306), n'hésite pas à condamner la dureté des seigneurs qui profitent de l'autorité de la loi pour exercer « une double servitude sur leurs sujets et pour les surcharger, parce que c'est une véritable surcharge que d'obliger de pauvres habitans qui n'ont ni chevaux ni charrettes, de louer un cheval ou un âne pour conduire et reconduire leurs grains et ramener la farine, ce qui leur coûte ou peut coûter autant que la mouture. » Le droit que les meuniers pouvaient prendre en sus du droit de mouture, pour aller chercher le blé au domicile des particuliers, fut fixé au trentième du poids par un arrêt du Conseil supérieur de Clermont-Ferrand, en date du 18 décembre 1778. D'après M. Charles Louandre (*Histoire de l'industrie française*, par A. Monteil, t. I, p. 126, n) les paysans n'auraient persisté dans certaines provinces, à employer les moulins à bras que pour se soustraire aux charges que leur imposait la banalité. Ces moulins étaient très-répandus dans la Marche. Il n'était cependant pas permis aux par-ticuliers d'en avoir dans leurs maisons, car comme le remarque l'auteur de la *Pratique universelle*, « ce seroit faire préjudice au seigneur, en ce que cela lui ôterait ses droits, et ce seroit une désobéissance d'autant plus blâ-mable qu'elle seroit furtive. » Plusieurs arrêts autorisaient les seigneurs à faire démolir ces moulins clandestins.

^{1} D'après M. Ch. Louandre (*ibid.* p. 118), le seigneur prélevait outre le seizième du pain que les vassaux venaient cuire à son four, un droit appelé *fournage*.

^{2} « Sellarios et scutarios, frenarios atque armerios, etc. » (Leg. Neapol. 3, tit. 36.)

^{3} On voit par là qu'il y avait alors trois foires à Chénérailles.

^{4} «En une *flotine* de bos, un dener. » (Charte de la Peyrouse). — Le mot *floisina*, parait devoir être rapproché de *fœsia, foagium*, « charrettée ou charge de bois. »

^{5} *Cot*, cotte (*Lexique roman*). Dérivé *surcot*, étymologie *kott*.

58 De costous e de forcos e d'enapes [1] e d'escuelas, II d.

59 En I baco [2], I d. qui lo vent.

60 En mazelier [3] III cuisas de vacha, o II sols.

61 Panetiers qui non a maiso en Chanal., III denairadas [4] de pa l'an.

62 Qui aver deu a home qui a maiso en Chanal., pot s'en gatjar [5] a tot jornz e a marchat, e a feira. E si home ni femma s'en fui am l'aver d'ome de Chanal. en autra vila, segran lo lai e clamaran o au senhor de la terra ; e si el no lor en vol dreit faire, gatgaran s'en par los homes dequel senhoratge, e lo comps deu los en segre.

63 E si hom estrainhz marchada [6] aver en Chanal., hom qui

---

[1] *Enap*, hanap, coupe. — En Poitou *hennas, hanac*.

[2] *Baco*, bac, auge. — Dans le patois d'Aubusson bâtchô.

[3] *Mazelier*, boucher; du latin *macellarius*.

[4] *Denairada, denariata*, denrée, ce qu'on peut acheter pour un denier. On lit dans le testament de Robert II, comte de Clermont, 1281 : « Legamus denariatam panis, vel unum denarium. » Charte de Louis, comte de Clermont 1315 : « Soit baillé par les vicaires dessus dits deux *denrées* de pain. »

[5] *Gatjar*, prendre gage, exercer une saisie arrêt. Ce droit fut accordé aux bourgeois de Paris par Louis VI, en 1134. On le trouve également consigné dans les coutumes de Solignat : « Creditor qui habebit domum apud Soligniacum, poterit ibidem debitorem suum auctoritate propriâ gagiare, ratione debiti ibidem contracti. »

[6] Cet article et le suivant est relatif aux droits de courtage. Par le premier, ces droits sont attribués à tout bourgeois de Chénérailles qui prête son concours à un marché, à l'exclusion de tout autre entremetteur étranger. Par le second, ces mêmes droits sont accordés par privilège à l'hôte dans la maison duquel le marché a eu lieu ou à son représentant (*messatge*), au même titre qu'à tout autre entremetteur. L'art. 7 des coutumes de Limoges réserve de même le droit de courtage (*riva* mis pour *rova*, droit surérogatoire) : 1° à l'entremetteur présent à la vente; 2° à l'hôte du vendeur, à sa femme ou à son fils. (Leymarie. *Le Limousin hist* T. I, p. 630, 631, 632, 660. — *Hist. du Limousin* T. I, p. 279, 280.) — Le même article se retrouve dans les coutumes de Bergerac et peut servir à expliquer notre texte : « Art. CVI, E si aucun achapte une chose meuble sous le toist d'un bourgeois, ou dans sa maison, et le dict bourgeois, assistant à la vendition demande avoir part à la chose vendue, il y sera reçu en payant pro rata du prix convenu au contrait de vendition. »

Marchadar, marchander. Ce mot est remplacé dans les coutumes de la Peyrouse par *barginar* qui a le même sens.

maiso aura en Chanal., si ven a equel marchat, o autre hom qui sia de l'usatge, aura i sa part s'il vol, e l'estrainh no i aura ja part au seu marchat.

64. Qui compra aver en maiso de Chanal., e cel cui es la maiso, o son messatge, i demanda part, aura li cum us daus autres.

65 Qui dona gahainh a home de Chanal., o lo li promet, o lo li fai covenent, sentz forsa que hom l'en fasse, aura lo, e pois no l'en pot re demandar a l'usatge.

66 Qui fai jurar home qui sia de l'usatge de Chanal. par garentia, dara li iii sol, e iii d. au sainhtz.

67 Chamjhador no deu hom, gatgar a taula ni des la taula tro [1] qua sa mayso [2].

68 A Chanal. no deu hom penre home si fiantsa vol donar, ni no lo deu hom gatgar de sos vestimentz en charriera.

69 Qui gatge prent en Chanal., por son aver o por sa fiantsa, tenra lo viii jornz par son terme, et puis vendra lo a l'usatge, e si mais prent, redra lo i, e si meintz i prent, querra lo i.

70 Si hom qui es de l'usatge de Chanal. fai aucuna laida chausa, el se deu affiansar ver lo senhor sobre sas chausas, o si mais i atanhia [3], au regart dau baile e daus cossols.

71 Qui fai espeiso [4] a Chanal. ja tan grant ne sera que ja do, si vol, mantz i sestiers de vi.

72 De fulhia [5] no fai hom dreit a Chanal., mas si malvatz

---

[1] *Tro*, jusque.

[2] Cette dérogation au droit d'arrêt privilégié, stipulée en faveur des changeurs, se retrouve dans la coutume d'Aigueperse.

[3] *Athanhiar*, du latin *attingere* ou *attinere*.

[4] *Espeiso, espisio*, spontio, pignus, gall, *gageure* (Du Cange). — Dans l'article correspondant des Coutumes d'Aigueperse, le mot *Espeiso*, qui se trouve également dans les Coutumes de Limoges (art. 44) et de la Peyrouse, est remplacé par le mot *fermance*: « Si un homme ou femme de ladite ville et franchise fait fermance à Aigueperse d'aucune somme ou autre chose, celui qui prendra (lisez qui perdra), ne sera tenu de payer mais un septier de vin, ou dix-huit deniers tant seulement, supposé que la fermance fût de grande valeur. » —On remarquera que Du Cange n'attribue au mot *fermance*, *firmantia*, que le sens de caution, *fidejussio*.

[5] *Fulhia*, injures verbales; *effulhiar*, dire des injures, chanter *folie* à quelqu'un.

hom o malvatsa femna effulhia prodome o prodefemna, deu o demostrar al compte o a son baile, e ilh deven o faire amendar am lo cosselh daus cossols.

73 Lo pejaires [1] dona la lesda II massas de peia.

74 Lo sauniers, [2] dau sestier, una manada de lesde e autra de terratge.

75 Qui enjana home en Chanal. ni femna de marchat, que enjantz sia de tersa part, si dintz VIII jornz s'en era plainhz, equel qui sera enjanat dau marchat deu aver cobre [3], o des aqui en lai es lo marchat tengutz.

76 Negus hom qui estat en Chanal. ni neguna femna, por forfait que fatsou lor effant, ni lor parents, ni hom ni femna de lor conduit, ni la molher, si l'om l'a, no i devont dan [4] aver, si non son cossintent ; et qui re lor en demandaria devont en esser creut par lor segrament.

77 Qui porta [5] maisos ni terra qui mova del compte x antz en Chanal., sentz veda de dreit, en la cort au compte, soa es par l'usatge de Chanal.

78 Negus hom de Chanal. a a segre lo compte en ost ni en chavaugada, mas par son destret ; [6] e si el o fatsia, no los deu menar mas tant que pueschon lo ser estre tornet en Chanal. [7]

---

[1] *Pejaires,* marchand de poix. — Cet article est complétement inintelligible dans la Thaumassière qui réunissant cette phrase à la précédente, fait des *pejaires, pejaros,* les assesseurs des consuls et les transforme en *pairs des* communes. Cette fausse assimilation a également induit en erreur M. Raynal, (*Hist. du Berri,* t. II, p. 199.)

[2] « Le saulnier, d'un septier de sel, une mannée de leyde et une autre mannée de terrage. » (Coutumes d'Aigueperse.) Dans le texte donné par Chabrol, le mot *mannée* est écrit par erreur *mance.* La mannée est le contenu d'une *manne.*

[3] *Cobre, Cobra,* recouvrement.

[4] *Dan, dam,* dommage, indemnité.

[5] *Portar,* porter, avoir. — On appelait *portage* certain droit sur les maisons ou sur les terres.

[6] *Destret,* 1° détroit, le ressort ou l'étendue de pays soumis à la juridiction du seigneur ; — 2° Détresse.

[7] Les coutumes de la Peyrouse, d'Aigueperse, de Lury, de Graçay, de Châteauneuf, etc., portent également que les bourgeois doivent suivre leur

79 Negus hom de Chanal. no deu penre [1] am lo compte ni am son baile, por que sos vezis perda son aver ni son cors, ni coventz que i agues fait no deu remaner por forsa feire a sos vetzis.

80 E si lo comps, o sos bailes i prendia forsadament home o sas chausas, part usatge, tant l'en an a segre par segrament.

81 E qui esseparia [2] home ni femna de Chanal. qui volgues dreit faire, C sol i deu ajudar lo cuminals, a deservire lo malfaitor ; et no do deu pois tornar en Chanal. sentz lo comant dal senhor e sent l'acort daus cossols.

82 E si negus hom prendia home de Chanal. ni son aver, si par guerra deffiada [3] non era, lo comps ni autre no li deu guidar, e si lo trobava, aquel cui lo tort seria faitz pot lo arrestar, e lo segner e tot lo cuminals deu l'en segre.

83 Si negus hom ni neguna femna de Chanal. era encorregut [4] ver lo compte, si deu aver ni a comanda, [5] deu o redre premierament, e lo remantz es al compte a sa marce.

84 Lo comps no deu metre en Chanal. rotas [6] ni gentz estranhas sentz l'acort daus cossols, e si el o fatzia, contra lusatge seria.

85 Totz hom e tota femna qui venria en Chanal., por marchandaria, deu esser segurs et guidatz el e la soa chausa per lo compte e per la vila, si depte no i deu, o fiantsa no i a faita.

86 Si hom de Chanal. guida home defors, sentz aver que non prenda, am l'acort dau baile e daus cossols, guidatz deu esser per lo compte et per la vila.

seigneur en guerre, pourvu qu'il ne les mène si loin qu'ils ne puissent retourner le soir en leurs maisons.

[1] *Penre*, se prendre, s'allier.

[2] *Essepar*, pour *espassar*, dissiper, chasser.

[3] *Deffiada*, déclarée.

[4] *Engorregut (era)*, encourait une amende.

[5] *Commenda*, caution.

[6] *Rotas*, troupe de gens de guerre, d'où *routier*.—Cet article est reproduit dans les coutumes de Montferrand : « Non debent introducere intra villam Montisferrandi ost alienam, nec rotas, nec gentes extraneas. »

87 E quant lo comps metra son baile en Chanal., el lo deu
redre per se, o per sas letras pendantz[1] dintz Chanal., e lo li
deu faire jurar sobre saintz, en la ma daus cossols, que leau-
ment mene la vila, a l'usatge, am lo cosselh daus cossols; e
sobre lo baile lo segner no deu metre home que i fatsa forsa,
ni gatger home de Chanal.

88 E si femna molherada cuminals venia en Chanal., par
putatge, hom qui non auria molher qui jairia am liei non es
tengutz ver lo compte[2].

89 Totas las chausas que hom no trobaria escritas en la
chartra, o au libre daus usatges de Chanal. devont esser acor-
dadas e ordenadas o jutgadas per lo senhor et per los cossols.

90 Hom de Chanal., ni femna, non es tengutz de respondre
davant lo segnor ni davant son baile si non a son clamour
d'ajornament qui seria faitz per lo baile o per son comandament a home de la vila; si i a desacort de l'ajornament, l'om
de la vila deu esser creut per son segrament si es ajornat
o no.

91 Lo comps no deu metre rotas ni autras gentz en Chanal.
per dam de la vila; e si o fatzia, contra l'usatge seria, ja sia ce
que dairrament sia dit de sus[3].

92 Quant ve plainhta devant lo baile de Chanal., garenti-
cida, deu esser la plainhta per lo baile, o aub un des cossols.

93 [4] Qui o fai a l'autrui molher, e n'es proat, lui deu hom

---

[1] *Letras pendants*, charte munie de son sceau pendant.

[2] La coutume d'Aigueperse porte : « Se femme mariée commune venait à
Aigueperse pour putage, ou homme qui meneroit femmes qui se coucheroient
avec lui ou connoîtroient charnellement, de la volonté d'elles, il n'est tenu
de rien envers nous, ni envers nostre cour. »

[3] V. ci-dessus, art. 83.

[4] Cet article, reproduit presque textuellement dans la charte de la Peyrouse:
(« Qui o fait à l'autrui feme, etc. ») nous semble devoir être reporté immédiate-
ment après l'art. 87. Il s'agit ici de la peine de l'adultère, qu'on retrouve dans les
coutumes de Montpellier, de Salignac et de Riom, en Auvergne, de Ville-
Martelle (lieu inconnu), en Limousin : « Adulter vel adultera, si depre-
hensi fuerint in adulterio, nudi currant villam, vel nobis solvant LX solidos. »

corre per la vila, e es atainht [1] de LX sol vers lo segnor a sa marce.

94 Si hom de Chanal. gatiava home de fors, son deytor, o sa fiantsa, e el menava gentz, am lo cosselh dau compte o de son baile, e coubes i era faitz, o hom i era mortz, non es tengutz vers lo compte.

95 E si hom s'en fui am l'autrui molher, o femna am l'autrui marit, no devon tornar en Chanal., troqua am l'acort dau segnor et daus cossols.

96 Si gentz veniont en Chanal., por mal faite, o por mal faire, e home de Chanal., i ession, e coubes i era faitz, o hom i era mortz, non son tengut ver lo compte.

97 Losengierz [2] e los gatges que lo comps metria en Chanal. devont esser tengut, e tro i deu forsa faire, par l'usatge de Chanal.

98 Lo comps ni sos bailes no devont alongar los plaitz de Chanal., por amie ni por enamie, ni por aver.

99 Lo comps a donat e autreat au cuminal de Chanal. que meton los cossols to temps mais, chascun an.

100 L'aver que home de Chanal. auriont au poder dau compte, o de sos amix, el lo deu gardar e tener segur, e si l'aviont en la terra de sos enamix, e el la prendia, o li siei, o sos poders, redre lo deu ses aver, a quel cui seria.

101 Si lo comps, ni sos bailes, ni autre hom daus lor, acusavon negun home de Chanal. d'aucuna chausa, lo bailes, ni sa mainada, ni hom de son conduit, no son bon en garentia, ni dovent esser creut.

102 Totz hom de Chanal. qui devria re a autre home de Chanal., si no podia paiar, deu vendre de las soas chausas, per l'esgart dau baile e daus cossols, a paiar son depte; e si no troba cui las venda, aquel cui el deu lo depte las deu comprar

[1] *Atainht,* « atteint et convaincu, » *attainctus* (Du Cange) et comme tel condamné à une amende.

[2] La coutume de la Peyrouse porte : « les sergens o li gaiges que li sires meteraet, etc. » Dans la leçon que nous donnons, on remarquera que le mot *losengierz* qui signifie proprement « louangeur, » est employé dans le sens spécial « d'officiers du comte. »

a l'esgart dau baile e daus cossols, e lo deptodres las li deu autrear a lor esgart.

103 E si hom de Chanal. qui a molher e effantz era ateintz vers lo compte por neguna re, la molher no deu perdre sa chausera por tort que sos marit fassa, ni si effaint.

104. Si fraire ni serors eront remasne sent partir, ni negus d'equels era forfaitz ver lo compte, la partida daus autres no es tenguda, mas la frarescha de celui qui aura fait lo forfait.

105. Lo senher de Chanal. no deu abandonar que lus vezis aucia l'autre, et si el o abandonava, non es tenalble, et equel qui penria lo covent non es de l'usatge de Chanal., antz es encorregustz vers lo segnor o vers la vila.

106. E si contentz era dau ces dau segnor aub home de la vila, e l'om de la vila metia en son segrament que l'agues paiat, el deu esser creutz per son segrament.

107. E si lo comps, ni la complessa, ni lor bailes, ni hom dau lor, fazion re part [1] usatge vers les homeso vers lo cuminal de la vila, lo comps o deu far adobar au regart de sa cort, am lo cosselh daus cossols

108 Si contenz era entre fraires et serors, o nebotz e nessas, o autres parentz de frairescha, que l'us demandes a l'autre, puis que aurion estat de par se l'us de l'autre x antz, no podont demandar frairecha; e si o faziont, non devont estre auvit, [2] si no por tal cas que no fos de atge que non o pogues demandar, o si non era en la terra.

109 Si hom metia en fiansa, o en dieta, home de Chanal., [3] si aquel qui auria fait la fiansa, o la dieta en volia esser quites,

---

[1] La coutume de la Peyrouse donne une autre leçon : « faisoent ren *otre* les usages. » Le mot *part* a le même sens que *otre* et signifie, d'après Du Cange : « au-dessus de, par-dessus. »

[2] *Auvit, auzit,* entendu (du lat. *auditus.*)

[3] Coutume d'Aigueperse : « Si hommes ou femmes mettoit en fianse, ou plège, homme ou femme d'Aiguesperse, etc. » Le mot *dieta* signifie, d'après Du Cange : « Ajournement, *vadimonium.* »

equel qui li auria mes l'en deu gitar, a la semosta [1] qu'il l'en faria pois lo termes, si i era, seria passatz.

110 Negus hom de Chanal. non es en la marce dau segnor dau cors e de l'aver, fors por tres chausas : por homicide, por murtre, o por laironci, e equestas tres chausas devont esser atteintas par l'usatge de la vila, e deu assegurar sobre sas chausas, e si no las a, assegurara au regart dau segnor e daus cossols.

111 Totz hom e tota femna qui seria trobat en l'autrui gast deu ii sol au segnhor o la dent, e xii d. a la proa; [2] e la proa deu en esser creuda par son segrament, sau lo gast a celui qui auria pres lo dan.

112 Lo segner de Chanal. no deu forsar home ni femna de portar garentia.

113 De cas d'aventura [3] non es hom de Chanal. tengutz vers lo segnor par l'usatge.

114 Negun home ni neguna femna de Chanal. no deu lo segner, ni ses comantz, gatgar [4] sentz aratzonar, [5] ni tant quant volra faire dreit, a l'usatge.

115 Negus hom ni neguna femna de Chanal. qui i estria no den donar peatge d'aver qui seuz sia, en la vila de Chanal.

116 Negus hom ni neguna femma de Chanal. no devont esser ajornat por plait ne por neguna re qui a plait torn, fors de la vila, antz los deu hom ategner [6] de dintz la vila de Chanal. lo segner, o ses comantz, a l'usatge.

117 Totz hom qui auria garda, o manbor, si hom l'en demandava re, deu esser creut del moble, par son segrament, e daus

[1] *Semosta,* semonce, sommation (Du Cange.)

[2] Coutume de la Peyrouse : « doze deners à la *pire (sic),* et la pire doet etre crue par son segrement, san *(sic),* etc. » Si la comparaison de ces deux textes ne nous explique pas la signification du mot *proa (pire* dans la Peyrouse), le sens n'en est pas moins assez clair : *Proa* paraît dériver de *proba,* en italien *prova,* avec le sens de *preuve.*

[3] *Cas d'aventure,* cas fortuit.

[4] *Gatgar, gagiare,* mettre à l'amende.

[5] *Aratzonar,* citer en justice, *araisonner.*

[6] *Ategner, Atanher,* convenir (Raynouard.)

tenementz deu en remaner, par lo regart dau segnor et daus cossols, qui re l'en demandaria, par l'usatge.

118. Si hom de Chanal. trobava home de nuit en son forfait et robant sa maiso, o son obrador, ni enblant la soa chausa, ni escopant son blat, ni sa vigna, ni sos arbros, lo bailos e li cossol, devon esgardar quals es lo forfaitz, ni qui era l'omes, ni qual fama avia, e daquel qui a re ni avions, devont esgardar qui es, ni qual fama a, e devont esgardar qual pena en deu portar, ni qual dan i deu aver, a l'usatge de la vila.

119. Lo segner de Chanal., ni sos bailos no deu sazir chausa d'ome, ni de femna, qui murria cuminal, quant i auria heritiers qui volriont faire dreit devant lui, a l'usatge de la vila, e si non avia heritiers, e el en fazia laissa, [1] o don, o l'en avia faita, es tenabla; mas si el muria desesperat, [2] o ses cofessio, la soa [chausa deu essser au segnor, par l'usatge de la vila.

120. Lo segner de Chanal., ni sos bailos, ni hom por lui, no deu faire jutgament a Chanal. sentz los cossols, o sentz los prodomes qui s'entremetont daus faitz de Chanal. .

121 Totz aquestz usatges e totas aquestas cosdumnes que son escritas en equesta chartra, e tot aquels usatges e totas aquelas cosdumnes que hom tenria o usaria en la vila de Montauban, e en las autras vilas que sont dictas de sus, nos Hugo de Lezigna, comps de la Marcha e comps d'Engolesme e segner de Faugeras, avom autreat, cofermat e jurat sobre los saint evangelis, por nos e por nostros hers, a tener e a gardar aus homes e a las femnas de Chanal. e a la dita vila, a tos temps, e no venir en contra. E en garentia d'aisso, nos lo ditz Hugo de Lezigna, comps de la Marcha e comps d'Engolesme e senher de Faugieras, por so que aisso sia plus ferm e estable a tostemps, avom saelada aquesta present chartra de nostre propre sael, por nos e por nostros hers e por nostros successors. Aisso fo fait e acordat e aordenat, l'an de l'en-

[1] *Laissa*, forme féminine de *lais*, legs, testament.

[2] *Desesperat, desperatus.* « De cujus animæ salute nulla spes est » (Du Cange.)

carnatio de Nostre Segnhor Mil e dos cenz e sessanta e cinc, au meis de feurier.

122 Eyso es entellement e alcunas maiors e alcunas menors que non es dit de sus : *a respondre, i a sirventz, de l'autre* x *antz* [1].

123 E nos, Hugo lo Bru, comps de la Marçha e d'Engolesme e senher de Faugieras, las avant dictas chausas vegudas e regardadas, aissi cum sunt dessus escritas en la present chartra approantz e lauuant, donom e autreom aus homes e a las femnas e au cuminal de Chanal. e a lor hers; e avom jurat sobreu saintz evangelis a tener e a gardar e no venir en contra. E que aisso sia ferm e estable a tostemps, nos avom fait las presentz letras saelar de nostre propre sael et contra sael. Aisso fo fait l'au de l'incarnatio Nostre Segnor Mil dos centz e septanta e nou, lo diumergue [2] en pros la quinzena de la nayssentsa saint Johan-Babtista, au meis de Juinhet.

(Original, parchemin, Archives communales de Chénérailles).

1424. — 15 janvier. (V. S.) [1]

Copie de la donation de la forêt de Chénerailles aux habitants de cette ville, par Jacques II de Bourbon, roi de Hongrie, de Jérusalem et de Sicile, comte de la Marche et de Castres.

Jacques, par la grace de Dieu, roy d'Hongrie, de Jérusalem et de Cicile, comte de la Marche et de Castres etc.

A notre sénéchal ou garde de notre sénéchaussée, procureur et autres officiers de nostre comté de la Marche, ou à leurs lieutenants salut. Comme nous, naguière, pour les bons et agréables services que nous ont faits nos amis les consuls, bourgeois et habitants en notre ville de Chénérailles, en nostre dite comté de la Marche, nous leur ayons donné, ceddé et transporté nostre bois appelé de la Fourest, pour lequel ils nous doivent et sont tenus payer tous les ans, la

---

[1] Les trois corrections ici indiquées existent en effet dans l'original et sont placées en interligne aux art. 5, 11, 108.

[2] *Diumergue*, dans Raynouard, *Ditzmergue, dimergue, dimenge,* dimanche. — Dans le patois de la Creuse *Diaumene.*

somme de dix livres de cens, à chacune fête de Saint-Michel ; auquel bois le fournier qui est à présent et qui sera par le tems avenir de notre four, que nous avons en notre dite ville, doit prendre et avoir bois pour chauffer et faire chaloir icelluy four ; et pour ceque, de présent ledit bois a été taillé et ne pourroit fournir à chauffer et chaloir icelluy four, jusqu'à ce qu'il soit crehû, les dits consuls nous ayent supplié qu'il nous plût leur octroyer que, jusqu'à ce que le dit bois soit crehû et qu'ils le mettront en taille pour eux chauffer, le dit fournier ait à prendre bois pour chauffer le dit four, là où les dits consuls le lui bailleront et délivreront ; car autrement seroit à leurs très-grand dommage et préjudice et perdition d'icelluy bois et du cens que nous y avons : savoir faisons que nous, de notre bon gré et volonté, considéré ce que dit est, avons octroyé, octroyons de notre grâce spéciale aux dits consuls que notre dit fournier, qui a présent est ou sera par tems avenir, prenne et ait à prendre bois là où les dits consuls le lui délivreront, en lieu convenable, sans qu'il aye à prendre bois de la Fourest... Si, vous mandons et à chacun de vous, comme à luy appartiendra, que de nostre octroy faites souffrir et laisser jouir et user nos dits consuls, en contraignant et faisant contraindre le dit fournier qui est à présent ou serat, d'aller prendre bois pour faire chaloir le dit four là ou les dits consuls le luy bailleront et délivreront et à cesser de le plus prendre et coupper au dit bois de la Fourest, pourvu qu'ils le luy baillent et délivrent en bon et convenant lieu comme dit est. Car ainsy nous plait et voulons être fait et aux dits consuls l'avons octroyé et octroyons de grace spéciale, par ces presentes. Donné sous nôtre grand seel, à Pipions (*sic*), [1] le 15ᵉ jour du mois de janvier l'an 1424.

(Copie du XVIIIᵉ siècle. Archives communales de Chénérailles.

[1] Peut-être faut-il lire Perpignan ? Le 19 et le 20 mai 1424, Jacques de Bourbon étant à Montpellier fit deux donations au prieuré des Ternes (*Cartulaire des Ternes* t. II, Arch. de la Creuse.) Le 6 septembre, le même prince, étant à Castres, vendit à la ville de Guéret la forêt de Chabrières, moyennant une somme de 200 écus d'or dont-il donna quittance à Castres, au mois de décembre suivant.

Et au reply est écrit : *Par le roy*, présent l'abbé de St-Lucien, Yonet de Thurenne, Bertrand de Saint-Avis [1] et autres, signé Deseline, scellé d'un grand sceau de sirre rouge.

(1535. — 24 avril.)

Déclaration rendue au roi par les consuls et habitants de Chénérailles.

C'est la déclaration que mettent et baillent, pardevant vous messieurs les commissaires ordonnés pour le Roy, notre sire, à faire papier terrier et nouvelle reconnaissance en la justice et chastellenie d'Ahun et ressort d'icelles, les consuls, manants, bourgois et habitans de la ville et franchise de Chenerallies, lesquels en obeissant aux commandemens faicts de par ledict sieur, à cry public, baillent par déclaration et au vray ce qu'ils tiennent dudict sieur, en franchise, cens et rentes.

PREMIER ARTICLE.

Et premièrement dient, déclarent et confessent les dicts consuls, manans et habitans dudict Chenerallies qu'ils tiennent et portent dudict sieur, en toute justice, haulte, moyenne et basse, directe seigneurie fonsière, ladicte ville, tout ainsy qu'elle se comporte, clause et fermée de grosses muraillies, où il i a quatre portes, dont deux grandes et deux ponts levis et deux petites, dix tours rondes et une grosse tour carrée, persée de canonnières, par manière de deffense, entourée de fossés joignans es dittes murallies par le dehors ; lesquels consuls ont acoustumé, de tous temps, mectre un merillier [2] pour garder et ferme les portes de la ditte ville, ensemble l'esglise d'icelle, de laquelle est fondateur ledict sieur.

§ 2. — Plus confessent les dicts consuls, manans et habitans qu'ils tiennent dudict sieur deux milles septerées de terre

---

[1] Bertrand, de Saint-Avit figure comme témoin, avec le titre de conseiller, chambellan du roi Jacques, dans les deux chartes de 1424, en faveur du prieuré des Ternes.

[2] *Merillier, marreglier, matricularius*, marguillier.

ou enviroñt, comprins les champs comunaus, tant prés, terres, bois, pasturauxs que austres heritages, contenus et confinés si après dans le circuict et confiuitions de la ditte franchise, commençant à une croix appelée du Vieuls, scituée dedans un chemin public, par lequel ont va devers Chenerallies envers le village des Oliers et de Monbrenon pour Saint-Dizier, tirant et allant envers Parsac et Boussac et allieurs, c'est assavoir envers la ditte ville de Chenerailles. [1]

§ 20. — Et à cause de ce, Barthelemi Tixier et Barthelemi Royand, Gabriel de Ligieres dict Tierchon et Louis de Ville-diers, tant pour eux et à leurs noms exprès que comme consuls et leurs successeurs, de leurs bon gré et vollonté, ont congneut et confessent que eux et les autres habitants, bourgeois de la dite ville et franchise, sont hommes francts bourgeois du dict sieur compte de la Marche, et lui devoir de cens ou tallie franche chascun an, au terme de Saint-Michel, la somme de trente-cinq livres et oultre par les forests dix livres, ainsy sont quarante-cinq livres, et retient Monsieur en la ditte forest emploict de chaufage de son feu dudict Chenerallies.

§ 21. — En oultre ont confessé estre justiciables et qu'ils sont tenus de cuire leur paste au four banuier de M. et y paier le droict de fournage, de chasqun septier de froment, quatre deniers et de chasqun septier de seigle, trois meagles.

§ 22. — Plus ont confessé que Monsieur a droict de prendre ventes en la ditte ville et franchise, par heritages vendus, par chasqune livre douze deniers tournois.

§ 23. — Item ont dict et déclaré les dicts consuls et habi-tants que l'esglise de Sainct Barthelemi de Chenerallies et leur chapitre sont francs et quittes et doilvent sinon ce qui leur plaist.

§ 24. — Item ont garde dans leur forest où il y a clapiers et lievres.

---

[1] Suivent 18 articles contenant l'indication des limites de la franchise à Chénérailles.

§ 25. — Item et dans lequel circuit sont comprins, scitués et assis les villages qui s'ensuivent et autres choses ensui-vantes[2].

§ 38. — Plus ont dit et declaré que oultre le dict circuict, tiennent des terres et heritages de la ditte franchise dans les dittes limistes les habitants de Buxerolles, les habitans de Sainct Dizier, les habitans d'Orgnat, les habitans de Villemonteix, les habitants de Bartignat, les habitants de Ballesinas, les habitans de Montueil-Lavaleze, les habitans de Marlanges, les habitans de Rebieres; hors les limittes, les habitans de Joux et hors le dict circuict, comme dit est, le dict village de Rebiere, et auquel village de Joux ont un seul four, maisons et héritages appellés des Glenil, de la Baulme et des Pouzoux.

§ 39. — Plus les habitans du Mon Bergier hors le chemin et dans icelluy, [1] les habitans de Virolle, les habitans de Sainct Chabrais, de Linerolles, hors les dittes limittes et circuict de leurs prés et autres héritages séparement.

§ 40. — Item dient les dicts consuls qu'ils ont droict et peuvent lever les guets, selon leur rolle, dont la teneur s'ensuit.

§ 41. — « Ce sont les noms des lieux et villages dont les habitans en iceux ont esté ordonnés, par tres hault et tres excellent prince, le Roy d'Hongrie et de Jerusalem et de Cecile, comte de la Marche et de Castres, à gueyter et faire guez et garde de nuict en la ville de Chenerallies, nouvellement fortifiée et bastie, et lesquels, de présent font guay is chasteauhe d'Haun et d'Aubusson, laquelle ordonnance a esté faitte par ledict sieur le vingt huictiesme jour de may, l'an mil quatre cent vingt six.

§ 42. — Et premièrement les habitans de la ville de las Forgas,

Item les habitans de la Prugne,
Item les habitans de Gouzouçais,

<hr/>

[2] Suivent 12 articles contenant l'indication des villages.
[1] «Il faut remarquer que le communal est par de là le chemin et loin icelluy.»

Item les habitans de Villaud,

Item les habitans de Monteriax,

Item les habitans de Goze,

Item les habitans de Champagne,

Item les habitans de Gladière,

Item les habitans de la Villete,

Item les habitans de Savenais,

Item la ville de la Tour,

Item les habitans de Champagnolle,

Item les habitans de Chatelus,

Item les habitans de Pontis,

Item les habitans de Vigier,

Item les habitans d'Orgnat,

Item les habitans de la Faye,

Item les habitans de Cressac,

Item les habitans du Perier,

Item les habitans de Betauncours,

Item les habitans de Fressigne,

Item les habitans de Villemonteix,

Item les habitans du Mon,

Item les habitans de Bartignat,

Item les habitans de Saint-Loux,

Item les habitans de Peirat l'Annonier.

Item les habitans de la Chasagne,

Item les habitans de Savignat,

Item les habitans du Mas,

Item les habitans de Villemerut,

Item les habitans de la Viergne,

Item les habitans d'Autefaye,

Item les habitans de Vouieze,

Item les habitans de Courret,

Item les habitans de la Mazeire,

Item les habitans de la Virolle,

Item les habitans de Salmouldeix,

Item les habitans du Mon,
Item les habitans de Villedier,

Item les habitans du Chiron,

Item les habitans de Boussaleschas,

Item les habitans de Chierainaud,

Item les habitans de Boussales chas l'Annonier,

Item les habitans de Marzes,

Item les habitans de Fraisse,

Item les habitans de Moncouziol Medroux.

Faict et donné les jours que dessus, signé par le Roy. »

§ 43. — Et tout ce oultre et pardessus les aultres qui d'entienneté avoient accoustumé faire le guay en la forteresse, avant que la ditte ville fust ediffiée et aussi le jouissent en paiant au capitaine d'Haun trente livres tournois.

§ 44. — Item tiennent du dict sieur une haslle en la ville de Chenerallies, laquelle leurs a esté balliée par feu de bonne memoire Jacques, Roy d'Hongrie et de Cecile, de laquelle ils ont accoustumé en prendre les proffics d'icelle halle, pour les convertir au proffict de la ditte ville.

§ 45. — Item confessent qu'ils ont, tous les samedis de l'an, le marché et lequel ils peuvent remuer, auquel marché tous allans et venans sont au sauf conduict du dict sieur et tellement qu'ils ne peuvent estre adjournés ne molestés, si ce nest en cas previlegiés.

§ 46. — Item confessent qu'ils ont six foires l'an, dont les deux publiées.

§ 47. — Item dient que les habitans de la ditte ville ne sont tenus d'aller plaisdoier hors la ditte ville.

§ 48. — Item dient que les chastelains et autres officiers font appeler en hault possession de leurs offices les consuls de la ditte ville et faire serment de tenir et garder les previleges de la ditte ville et desquels ont accoustumé user par ci-devant.

§ 49. — Item dient qu'ils peuvent faire les réparations necessaires en la ditte ville et imposer ce qu'il y verront estre à faire d'eux-mesmes, sans aultre mandement ne licence de justice.

§ 50. — Item dient les consuls qu'ils ont droict de consulat en la ditte ville, peuvent mettre et eslire consuls nouveaux chascun an ung cincquieme dimanche d'apres la feste de Toussaincts ; lesquels consuls ainsi eslus chascun an, chascune année, à fin d'icelle, sont tenus rendre compte les uns ez autres du faict du dict consulat et rendre les clefs de la ditte ville les uns ez autres. Et se peuvent assembler les dicts consuls, manans, bourgeois et habitans, au soun de la grosse cloche, pour parler des affaires de la ditte ville.

§ 51. — Item ils ont droict de ballier les escholles de la ditte ville à chacune feste de la Nativité de notre seigneur sainct Jean-Baptiste, et en peuvent ballier lectres aux regens, sans crainte de justice ni d'autres personnes.

§ 52. — Item aussi peuvent faire réparations et méliorations de la ditte ville et en faire les frais et égaller et déposer les frais sans autorité de justice, en vertu de leurs previleges.

§ 53. — Item peuvent lever, trois fois l'année, les offrandes et oblations qui viennent à l'offrande, hormis les rentes, le vendredi sainct par entier, le dict jour pour emploier à un sierge pascal et des torches à l'honneur et service de Dieu.

§ 54. — Et aussi ez processions et festes sainct Barthelemi, le dimanche en suivant et de Notre-Dame, tant à l'arbre de la croix de la Forest que dans la ditte église. Et après ce que la premiere messe est ditte, dont les dicts consuls sont chargés et tenus de paier le disner des curés et viquaires des parroisses de Saint-Dizier, de Saint-Pardoux, Saint-Chabraix et Pierrefite et à ceux qui portent les croixs et bannieres à chascun un paien blanc, pour ce qu'ils sont tenus venir en procession en la ditte ville, de tous temps et d'entieneté, au jour de la prosession et feste de Notre-Dame.

§ 55. — Item peuvent mettre un forestier pour garder les forests.

§ 56. — Item peuvent aussi mettre un merillier qui se charge des clefs de la ditte esglise et ville de Chenerallies.

§ 57. — Item peuvent commettre un homme pour gouverner l'horloge ; et ont accoustumé de tenir francz de taille les dicts forestier, merillier et gouverneur de l'horologe.

§ 58. — Item ont droict de lever sur aulcuns qu'ils ont [en] rolle particulier environt quinze septiers seigle, mesure de Chenerallies, pour faire deure aulmosnes generalles qu'ils font chascun an pour les trespassés, dont l'une le jour et feste de l'Assomption et l'autre le jour de la Commemoration des morts, qui ont esté fondées par les feuts comtes de la Marche et austres, et ordonnées estre levées et faites par les maiens des dicts consuls et sont comprins ez dittes aulmosnes plusieurs austres legas fais par aulcuns manans et habitans de la ditte ville à present decedés.

§ 59. — Item ont aussy droict de prendre et lever sur aulcuns habitans de la ditte ville, le vin de la postcommunion qu'on ballie ez festes de Pasques et de Noel.

§ 60. — Item ont droict les dicts consuls de allocher [1] les mesures à vin et bled, voir et visitter pois et aulnages, et les amendes qui en proviennent sont à la justice, à laquelle justice les consuls sont tenuts reveller les cas qui adviennent, à fin d'avoir les dittes amandes, et pour le droict d'alcage [2] pour chasque quarte, dix deniers et au dessous.

[1] *Allocher* « allouer, » du latin *allocare*, en provençal, *alogar*.
[2] Il faut probablement lire *aloage*.

§ 61. — Item ont droict et sont en bonne posession et saisine de mettre un hospitalier pour gouverner l'hopital et Maison-Dieu de la ditte ville scitué auprès d'icelle, pour recepter les pauvres de Dieu, et un jardin derrièreicelle maison et une chapelle tenant au champ allant du cimetetiere à la croix da la Forest.

§ 62. — Plus ont scelz à contracts et contre scels.

§ 63. — Plus ont les dicts consuls, manans et habitans de la ditte ville de Chenerailles droict de chasse dans la ditte franchise, à cor et à cry, et d'icelluy droict ont joui par temps immemorial.

§ 64. — Et aussi peuvent faire les dicts consuls, sans autorité de justice en la ditte ville et franchise quant il y a debast entre deux parties, montrer à veue certaine s'ils en sont requis.

§ 65. — Et laquelle monstre faitte, est decidé par eux dudict debast, et s'ils ne s'en veulent accorder, icelles parties auront recours à Monsieur le chastelain ou son lieutenant pour congnoistre dudict different. Protestant d'augmenter ou diminuer la presente declaration. Ainsi signé. Par commandement des dicts consuls, Mornet.

§ 66. — Les dicts consuls, tant pour eux que prenant en main ont ce jourd'hui rendu la presente declaration, et ont congneut et confessent debvoir ce que dessus, promettant et jurant et voulant, y presens Antoine Neullier de la Chassagne et Pierre Tartary, du dict lieu, tesmoins, le vingt-quatriesme jour d'apvril mil cinq cens trente, les dicts consuls et honorables hommes, M. Pierre de Perpirolle, esleu pour le Roy, comte de la Marche, Jean de la Vergne, procureur de la ditte ville, Pierre Mosnier, Pasquet Coison, Jacques Peschaut, bachelier en loix Leonard Moillier, Guillaume Symon, François Teste, tant pour eux que les autres absens, et promettant, etc.

Ces presentes ont esté extraictes vidimées et collasionnées à l'original, trouvé en un livre rellié, parmi les papiers de feut noble M. Léonard Boyron, vivant procureur du Roy en la

seneschaussée de la Marche, representé par damoïselle Barbe
Beraud, sa veufve et à elle par après rendu, ce requerant
honorable M. Jean Peitouret, procureur en la ville de Chenerallies, pour les habitans dicelle ville, en la ville de Guéret, par
les notaires royaux soubsignés, le tresiesme novembre mil six
cent vingt huict. Ainsin signé : Barbe Beraud, veufve, Cous-
turier, et Cornette, notaire royaux.

(Copie authentique aux Archives communales de Chénérailles.)

II.

RIMONDEIX.

Accord par lequel Roger de Laront, seigneur d'Ajain, [1] *consent
à ce que le comte de la Marche établisse sur ses terres de Rimondeix et de Saint-Arey,* [2] *une commune franche, suivant
les coutumes et les libertés de la ville de Saint-Pierre-le-
Moutier,* [3] *et à condition que les revenus et les droits à percevoir dans cette commune seront partagés entre eux par moitié.*

1266. — 14 décembre.

DE CONCORDIA DOMINI D'AJAN.

Ego Rogerius de Laront, dominus d'Ajan, notum facio presentibus et futuris quod ego spontaneâ voluntate, non coactus
nec seductus, habito consilio amicorum meorum, volo et con-

---

[1] Plusieurs personnages de ce nom figurent dans le cartulaire de l'abbaye
de Bonlieu, entre autres Roger de Lerunt (*sic*), Roger et Gui ses fils (f° 131).
Deux de leurs chartes de donation en faveur de cette abbaye sont datées d'A-
jain (f° 126, 139). D'après Nadaud (*Nobiliaire du Limousin*, t. III, p. 36),
Roger de Laron, chevalier, vivant en 1266, avait épousé Athelis, fille de Gau-
celin de Châteauneuf; il fut, avec sa femme, un des bienfaiteurs de l'abbaye
de l'Artige.

[2] Saint-Arey, village de la commune de Rimondeix.

[3] M. Morlon, avocat à Nevers, membre de la Société Nivernaise, nous
apprend que le texte de la charte de Saint-Pierre-le-Moutier est perdu.

En 1249, Alfonse, fils de Louis IX, concéda aux habitants de Riom les coutumes de Saint-Pierre-le-Moutier, mais sans les reproduire. (Rivière *Institutions de l'Auvergne* t. I, p. 263.)

cedo quod in terrâ meâ de Rimondois et de Sanctarhic, quam confiteor me habere et sub homagio ligio, a nobili viro comite Marchiæ, quod ipse comes libere possit fundare et construere villam francham, ad usus et libertates villæ Sancti Petri Monasterii, in hunc modum et sub tali pacto quod de omnibus redditibus, exitibus, proventibus et juribus et jurisdictione et deveriis dictæ terræ et villæ et pertinenciis, dictus comes et heredes ipsius et successores medietatem habeant et percipiant in perpetuum et amplius quatuor jura que per alta justitia esse noscuntur. Et ego et heredes mei et successores mei aliam medietatem, de omnibus redditibus, exitibus, proventibus, juribus et jurisdictione et deveriis dictæ villæ et terræ, exceptis quatuor juribus superius nominatis, debemus habere et percipere in perpetuum pacifice et quiete. Ad quæ levanda et percipienda ac explectanda, ego et nobilis comes Marchiæ quislibet suum propositum habere potest èt debet, si voluerit; ità tamen quod quislibet propositus debet jurare bonâ fide quod jus et dominium commune utrique parti, exceptis quatuor juribus prædictis inviolabiter ad communem utilitatem [servabit.] Et si contingat, quod absit, quod aliquo casu, vel impedimento, vel ampasamento majoris domini, vel quâcumque aliâ de causâ dicta villa fundari non possit, dicta terra de Rimondois et de Sanctarhic, cum redditibus et pertinentiis ad me et ad heredes successoresque meos plenarie revertentur, salvâ et retentâ justiciâ et jurisdictione quam nobilis comes Marchiæ in predictis locis habere consuevit. Item sciendum est quod homines mei, seu homines Petri de Lopchic [1], nepotis mei, nec homines nobilis domini comitis Marchiæ in dictâ villa, seu franchisiâ non debent recipi, nisi de communi comitis et mei præcesserit voluntas. Et hec omnia, fide prestitâ corporali, pænâ centum librarum oppositâ, promitto per-

---

[1] Guillaume de Lopiac, archiprêtre, qui figure comme témoin dans l'acte de fondation de l'abbaye de Bonlieu (*Gall. chr.* t. II, col. 199 E, instr.), donne à cette abbaye la moitié du mas d'Amelius Albos, situé entre Lechiac et Lopiac (cart. de Bonlieu, f° 6.). En 1200, Guillaume de Lopchac fut témoin avec Roger de Laron, prêtre, d'une donation de Giraud Donarel en faveur de l'abbaye de Bonlieu (*Ibid.* f° 128.)

sequuturum et in contrarium non venturum per me vel per
alium, tacite vel expresse. In cujus rei testimonium, ego nobili domi comiti Marchiæ præsentes dedi litteras, sigillo meo
sigillatas. Datum die martis ante festum beati Thomæ apos-
toli, anno Domini millesimo ducentesimo sexagesimo sexto.

(*Cartulaire des comtes de la Marche*, n° 36, à la Bibliothèque nationale, MS.)

III.

AHUN.

*Confirmation par Hugues XII, comte de la Marche et d'Angoulême
du droit de commune et des libertés et privilèges accordés par
ses prédécesseurs aux bourgeois du château d'Ahun.*

(1268. — 16 mai.)

Hugo, comes Marchiæ et Engolismæ, dominus Lesiniaci et
Fulgeriarum, universis præsentes litteras inspecturis, salutem in Domino sempiternam. Noverint universi quod nos,
attendentes fidelitatem a burgensibus et hominibus nostris
franchæ villæ nostræ de castro Agedunensi nobis hactenus
observatam, approbamus expresse et confirmamus eisdem,
pro nobis et hæredibus et successoribus nostris, consulatum,
sigillum et communitatem et alias libertates a prædecessori-
bus nostris concessas eisdem, vel ab eis usitatas et diutius
observatas; et promittimus bonâ fide servare eosdem et tenere
ad bonas et laudabiles consuetudines suas et usus; et ipsos re-
cognoscimus et volumus et concedimus in perpetuum esse
liberos et francos, cum omnibus rebus suis et bonis; ita quod
non teneantur nobis donare seu reddere aliquam taliam sive
quæstam, nisi tantummodo quinquaginta libras Marchiæ monetæ annuatim, in festo beati Michælis, et in quatuor casibus
consuetis tantum : videlicet pro filiâ maritandâ, pro itinere
transmarino, pro militiâ et pro captione et redemptione per-
sonæ nostræ, si contingit, quod absit, tenentur nobis dupli-
care dictas quinquaginta libras et reddere in singulis dictorum
casuum centum libras, semel, monetæ prædictæ, in termino
supradicto. Et aliquid aliud, ratione questæ, non debemus nec

possumus ab eis, aliquo tempore, levare seu etiam extorquere. Et volumus et concedimus, pro nobis et hæredibus et successoribus nostris, quod mansus noster d'Auriolæ [1], cum hæredibus, mantionariis et pertinentiis suis, situs infra cruces et metas et in pertinentiis dictæ villæ, sit de cætero in perpetuum de libertate et franchisiâ dictæ villæ, ita quod manentes et mansuri in ipso manso et ejus pertinentiis ubicumque in pertinentiis dictæ villæ sint liberi, cum omnibus bonis suis et rebus et gaudeant eâdem libertate et franchisiâ quibus gaudebant manentes in villâ prædictâ. Volumus etiam et concedimus quod alia li borgada [2] et ipsorum hæredes, homines nostri, sint de cætero de communitate et franchisiâ dictæ villæ et sequantur usus et consuetudines dictæ villæ : ita quod nec ipsi, nec mantionarii dicti mansi d'Auriolæ teneantur de cætero nobis vel successoribus nostris, ratione rerum seu corporum, aliquid suppeditare, reddere, vel donare, nisi prout alii de villâ prædictâ. Et volumus etiam et concedimus eis quod ipsi possint, si voluerint, pro debitis suis et fidejussionibus cognitis infra cruces dictæ villæ pignorare. Concedimus etiam quod ipsi possint venientes ad dictam villam libere recipere in franchisiâ et usibus villæ pradictæ, exceptis hominibus nostris explectabilibus tenentibus a nobis, hæreditates vel tenuras. Consules autem dictæ villæ, qui pro corpore faciunt, tenentur nobis vel mandato nostro, facere fidelitatis juramentum, et possunt compellere communitatem et singulas de eâdem ad satisfaciendum quæstæ nostræ et de denariis communitatis ejusdem. Et hæc præmissa universa et singula promittimus bonâ fide et per præsentes litteras obligamus nos et successores nostros

---

[1] Aurioles, faubourg d'Ahun. « Au territoire duquel, dit Evrard (*Histoire de l'antique ville d'Ahun*, p. 8) sont trouvés sous terre plusieurs colonnes de pierre d'antique architecture, pièces de vaisseaux, figures emblématiques de diverses couleurs. On y trouve aussi plusieurs grands vases de pierre, entaillés et selon la corpulence humaine, etc. »

[2] *Borgada*, en italien *borgata*, latin *burgata*, « faubourg. »

tenere et in perpetuum observare et in contrarium non venire. Constat de interlineari, *pigorare*.

In cujus rei testimonium præsentes litteros nostras testimoniales damus et concedimus dictis burgensibus et consulibus sigilli nostri munimine roboratas. Datum in vigiliâ Ascensionis Domini, mense maio, anno Domini millesimo ducentesimo sexagesimo octavo.

(La Thaumassière, *Coutumes du Berri*, p. 243. — Joullieton, *Histoire de la Marche*, T. II. p. 280-282. — Joullieton raconte (préface p. XII), que le chevalier de Sandricourt « de l'illustre maison de Saint-Simon, aimant à rechercher le vieux titre et les anciennes chartes, » lui avait communiqué l'original du titre d'affranchissement d'Ahun. Nous ignorons ce qu'est devenu ce précieux document.)

Roolle de la taille franche due par les forains de la ville d'Ahun apartenant aux consulz de ladicte ville ceste année 1577, qui sont: Gilles Besse, Jacques Meusnier, Jehan Merigot et Françoys Giraud.

1577.

	Vs	»d
Et premièrement les héritages André Gaulthier...................................	Vs	»d
Paroisse d'Ahun :		
La Chezotte, par l'estang du pré Lavergne.	VII	XIV
Item par l'estang de Molles........	VII	VI
Le sieur Massenon, par les estangs de la Cassiere, Gasne Pogui et communal	XXI	»
Le sieur d'Ayen, tant par les estangs que par le pré des Gouttes...................	VIII	VI
Le prieur d'Ahun, par le jardrin de sous la ville, doibt.................................	III	»
Le prieur de Las Fons	XVI	»
Les prestres d'Ahun, par le pré de Las Fons	V	»
Item, par le pré Goudart.	III	»
L'abbé du Moustier d'Ahun.............	XX	»
Les consuls de Chavanat...............	XX	»
Les consuls de Saint-Martial-le-Mont.....	XX	»

	X^s	$»^d$
Les habitans d'Issoudun	X^s	$»^d$
· Buceoux	XX	IV
Las Grangeas, La Vivariye frusche, doibt argent........,.............	XVII	»
Le Peylet doibt argent...·-··········	XV	»
Clameyrat.........................	XVII	VI
La Cassiere....................... ··	XVII	VI
Chauchadis........................	XXVI	»
La Presle doibt argent.............··	XVI	»
Le Mas Gannachon doibt argent........	XII	»
La Grange doibt argent................	XX	»
Marzant.................··· ·······.	XIII	II
Villemerle.......... ··	III	IV
Las Fossas doibt argent.·	III	»
Le Chier doibt argent.................	II	II
Felinas doibt argent...........·····...	XXVII	VI
Pierrefitte ....·.....	XIII	VIII
Le Cloup ....·············...	XIX	VI
Le Puis Trabaillon doibt argent...	XX	VI
Mastribut doibt argent...............	IX	VI
Mollas....................·····.·,....	XXVI	V
Les tenanciers de Best Moure...........	XI	»
Le Mas Faure......	XVI	XXI
La mestairie de Monsieur le chastellain· d'Ahun	XXIX	VI
La mestairie de Beauregard, appartenant au sieur de Massenon...................	XIX	VI
Jean Belluchon, demeurant chés Tridant.	VI	VI
Las Champs.....................	XVII	»
Chantegrelle......................		XV
Ayen et tenanciers de la mestairie de Beaumont ....:	VI	»
Gille Meaulme, tant par lui que par, etc·	XIV	XI
Chantaud............................	III	»
La Brustine........................	V	»

La Naulte.........................	II^s	»^d
Le Moustier d'Ahun : Monsieur de Beinat.	XXVII	VI
Les Hoirs feu Jehan Chaisne...........	XXVII	VI
Léonard Boyron, etc..................	XVIII	IV
Chantemillan.....................	VII	I
Las Villatas......................	VIII	VI
Gouge...........................	IV	III
Espit............................		XXI
La paroysse de Pionat: La Petite Baleyste.	XXXII	III
La paroysse de Mazeyrat..............	III	X
Villevaleys, par Mazeyrat.............	V	IV
La paroysse de St-Laurens............		XII
Le village du Brueil.................	VIII	IX
La paroysse de Saint-Hilaire-la-Plaine...	XV	»
La paroysse de Saint-Hiris-le-Roys.	IV	II
La paroysse de Creyssat: le village de Bel-lut...........................	XXV	»
Azaget	II	I
Fontigier	XIV	»
Pour l'héritage des Gireys............	IV	XI
Saint-Pardoux-les-Cartz	XXIX	VIII
L'héritage l'Arbre..................	V	VI
La Chassaigne-au-Moyne..............	V	»
Les habitans du Mont Gaspier.........	XII	»
La Boide........................	XVI	»
La Buxiére.......................	II	»
Exuis (Nota qu'ils ne veulent payer).....	II	IX
Mournac.........................	IV	IV

(*Original papier, Archives du département de la Creuse, série E.* — Le total général de la taille perçue par les consuls d'Ahun, s'élève à 41 livres, 13 sous, 11 deniers.)

IV.

CLAIRAVAUX.

Coutumes accordées à la commune de Clairavaux par Imbert de Beaujeu, seigneur de Montpensier et de Herment, connétable de France, et par Rampnoul du Pont, seigneur de Clairavaux, vidimées et confirmées, par Aymar, sire de Barmont, le 6 août 1364.

1270. — juin.

A tous ceulx qui verront et ourront ces presentes lectres, Aymars sires de Barmont, chevalier, salut. Savoir faisons à tous presents et avenir que, de la partie des consouls, bourgeois, habitans et commune de la ville et franchise de Claresvaulx, du dioucese de Limoges, nous a esté monstré en complaignant que, au temps passé, nobles et puissans sires messires Ymbert de Beljeu, sires de Montpenssier et de Herment, connestables de France et Rampnouls du Pont, chivalliers, lors sires de ladite ville de Claresvaulx et chascun d'eulx pourtant comme ung chascun pourroit toucher pour eulx, leurs hoirs et successeurs, donnerent octroyerent et confermerent certaines plusieurs franchises, libertés et privileges contenus et declerés en unes lectres des dessus nommés chivalliers, aux consouls, manans, habitans, bourgeois et commune de ladite ville et franchise, de et sur lesdites franchises, libertés et privileges dessusdits données et octroyées, et de leurs propres seaulx, avec plusieurs aultres, à leur requeste, seellées ; et que depuis celluy temps en ça lesdits consouls, bourgeois, habitants et commune de ladite ville et franchise ont usé et joy, usent et joyssent chacun jour desdites franchises, libertés et privileges en la fourme et maniere contenue es dites lectres sans contradiction ; et que pour cause et occasion des guerres qui ont esté longtemps ou pays circonvoisins de ladite ville et franchise et ailleurs, lesdites lectres se sont corrompues et dilaniées en aulcunes parties d'icelles et se sont desseellées du tout et les seaulx se sont perdus ;

toutesfoys la lecture d'icelles lectres pouvoit bien clerement l'en legir et connoitre. Et sur ce, nous ont supplié, ou grand instance, que icelles lectres et le contenu en icelles nous pleheust à eulx confermer, louer et approuver et donner nos semblables lectres, afin de obvier et eschiver plaist, discorde et querelles entre nous, noz hoirs et successeurs et lesdits consoulz, bourgeois, habitans et commune de ladite ville et franchise de et sur les chouses contenues esdites lectres, pour temps à venir, car ces chouses sont vrayes, notoires et magnifestes et en est publicque voix et fame ; et ils estoient prests de nous informer pour la lecture desdites lectres et aultrement souffisenment. Nous, oyes les choses dessusdites et vehuue et dilligemment entendue la teneur desdites lectres, lesquelles nous avons faictes lire entierement par devant nous, nous non voulans aller contre lez bonnes ordonnances, statutz, franchises, libertés et privileges faits, donnés et octroyés par noz predecesseurs, tant auxdits consouls, bourgeois, habitans et commune de ladite ville et franchise comme à aultres, ains lez voulens tenir, guarder et observer et acomplir à notre pouvoir, lesdictes lectres avons faictes coppier et transcripre, de mot à mot, en ces presentes lectres : laquelle coppie et transeript nous, pour noz hoirs et successeurs, pour tant comme il nous touchet et peust toucher, à present et pour temps à venir, voulons et octroyons que soit en tel vertu comme estoient lesdictes lectres au temps que estoient enterinées des seaulx et aultres chouses contenues en icelles, et pour tieulx voulons que ces presentes lectres soyent receheues en tant comme nous touche et pourra appartenir, à present et pour le temps à venir, en jugement et dehors, la teneur desdites lectres sensuy et esttielle :

« En non de Dieu lou Paire et lou Fil et lo Saint-Esperit, amen. Nous Ymbert de Beljoc, chevaliers, seigneur de Montpanssier et de Herment, connestables de France, donam y avem donnal, autreyam y avem octroyat, confermam y avem confermat et mectem aquestas chausas ayso en aquesta quarte, por ce qu'aquilho d'aquestas tres chausas que mais valia, a l'ust de las villas, lau vaulgues el temps que es passat ne que venre, et que aquestas paraulas que s'en segont sunt à l'ust de la ville de Claresvaulx et deu mas del Leyrit et de la Chappade et de la Terrade et del lo Barbades et de las appartenensas de la ville et deux mas avant ditz et deux homes et de las feynas d'aquelle ville et d'aqueul mas que maisons y avioiont ny estar oiont, los bons usatges et bonas codupnas, aytals ils seront ditz en aquesta quartra.

1 Noùs devon salvar tous loz borzos, mollieyrs, mainadas, chausas d'eulx, où que i siont.

2 Chascun borzes que demourera elus leues avant ditz, deu de censive al plus six soulz, ou cingt, ou quatre, ou tres, o dous, al myns douze deniers.

3 Se neus ou nostre preostz no volum la censive amesurar, quatre borzes podon et devon aquella amesurar, par lours sage amens, y ayso podon far sans amende.

4 A tous ans, noeuf preotz, avant que use de son preotage, deu jurar que ol gardera lous borzes et las chausas d'eulx, usatges et las codupnas dehus leues avant ditz.

5 A levada, six borzes chauzit avant dehus aultras podunt aquo faire, par lours saige amens, y ayso sans emende.

6 Quant le preost recept personnas estrangas en la franchize, ol deheu aulcuns appellar dehus borzes, y aquel que es recebut en la franchiza deu payar six souls de censive, et des adont es frans homs, duscha qu'aya garpit la franchisa.

7 Qui que sia faitz borzes en pagant censive, es agut et tengut por borzes, duscha qu'aya garpit la franchisa.

8 Chascuns pot layssar la franchiza, en pagant six soulx, et por ayso toutas las chausas de luy remanont a luy sohtas, livras et salvas.

9 Lo preotz delz leuez avant ditz, si n'es requerit en lous depens d'aquel que layssera la franchise, deu ayquel layssant conduire a son luec, mollier, meynade et sas chausas.

10 Las chausas qu'aquel layssant aura layssat et layssa en la

franchiza remanont a luy livras et salvas, anayssi que d'aquellas pot faire sa planieyra voluntat.

11 Censive deu estre pagada a la feste de saint Germa, o dins las ogtavas, y aysso sens emende.

12 De clamour faicte tant seulament, non veude, non reconnegude, ou mostrada, degutz sount vingt deniers d'amende.

13 De chausa veude, y apres reconnegude ou mostrade, sept soulz six deniers d'emende sont degutz.

14 De chausa veude et apres mostrade sont degutz soixante soulz.

15 De sang mostrat yssent de plaga, soixante solz,

16 Neguns deu emende d'aulcune chausa, si clamour no es faita, ou non es pres el present ou el maniffest forsfaict.

17 De greu playa ou membre fraict ou delongatz [1] soixante sols d'emende.

18 Aquel que souffre lo tort deu estre emendat a l'eymauze [2] del borzes, sobre despens et salary de metges, et dous deniers ly devont estre rendut almeins por chascune journade perdude.

19 Neguns bourzes que en la franchiza dehus luecz avant ditz de que al poucha far emende, quant à la clamour de luy faite, deu estre retengut de son propre corps, mas soulament por tres cas : so es assaber, por murtre, layronnysse et por rauviment.

20 Se aulcuns homs livres ou moilheratz es troubat ou pres, de nuctz ou de jours, en femne livre ou moilherada, no deu re d'amende, se d'aysso clamour no es faite.

21 Chascuns homs dehuetz luecz avant ditz pot gatgar sa playge connegude sans requerre la seignourie, y aysso sens amende.

22 Chascuns pot gatgar son deptour, por son depte connegut, sens requeste de seigneurie, y aysso sens emende.

---

[1] *Delongatz*, disloqué.

[2] *Eymauze*, estimation, dérivé de *eymar*. « estimer. »

23 Chascuns homs pot mostrar sa plege par son sol sagrament contre sa plege, mais aquel que es dit pleja l'en pot hos-
tar par gatze de batailhe.

24 Si aulcuns homes ditz sen estre pleige a ung aultre, com
es non o sia, ja sya aysso que veyrais sia lo debtes, aquel
mensongiers de la soa chausa poeyra lo depte el deptores et
livres et de re no lh'ert tengut.

25 Chascuns homs qui gatge prent lo pot vendre al sept jour,
mas que o sapche lo gatgatz ou aquel par cuy es gatgatz.

26 Qui reçot gatge, aquel qui gatge a droict deu sept soulz
six deniers d'emende.

27 Qui vend soubridament a fal pes o a falsa mesure deu
sept soulz d'emende, et si jure que el non ou sach, mas que
d'aysso non aie aultre verth estat repres, payara cinq solz d'e-
mende.

28 S'aulcuns homs vend chars non sanas o puridas o peyssous puritz, perdra so que vend et plus sept solz d'emende et
six deniers.

29 [1] Si aulcuns homs aia aulcune possession paisiblement,
entrans presentz, an dreicturier tiltre, en bonne fe, non par
force, ny a escondut [2] ny par pregieyre, par ung an et par ung
jour, neguns homs sera amit d'aquelle contre aquel que l'a se il
demandans non es o aie estat el meyn menore o a l'autruy poder
o for pays; et quant venra a herdat leal o es issit de l'autruy
poder o es retournas el pays dins l'an de lo compliment de
l'aaige o de la isside de l'autruy poder ou del retour, sera amit
d'aquelle possession et non apres.

30 Si lo preotz, par vive voix o par messaige, adjourne aulcun dehus borzes, el lhi du nomar y assignar, lo sept jour ou lo
quatorziesme, et lo borzes chauzire aquel que voulre.

31 Lhi hostalliers no devon laudas ny vendas de las chausas

[1] Comparer cet article à l'art. 28 de la Charte de Riom.
[2] A escondut ny par pregieyre, formule analogue à celle-ci que nous
trouvons dans du Cange, à l'article Excondire: Ne en recaler ne en esconduit.
« Ni ouvertement ni en secret. »

que ils vendent en lours hostalz als usaiges de lours hostes.

32 Si aulcuns homs vend de sous betz moables, non deu laudas ny vendas.

33 Si aulcuns homs vend fond da luy, cy non deu daqui laudas ny vendas; si vend fond de ces o de feu, lo vendeyre deu al seigneur douze deniers de laudas

34 L'achaptairé et lo vendeyre, si en autra maniere ne s'accordent entre lor, chascuns pel mey deu lo treziesme denier del pres por vendas.

35 Si lo heretiers del vendedour vol retenir la chausa venduda de ces o de feu o da luey dits, quarante jours de por que o sauria, la pot retenir.

36 [1] Ach aquel cui es denunciade noalle obre pert tout quant mect apres en aquelle obre.

37 Negune huche [2] deu estre faicte eulx luetz devant ditz sens comment de seigneurie.

38 Qui fraing lo banc de l'uche deu sept soulz et six deniers d'emende.

39 Qui es pres de nuitz en forfaictz, so es assaber de pras, de boys, de mes ou d'aultre frutz, deu soixante soulz d'emende y al seignor de la chausa so que es siou. Et qui y es pres de jour, deu sept solz et six deniers d'emende y al seignour de la chausa sa soit.

40 Aquel que tal forfaitadour prent no deu re d'emende, jassio so que lhi chausa no sia soa.

41 Si nous ou notre commandement voulem mostrar aulcune chouse contre aucun borzes, nous ny lou preotz no podem mostrar equelle par nostre sermens, mas par lous borzes de la ville.

42 Chascuns borzes, molhier et meynade podunt deppartir dehus luetz devant ditz por lour besoignhas et demourar ou que voulliront des la Nativitat de saint Johan-Baptiste ducha

[1] Comparer cet article à l'article de *la forme de annunciacio de noela obra*, Deuxième Paix d'Aurillac.

[2] *Huche*, proclamation.

qu'a la feste de Toussaintz, et nous deven gardar el mey lous et tous lours bes.

43 Neguns homs es tengut faire emende por faict de sa molher ny de sa meynade, si el ne vol aytellas personnas deffendre en aquel fait, mais o convien aquelle colpe donnar.

44 Si aulcuns homs a estat en la franchize ung an et ung jour, no poyra estre appelatz de chap ny de corp d'alque qui aysso aura seubut y avans poyra reclamar.

45 Borzes et vauvassour devon far toutz intramens de plait eheus luetz avans ditz devans lo prehot o baylieu, ny audit intramen far devon estre estrangh bourzes o chevalliers, si lhi bourzes ou lhi vauvassour dehus luetz avant ditz no lo y appellont.

46 Qui tra glay de la gayne an best,[1] on contenso, deu soixante soulz d'emende.

47 Neguns homs paia despes devant lo preot o baylieu deu luetz devant ditz por plaitz faitz.

48 Qui es contumax deu, par deffault del jour, sept soulz six deniers d'amenda

49 Merchat comas que sia et fieyras deffendont et garentissont venens a merchat y a fieyras, si el mey non ont fort faict.

50 Qui gatge ague hus ducha que sen siont tournat, si non ont fortfaict, deu rendre las gatges d'aque fus et sept soulz six deniers d'amenda.

51 Qui osta cellas vendas, deu aquellas et sept solz six deniers d'amenda.

52 Chascuns pot paciffiar en so̅ adversary de qualque causa, sens emende, si clamours no es faite, fors que de meurtre, layronisse o raviment.

53 Bourzes non sont tengus segre lour seignour ou lo preot, si no y consentont de communal voluntat, anayssi que lhy borzes aquel jour el qual segrans lo seignor o lo prehot puest hons convenablement retournar a lours hostalz.

---

[1] *Best*, de *Bestancium, bestant*, « procès contestation. »

54 Bourzes no podont ne devont estre contraingtz donnar a lor seignor aulcune causa s'ilz non ou volont, fors que la censive avant dicte.

55 Si aulcuns homs ne pot payar a son creedor aquelas chausas que ilz devontz, lo seignher lo deu contraignher a payer en vendent premierement sous moables y apres les non moables, si mestier es; mas lo corps del deptour ou de la plega no deu estre pres por depte, ny las vestuduras que el avont soubz sa saincture.

56 Qui vend de guatge chauza estragnha deu aquella vendre en bonne fe y a sauluda del seignour de la chauza o almeyns appellat, anayssi que del pres de la chauza prendra son depte tant soulament, et tout le remanent de las chausas et del pres redde al seignour de la chauza.

57 Qui vend de gatge autruy chauzas ne deu vendre mas tant que abonde de son depte payar.

58 Si aulcuns homs a achaptat aucune chause y avans que lo seignour o lo heretiers reclama et aya melhorat aquella possession o faict despes par bonne fe, lo seigneir o lo heretieyrs qu'aquelle chause volira retenir, deu a l'achaptadour payar lo pres d'aquellas chausas a l'aymausa de la melhairause et los despes par la bonne fe faictz.

59 Si aulcuns es tengut a alcu o a aucune por debta ou por plege et puis cha en emende, a la voluntat del seignour d'eux, les moables d'eytal home qu'a blasme sia pris premierement, l'autruy avers et de las chausas de la censive del seignor et de las chausas feodales remanens al seignhor deux feues.

60 Si aulcuns homs es vaincut d'aucun blasme qu'aya forfait a autruy bourzes del lues avans ditz sens asseantiment d'aquel a qui a forfait, lo seignhour deu aver soixante solz de guatge tendut y a pleiat, jassia que aysso que lhi batailhe non sen seigua.

61 Si aulcuns es appellat de chapt ou de corps, lhi bourzes lo devont conseilhar y audar, mas l'appellat deu premierement deppendre tous sous bes moables et lhi bourzes faront lo remanent.

62 Si aulcuns homs es appellat d'aucune cháusa o d'aucun malfaitz, lhi bourzes lo devont conseillar.

63 Champio afaitait non podont aucune chausa monstrar par lour contra lous borzes dehuez ditz luecs. Champios si es vaincut el pert toutas las chausas com deu a luy par son hommatge qu'il aura fait.

64 Tout homs que vend blat huez ditz luecs, fors que a l'ueps[1] de las bestias de sous hostes, deu laydas, so es assaber une gualveynhe[2] del quartal del nueuch.[3]

65 Lhi mezelliers deuchs ditz luecs devont laydas : del buou l'eschine, del port la chamba, del bacon la gauta.

66 Qui vend heus ditz luecs, li gours lebres, connils o apes, o abroche[4] frutz, ouvos o fromages, auzes o peyssous, aytals chausas non devont layde.

67 Si aulcuns homs bastit heuez ditz luecz, en son fons, de l'autruy matieyra, por aysso non sera desbatit, mas lo bastires deu redder al seignour de la materia doblament; si bast en l'autruy fons de sa materia perdre aquella et l'obra et l'ententa.

68 Si aucuns homs aia sa chausa por layssada, illa es autre-iada al proprendent; si aucuns proprendra l'autruy chausa, si lo seignour non a cornage[5] egut de layssar, laronissi fait.

69 Chascuns po devedar que non intre en son fons.

70 Neguns a licence de mectre pizou[6] en la paret de son vezi, si lo vezi non o vol.

71 Neguns es tengut de recebre las ecou de son vezi, mas par convenensa ou si o vol,

72 Convenenssas faictas entre parens lhi heretier son tengut guardar.

---

[1] A l'ueps, ad opus, « à l'usage. »

[2] Gualveynhe, droit, amende. Galvanus, d'après du Cange, signifie « receveur. »

[3] Neueuch, noix.

[4] Abrocher, acheter en gros pour revendre, brocanter.

[5] Cornage, proclamation au son du cor.

[6] Piso, « instrumentum quo pinsitur » (Du Cange.)

73 Si aucuns vol establir aucun dreict a son vezi, aysso pot far par convenenssas o par obliganssas.

74 Si pluziors font fianssas, tant quant sont en nombre, tuit sol sont tengut en tout, si non es accordat en autra manieyra.

75 Partidas devont estre en compaignha de gaing ou de dompmaige, segont que es establit en la convencion ; et si re no es de fruit, las partidas devont estre egalz.

76 Qui soustra gatge a son creedor et qui y conseilha ne y ainda fait laronissy.

77 Qui las bestias d'alcu en chausa que autra sas raubicha[1] de layronissy es tengut.

78 Del tors es tengut qui l'om donna et qui fay bauzia que sia donnat, s'il creedor donna sagramens al deptour e l'depteyre jura que re no lhi de ou lhi exeption de son sagrament lou deffend.

79 Chascuns pot en sol bastir et seus bastimens mellorar, anayssi quel non noy a aucun privat ni a dreict de via ni chausa cuminal.

80 Qui bast, pot sa materia en via cuminal appareilhar, anayssi que en pust hont passar convenablement.

81 Si arbres sia en fons d'un vezi et lhi ram estarsisont lou font de lautre, si l'seignher de lautre amonnestat non vole trenchar aqueoux rens, el lous pot trenchar, ou si lous y layssa, deu aver la meytat deou fruit.

82 Neguns non deou estre gitatz de sa mayson, si par tres chausas : par murtre, par layronissy e par rauviment.

83 Lhi seignheir no pot far establida sans lous borzes. Lhi borzes en que requerunt, avans que requerans lour seignhor, si el y vol estre, si el non y vol estre, podunt faire noelas establidas, anciennas ostar, mermar, ampliar et mellurar, al cuminal proffiegt debur luectz avans ditz.

Et nous dit Ymbert de Beljoc, chevallier, seignheir de Montpancier et de Hermens et de Claresvaulx, aven octreyat lous usatges, et las condupnas que sont en aquesta chartra

---

[1] *Raubichar*, « enlever, » de *raubir*, « ravir. »

contengudas et escriptas, ainsi com es parlat dessus ; y aysso
nous dit seignheir o avont jurat tener y actendre par nous et
par nostre successors à tous temps. En guarantie, fermetat et
planieyra proansa de toutas las chausas avans dictas et chas-
cunas d'aquellas, nous avont pousat en aquesta chartra nostre
propre seel. Et hieu Rampnouls del Pont, chevallier, las avent
dictas chausas toutas et soulas, anayssy quant dessus sont
poussedas et expressas, veulh, donne y autreie en la vertut de
mon sagrament, et per aquesta present chartra las conferme
et y pauze mon propre seel, en guarantissa de toutas las
avans dictas chausas. Et voulem et preyan et requeren, nous
ditz Ymbert de Beljoc, ensemble en lou dit Rampnoulz del
Pont, chevalliers, mossen Hugo de Scolla, chevalliers, et
mossen Arbert de Chaslus, chevallier, seignhor de Tauzelle et
Peyro de Hermeneyra, chanony de Herment, Peyro del Cros,
preot en aquel temps de Claresvaulx que ilz lours seaulx pau-
sessont en aquesta present chartra, en guarantia et fermetat et
proanssa planyera et pardurable de toutas las chausas que
sont dessus avant dictas.

Et nous dit Hugo de Scolla et Arbert de Chaslutz, chavallier
et Peyre de Hermenyera et Peyre del Cros, a la requesta de
mossen Ymbert de Beljoc et Ranouplx (sic) del Pont, chevallier,
nostre propre seaulx avem mes en aquesta chartra, en guarantia et fermetat et proanssa planyera de las chausas que sont
avant dictas. Aysso fust faict, donnat, octroyat et confermat en
l'an de l'incarnacion Nostre Seignhous mil et douz cens et soixante dix, el mes de jung.

Lesquelles lettres et le contenu en icelles, si comme dessus
sont dictes et declarées, nous et par nous hoirs et successeurs,
en tans que nous peust appartenir, à present et par temps advenir, promettons en bonne foy actendre, tenir et guardar
sans lez enfraindre en aucune maniere, et non fere ne avoir fait
chouse pour quoy ne ayen et obtiengnent fermeté perpetuelle.
Et en tesmoing de ces chouses nous avons donné ces lettres
ausdits consoulz, bourgeois, habitans et commune de ladite

ville et franchise seellées de nostre scel. Fait, presentz messire Hugues de Nohent, chevallier, Johan Gandonm, Jehan de Jeoux, escuyers, Pierre Demay, clerc. Nous sommes certains des ra- sures : l'appelat, ny chausa cuminal, qui bast pot en via cumynal appareilhar anayssy que ceu puschont passar convenablement; et de la interligne : pot sunt. Et donné à Barmons, le mardi sixiesme jour du jour du moys d'ahoust l'an de grace mil troys cens soixante quatre. Et estoient seellées les dits privileges en double queue et en cire blanche du seel de la seigneurie et juridiction de Barmons a façon d'un eschaguier.

(Extrait du terrier de Clairavaux 1485. Original sur par- chemin appartenant à M. le comte d'Autier de Barmontel, com- muniqué par M. Victor Maingonnat, juge honoraire à Aubus- son.)

Aveu et déclaration rendus à Antoine de la Tour, seigneur de Clairavaux par les consuls de cette commune.

1485 — 20 mai.

Et advenant le vingtiesme jour du moys de may l'an mil quatre centz quatre vingtz et cinq, presentz Anthoine de la Mourie, sergent royal, maistre Jacques Froment Jehan de Esso- lix et Methon de Louzelergue, temoingtz à ce appelés parde vant nous notaire et commissaire dessusdit, se sont compareuz et présentés en leurs personnes Jehan Maisgnhac, Anthoine Bonne et Anthoine Bourdon, consuls de la franchise de Clares- vaulx, accompaignés de Anthoine Chillaud dit Maisgnhac, Pierre Faure, Nardon Maisgnhac, Jehan Beyzol, Anthoine Peyron, Pierre le Sarrelier, Gabriel Lieunard, Jehan Menan, Pierre Cache-Mailhe, Methon Peyron, Jehan Peyron, Mondot, conseiller, Nardon Pauly, Guilhen Raoux, Nardon Beneyton et Micheau du Bostz, habitants de ladite franchise de Claresvaulx. Lesquieux consuls, pour eulx et leurs successurs et par le conseilh et deliberation desdits habitants de Claresvaulx, ont cognu et confessé confessent et cognoissent par ces presentes, present et acceptant ledit frerc Jacques de la Tour, frere et procureur dudit noble homme Anthoine de la Tour, seigneur susdit, qu'ils sont justiciables dudit escuyer en toute justice aulte, moyenne, basse, mere et mixte impere ; et qu'ils sont tenus venir mouldre leurs grains au molin bannier dudit escuyer et luy donnent une couppe par septier ; et aussi sont tenus venir cuyre à son four bannier et luy poyer une couppe par septier. Ont plus cogneu et confessé devoir et promis poyer, chacun an, audit escuyer a chascune feste de Saint Remy, d'annuelle et perpetuelle censive, dix livres tournois, et ce à cause et pour raison de leurdits consulat et franchise de Claresvaulx. Item ont plus cogneu et confessé estre tenus poyer audit escuyer, stippulant comme dessus, quarante soulz en deniers, à troys termes : c'est assavoir seize soulz en aoust, douze solz à Noel, et douze soulz à Pasques ; ung pere de beufs pour aller au vin en temps deheu, deux septiers seigle mesure de Claresvaulx, avoine quatre septiers en aoust et à la dite mesure, pourtés et conduitz audit grenier et deux gellines à chacune feste de Noel. Et ce pour raison et à cause du lieu d'Ault termes et paschaige qu'ils ont au boix en leur bestailh gros et menu, et lequel est mouvant de la directe seigneurie et justice de Claresvaulx et confrontant au bois de Feniers, au bois de la Chassaigne, à la guasne du Fourneyron et le long d'un tourrault tirant à las Grandas Vergnas, vers Meurrens, et d'illec tirant le longt du ruisseau et au bois de Feniers et au pré au bois qu'est audict escuyer. Ont plus cogneu et confessé que le dict seigneur a droit de prandre douze deniers par livre de rente et vingt deniers de lotz sur les heritages vendus en ladite franchise. Plus ont confessé qu'ils sont tenus, en leur nouveauté, et avant qu'ils soient créés consuls luy fere le serement de fidelité et qu'ils luy seront bons et loyaux ; à laquelle reception sont tenus poyer à Monsieur ou à celluy qui sera par luy commis à les recepvoir audit serement, cinq sols tournois ; et que desdits droits ledit seigneur et ses predecesseurs ont joy d'ancienneté sur eulx et leurs predeces-

seurs et aultres habitans dudit Claresvaulx. Et ainsi l'ont
promis et promettent fere, par le temps à venir, par leurs
serements, en notre presence, qui a ce fere les avons con-
dempnés et de leur volonté, soubz ledit seel royal et bailliage
de Montferrand.

J. Cherhon, commissaire susdit.

Item et ce faict, lesdits consuls de Claresvaulx, tant pour
eulx que au nom de ladite communaulté, ont presenté au procureur dudit escuyer certains privileges à eulx octroyés,
ainsi qu'ils disoient, par ses prédécesseurs, requerans que luy
pleust de confermer et ratifier, desquelx ledit procureur a
faict fere lecture, et après les avons icy inserés.

~~~~~~~~~

V.

FELLETIN.

Fragment de la charte communale donnée à la ville de Felletin
par Alengarde, comtesse de la Marche, contenu dans un vidi-
mus de Renaud de la Porte, évêque de Limoges.

(1300. — 20 septembre.)

Universis presentes litteras inspecturis, Renardus, misera-
tione divinâ, episcopus Lemovicensis....

Item, quicunque de dictâ villâ aut ejus pertinentiis habens
exclusas in aquâ seu riperiâ de Crosâ, possit et liceat custodire
et inhibuere ne aliquis audeat et debeat piscari seu facere piscari in exclusiis praedictis. In eâdem vero aquâ, exceptis
tamen exclusiis praedictis et, in aquâ, aliis rivis et riperiis quibuscumque existantibus intra fines seu pertinencias dictae
franchisiae villae, cuicumque vel quibuscumque de eâdem
villâ aut ejus pertinentiis sit permissum et licitum piscari et
facere piscari pro suo libito voluntatis.

Item, quod consules et comunitas praedicti possint, debeant
et eis liceat habere, tenere et possidere villas, mansos, cen-
sus, redditus et alias res quascumque, sitos seu sitas intra

fines seu pertinentias dictæ villæ, in franchisiâ seu burgesiâ dictæ villæ, prout consueverunt ab antiquo.

Item, habitantes et habitaturi intra fines, pertinentias seu franchisiam dictæ villæ gaudeant eisdem franchisiis, privilegiis, usagiis et libertatibus quibus gaudent habitatores dictæ villæ.

Item, si aliquis casus aut aliquod factum seu negotium adsiderit in dictâ villâ seu ejus pertinentiis, de quibus in præsenti scripto nulla sit facta mentio, per dictam dominam aut ejus successores, futuros dominos dictæ villæ, aut eorum judices vel officiarios, aut eorum locum tenentes, una cumque consilio et voluntate consulum et aliorum proborum virorum dictæ villæ, juxta formam juris aut consuetudinem dictæ villæ terminentur.

Item, dicta domina concessit et confirmavit, pro se et successoribus suis, futuris dominis dictæ villæ, usagia et consuetudines quæ et quas habitatores dictæ villæ tenuerunt et custodierunt in litteris, vendis, venditionibus, investitionibus, censivis, molendinis, furnis et aliis rebus et consuetudinibus, a tempore preterito hucusque observatis.....

Datum et actum die martis post Exaltationem Sanctæ Crucis, anno Domini millesimo trecentesimo.

(Extrait fait et certifié par la Combe, greffier, commissaire *ad hoc*, le 3 juillet 1551, en vertu d'une sentence du maître particulier des eaux-et-forêts, sur la réquisition de Léonard Danède. Il est dit par cette collation « que Jean Mirebeau a représenté les privilèges de la ville de Felletin étant en trois peaux de parchemin, ensemble les lettres royaux du roy dernier décédé, portant la confirmation d'iceux, le tout attaché ensemble en lacs de soye: « iceux privilèges étant sains et entiers si ce n'est en un lieu qui est un peu déchiré, et que sur la réquisition dudit Danede, il a été fait extrait et collation des quatre article qui suivent. » — *Archives communales de Felletin*, série AA.

Fois et hommage faits au Roi par Jehan Roy, l'un des consuls de la ville de Felletin, « tant pour luy que pour les autres consulz de ladicte ville. Lequel de son bon gré et volonté a declaré advouher, recongnoistre et confesser par ces presentes que lesdits habitans de ladicte ville de Felletin tiennent et portent en foy et hommage lige du Roy nostre sire, comte de ce pais et comté de la Marche, le droit de franchise de ladicte ville de Felletin etc. »

(1545 — 12 janvier.)

(Original parchemin. *Archives communales de Felletin.* série AA.)

~~~~~~

Lettres patentes de Charles IX établissant un tribunal consulaire à Felletin.

(1567 — juin.)

Charles par la grâce de Dieu Roy de France, à tous presens et advenir salut. Les marchans, habitans et frequentans en nostre ville de Feletin en nostre pais de la Marche ayant entendu le bon ordre qu'il nous a pleu, par nostre edict du mois de novembre mil cinq cens soixante trois, donner, concedder et octroyer aux marchans de notre ville de Paris, pour le bien public et abreviation de tous proces et differendz entre marchans qui doibvent negotier ensemble de bonne foy, sans estre abstrainctz aux subtilitez des loix et ordonnances, nous auroient tres-humblement faict supplier et requerir, pour ces mesmes considerations, notre bon plaisir fust leur octroyer le mesme ordre de justice estre gardé en ladicte ville de Felletin, attendu que ladicte ville est des plus marchandes de tout nostre dict pais de la Marche, et où se y assemblent plusieurs marchans de tout nostre royaulme et autres estrangers, dont le commerce et traffic de marchandise y est gardée, autant ou plus grande que en plusieurs autres villes ausquelles nous avons accordé ladicte permission. A cette cause, par l'advis de nostre conseil, avons ausdicts supplians dict et declaré et de noz certaines sciences, grace specialle, pleine puissance et auctorité royalle, disons et declarons que ladicte ordonnance et reglement par nous faict sur l'ordre de justice ès marchans de nostre ville de Paris cy attaché, soubz le contre seel de nostre chancellerie, et pour les causes susdictes et considérations, aura lieu et sortira son plein et entier effect, de poinct en poinct, en nostre dicte ville de Feletin. Voulons et nous plaist que lesdictz exposans ayent mesme pouvoir et faculté de faire eslection de juge et consulz en ladicte ville de Feletin que ceulx de nostre dicte ville de Paris ; fors et excepté toutes fois que au lieu que nous avons permis au prevost des marchans et eschevins de nostre dicte ville de Paris de nommer et eslire, en l'assemblée de cent notables marchans, un juge et quatre consulz marchans, lesdictz supplians ne seront que trente des plus notables marchans, habitans ou resseans en ladicte ville, pour dudict nombre et a la plus grande voix et oppinion eslire un juge et deux consulz marchans, habitans ou resseans en ladicte ville, non parans ny alliez les uns des autres, qui presteront le serment par devant le seneschal de la Marche ou son lieutenant, pour cette fois seulement, la charge desquelz trois ne durera qu'un an. Lesquelz juge et deux consulz seront tenus, trois jours avant la fin de leur année, assembler et appeler avec eux vingt marchans des plus notables de ladicte ville, qui en esliront douze entre eux ; lesquelz douze sans partir du lieu et sans discontinuer, procedderont avecq lesdictz juge et consulz des marchans, en l'instant et le mesme jour, à peine de nullité, à l'eslection de trois nouveaulx juge et consulz des marchans, non parens ni alliés, comme dict est, qui presteront le serment devant les autres jujes et consulz des marchans. Et sera la forme susdicte gardée et observée doresnavant en l'eslection desdictz juge et consulz ; demeurant le surplus de nostre ordonnance en son plein et entier effect : ce que nous leur avons permis et octroyé, permettons et octroyons par ces presentes.

Si donnons en mandement à noz amez et feaulx les gens tenans de nostre cour de Parlement à Paris, seneschal de la

Marche ou son lieutenant, que ces presentes ilz facent lire, publier et enregistrer et le contenu en icelles garder, observer et entretenir, et lesdictz supplians jouir et user plainement et paisiblement, sans souffrir leur estre faict, mis ou ordonné aucun trouble, destourbier ou empeschement au contraire, nonobstant oppositions ou appellations quelzconques, sans préjudice d'icelles, pour lesquelles ne voullons estre differé. Car tel est nostre plaisir, nonobstant comme dessus et quelconques ordonnances, restrinctions, mandemens, deffences et lectres à ce contraires. Et affin que ce soit chose ferme et stable à toujours, nous avons faict mettre nostre seel à cesdictes presentes, sauf en autres choses nostre droict et l'autruy en touttes.

Donné à Paris, au mois de juin, l'an de grace mil cinq cens soixante-sept, et de nostre regne le septiesme. Ainsy signé sur le reply : Par le Roy en son conseil, de Lomenie. Visa, leues, publiées et enregistrées, ouy sur ce le procureur géneral du Roy, aux charges et modiffications contenues au registre et arrest de ce jour, à Paris, en Parlement, le dix-neufviesme jour de janvier, l'an mil cinq cens soixante et huict. Ausy signé du Tillet.

Extraict des ordonnances royaulx registrées en Parlement, du Tillet.

(Original, parchemin. *Archives communales de Felletin*, série AA.)

〰〰〰〰〰〰

VI.

GUÉRET.

Charte d'affranchissement et de commune, concédée aux habitants de Guéret, par Jacques de Bourbon, comte de la Marche, donnée à Montaigut en Combrailles, le 22 juillet 1406.

(1406 — 22 juillet.)

Jacques de Bourbon, conte de la Marche, à tous ceulx qui ces lettres verront et orront, salut. Comme grant piece a [1] les

---

[1] Comme il y a longtemps.

habitans de la ville de Guaret, en nostre conté de la Marche, nous ayent supplié etre quis que nous pleust affranchir, unir et mettre en bonne franchize et liberté la dicte ville et manans en icelle, à eux octroyer consoulz et toutes autres libertés et franchises que ont les autres villes franches de nostre dict conté, scavoir faisons que nous, desirans parfaire, augmenter, croistre et multiplier la dicte ville et icelle privilegier de graces et prerogatives convenables, laquelle chose ne peut estre, sy comme avons entendu, sans ce que nos hommes taillables qu'avons en la dicte ville fussent affranchis, et que icelle ville fust par nous unie et privilegiée. Et pour ce incliner à leur humble requeste, avons par nous, nos hoirs et successeurs et quy de nous auront perpetuellement cause, la dicte ville de Guaret, les habitans et manans en icelle, affranchis, manumis et mis en bonne et pure franchise et liberté, par la forme et maniere que s'ensuit.

C'est assçavoir que les habitans et manans perpetuellement en icelle, de quelconques sexe, ou condition qu'ilz soyent, leurs proprietés, fondz, heritages et choses quelconques, tant nos hommes taillables que nous avons en la dicte ville et Rogues de la Viletelle, comme autres habitans en icelle ville, sont et seront perpetuellement francs, de franche liberté et condition, sans ce qu'ilz, leurs hoirs et successeurs soient tenus à nous nos hoirs et successeurs en aulcune serfvitude, taille, surtaille, charoy, manobre ne aulcun autre service, fors seullement que retenons à nous et nos hoirs et successeurs les choses cy dessoubz declairées.

Premierement les dits habitans en la dicte ville feront et constitueront quatre consoulz, chascun an, quy feront serment à l'entrée de leur consoulat, d'an en an, à nostre très cher et bien amé seneschal de la Marche quy est à presant, ou sera pour le temps advenir, et en son absance à nostre chastellain de Guaret, quy est ou quy sera semblablement, comme dict est, que bien et loyallement gouverneront la dicte ville, traiteront les besongnes ou affaires de l'union et université d'icelle; et nostre dict seneschal ou chastellain leur fera serment, que bien et entierement leur observera nos dits privilèges ; et compteront et seront tenus de compter les vieux consulz, d'an en an, avecq les nouvaux consulz. Et constitueront iceux consulz, chascun an, trois ou quatre prudhommes d'icelle ville et université, quy partiront bien et loyallement entre eux et les autres habitans et bien ayans en la dicte ville, les tailles quy cy apres seront declairées, et par nous sur eux retenues ; et lesquelz parteurs jureront, en la main desdits consulz, partir et esgaller bien et loyallement la dicte taille, sellon la faculté d'un chascun et qu'il appartiendra de le faire.

Item et pouront iceux consulz imposer, sur eux et les autres habitans et manans, et ayans heritages en icelle ville et franchize d'icelle, touchant les faictz et affaires de leur dicte franchize et université seullement, tailles et impostz, sans appeller nous, ne aulcuns de nos officiers, fors en cas de complainte et doleance.

Item et feront les dits consulz ostention de fondz et proprieté de la dicte université, et franchize. Et pour cause d'icelle franchize, union et université, seront tenus les manans et habitans et bien ayant en icelle ville et université, comprins en icelle nos dits hommes taillables et le dict Rocgues, à nos hoirs et successeurs, payer et rendre, par les mains desdicts consulz, chascun an, perpetuellement, à chascune feste de Saint-Michel, de taille franche, vingt livres tournois.

Item et pouront lesdicts habitans et manans en la dicte ville, université et franchize, tester, codiciller, donner, changer, permuer leurs heritages, fondz et propriétés librement, toutesfois qu'il leur plaira, et faire toutes autres choses que peuvent et doilvent faire toutes et chascunes personnes franches et libres, sauf et reservés à nous, nos hoirs et successeurs, les vingt livres dessusdictes, et nos heritaiges, quy à presant sont vacans en nostre main, lesquelz nous pourons emolumenter et bailler en censive et à nouvel cens, et à nostre proffict, soubz la dicte franchize ; et outre la taille dessusdicte.

Et avecq ce, avons expressement retenu et reservé à

nous, nos hoirs et successeurs les quatre cas : c'est asscavoir, nouvelle chevallerie, le mariage de nos filles, la prison de corps, le pelerinage d'outre mer, esquelz cas et chascun d'iceux, lessusdits consulz, habitans et université et leurs hoirs et successeurs, nous seront tenus payer, outre les dictes vingt livres, trente livres tournois.

Item seront, jouiront et useront, tous ceux quy voudront et seront venus demeurer en ladicte ville et franchize, de semblable et pareille franchize et liberté, que les autres habitans et manans en icelle, sauf et excepté à nous, nos hoirs et successeurs, nos autres hommes serfs et taillables. Et en aulcunes autres choses ne nous seront tenus les consulz, habitans et université dessusdicts, fors seullement ez choses et cas dessusdicts. Promettons en bonne foy, pour nous, nos hoirs et successeurs et quy cause auront de nous, les choses dessusdictes et chascune d'icelles avoir agreables, tenir et perpetuellement observer et non venir aulcunement au contraire, par nous, ne par autruy, renonçans quand ad ce à touttes deceptions, fraudes, cautelles, barastz, cavillations et à tout droict canon et civil, à tous privileges, coustumes et usances à ce contraires, sauf en toutes autres choses nostre droict et l'autruy. En tesmoingt des choses desusdictes et affin que memoire en soit perpetuelle et qu'elles ayent vigueur et vertu à toujours, nous avons ces lettres faict sceller de nostre grand seel.

Donné en nostre chasteau de Montegut en Combraille, le vingt-deuxième jour de juillet l'an mil quatre cent six.

Et sur le reply des dictes lettres est escrit : par Monsieur le conte, en son Conseil, où estoient le seneschal de la Marche, Messire Jacques de Mailly, Messire Pierre de Houssine et plusieurs autres, et sur le dict reply, signé G. Flocquet, et scellé en lacqs de soye verte, de cire rouge, aux armes dudict seigneur conte.

(Vidimus du xve siècle sur parchemin et copie sur papier, faite en 1603. *Archives communales de Guéret,* série AA 1.)

Mandement du comte de la Marche à Jehan de Villemome, son trésorier, châtelain de Guéret, de recevoir le serment des consuls qui lui seront présentés par la plus saine partie des habitants de Guéret et de les installer dans leurs fonctions. Donné à Castres, le 20 août 1406

(1406. — 20 août.)

Jacques de Bourbon, comte de la Marche, à Jehan de Ville-mome, notre tresorier de la Marche et chastellain de notre chastellenie de Garet ou au premier notre autre juge ou officier qui sur ce sera requis, salut.

Comme pour la augmentacion de notre ville de Garet, aiant consideracion au bien publique d'icelle, et pour certaines autres choses qui ad ce nous muevent, avons affranchi noz homes serfs que nous avions en notre dite ville, et avec ce voulu que eulx et les autres de la dite ville puissent fere union et université entr'eulx, constituer et fere cossoulx, pour traictier des choses necessaires à la dicte université, si comme plus à plain est contenu es lettres desdiz affranchissemens et previleges :

Nous vous mandons que non obstant que certain nombre de gens, qui sont serfs de plusieurs noz vassaulx et demourans en notre dicte ville de Garet, ne soient pas encores affranchis de leurs seigneurs, et pour ce que, par les cossoulx, qui seront ordenés les affranchissemens desdiz homes serfs et d'autres de notre dite ville pourront prandre meilleur et plus breve expedicion, vous mandons que les cossoulx qui a vous seront presentés par la plus saine partie de la dite ville, vous yceux cossoulx institués, créés et mettés en possession et saisine du dit consollat, en prenant d'eulx tel serement qui en tel cas appartient, et vous semblablement le leur faittes en et selont le contenu de leur dit previlege et de ce fere vous donnons plain povoir, mandement especial. Car ainsi nous plaist il estre fait, et aux diz habitans de notre dite ville de Garet et autres qui des diz affranchissemens, previleges et université doivent joir l'avons octroyé de notre grace especial.

Donné en notre ville de Castres, sous notre seel secret. (Le vingtiesme) jour d'août, l'an mil CCCC et six.

Par monseigneur le comte, G. Floquet.

(Original, parchemin. *Archives communales de Guéret,* série AA. 2.)

~~~~~~~

Aveu et déclaration faits au prieur de Guéret, par les consuls de cette ville.

(1423. — 9 mars.)

Guillaume Meailhaud, juré et notaire de la chancellerie de la conté de la Marche, Phelip Aubos, Vincent Labour, Jehan Vincent *alias* Noye, marchans publicz et habitans en la ville de Garet et consulz de la unyon et université de ladicte ville de Garet, lesquelx ou nom et comme consulz de ladicte ville de Garet, ont cogneu et confessé par devant nous, commissaires dessusdiz que touz les manans et habitans de ladicte ville de Garet ont acoustumé à fere mouldre leurs blez es molins de Cortilles, situez et posez auprès de ladicte ville; et aussi lesdiz consulz, ou nom et comme consulz de ladicte ville, ont cogneu et confessé que tous les manans et habitans en ladicte ville de Garet ont acoustumé à fere cuyre leur paste es fours situez et pousez en ladicte ville de Garet, lesquelx moulins de Courtilles et fours dessus confrontez, sont et appartiennent a religieuse et honneste personne frere Aymeri Barton, prieur du prieuré de Garet et a cause de sondit prieuré. Et par ainsi, croyent et ont confessé lesdiz consulz, ou nom et comme consulz de ladicte ville, que tous les manans et habitans en ladicte ville sont mosnans desdiz moulins de Courtilles et cuysans desdiz fours dessus déclairez. Et aussi lesdiz consulz ont cogneu et confessé que la collacion des escoles des ars liberalles d'icelle ville de Garet, et aussi la institucion du secrestain de l'eglise parrochial de ladicte ville de Garet sont et appartiennent audit prieur à cause de son dit prieuré de Garet. Et en oultre, lesdiz Guillaume, Phelip, Vincent et Noye, en leurs noms privez, ont cogneu et confessé que comme manans et habitans de ladicte ville, ont acoustumé a fere mouldre leurs blez esdiz moulins, et aussi ont acoustumé à fere cuyre leur paste esdiz four. Et par ainsi, croyent et ont confessé les dessusdiz, en leur noms singuliers et privez, qu'ils sont mosnans desdiz moulins et cuysans desdiz fours.

Lesquelles confessions et cognoissances ledit frere Aymeri Barton, prieur dudit prieuré a accepté : presans Seguin Vernhaut, escuier, seigneur de Fayoles et Loys Simon. Fait par devant nous, Phelippes Moreau, bachelier en lois, Guillaume Duqueyroy, et Guillaume Deschamps, jurez et notaire de la chancellerie de la Marche et commissaires quant ad ce, le ıxe jour du moys de mars, l'an mil cccc vint et trois. Presents les tesmoings dessus nommez.

PHELIPPES MOREAU, L. DUQUEYROY, G. DESCHAMPS.

(Extrait du Terrier du prieuré de Guéret, folio 49.
Original, parchemin. *Archives de la Creuse*, série H.)

Cession faite aux habitants de Guéret de la forêt de Chabrières, par Jacques de Bourbon, roi de Hongrie, de Jérusalem et de Sicile, comte de la Marche et de Castres, pour le prix de 200 écus d'or et moyennant une rente perpétuelle de quinze livres tournois.

(1424. — 6 septembre).

Jaques par la grace de Dieu Roy de Hongrie, Ihrusalem et de Sicile, conte de la Marche et de Castres. A tous ceulx qui ces presentes lectres verront, salut. Savoir faisons que comme pour le singulier desir que avons d'acroistre, multiplier et augmenter notre ville de Garet, assise en notre conté de la Marche et les habitans en icelle, et aussi pour le regard que avons en l'estat et disposicion de ce royaume, la puissance, entreprise et volonté des Anglois, anciens ennemis de monseigneur le Roy et autres qui, de jour en jour plus qu'onques mais, s'efforcent de nuyre à mondit seigneur et à touz ses bons

parens, vassaulx et subgiez et de usurper et appliquer à eulx
la seigneurie, ayons ordonné par nos autres lettres patentes,
pour la perpetuelle seurté et preservation des manans et habitans de notre dicte ville de Garet et autres retrayans en icelle
et de leurs biens, ladicte ville estre elargie ou close de nouvel, fortiffiee et emparee convenablement pour resister à la
volonté et entreprise des diz ennemis et adversaires, comme
par icelles noz autres lettres puet apparoir; et soit ainsi que
de la partie des consuls, bourgeois, manans et habitants de
notre dicte ville et franchise de Garet, nous ait humblement
esté exposé qu'ilz sont très-mal et très-petitement esté heritez,
garniz et pourveuz de boys, pour le chauffage des habitans d'i-
celle; et que nous avons notre boys et fourest appelé de las
Chebrieres assez prez de ladicte ville, dont ilz souloyent avoir
leur dit chauffage, et qui anciennement nous souloit valoir de
revenue huyt ou dix livres de rente chacun an, si non puis
aucun temps en ça que ledit boys et fourest a esté gardé sanz
en mettre en vente, par aucun laps de temps et deffendu
aucunes foiz par nous et noz officiers, dont lesdits habitants
souffroyent beaucoup d'ennuy et de dommaige; et es autres
foiz en avons fait vendre pour arpens et quartiers, et ceulx à
qui ilz estoyent par nous venduz le revendoyent esdiz habitans
le plus chierement qu'ilz povoyent, tellement que, à l'occasion de ce que dit est, ont heu et souffert mains dangiers,
ennuy, merencolies et dommaiges; et nous suppliant beni-
gnement qu'il nous pleust pourveoir de notre grace de leur
bailler, ceder et transporter ledit boys et forest pour aucuns
cens ou rente raisonnables, et, en ce faisant, donrions plus
grant cuer à ceux qui y sont residens [d'y demeurer et à
plusieurs] d'autres lieux et pays circonvoisins de y venir faire
leur residence et demourance pour le temps advenir.

Pour ce est-il que nous, desirans par singuliere amour et
affection le bien et augmentation de notre dicte ville et des
habitans en icelle, comme dessus est dit, et pour celle cause
et pour plusieurs autres à ce nous mouvans, aujourd'huy, de
notre certaine science et volonté, pour la bonne affection et

vouloir dessusdits, [après enqueste faite] sur ce regard et
meure deliberation de conseil, avons pour noz hoirs et successeurs, presens et advenir et qui de nous auront cause, [à tous
les habitans de] notre dicte ville et franchise qui à présent
sont et seront pour le temps advenir et à leurs hoirs et successeurs, posteritz et qui demeureront [en ladicte ville N. et N.]
consuls, pour eulx stipulans quant ad ce, baillé, cedé, quicté
et transporté, à tousjours mais, tout notre dit boys et fourest
appellé de las Chebrieres [avec tous les droitz] de paissaiges,
entrees, servitutes, yssues, fruiz et revenues et touz et quelxconques autres droiz et appartenances que nous y avons et
peuent compecter...., sans en riens retenir, si non seulement
la somme de quinze livres tournois de annuelle et perpetuelle
rente, que lesdiz manans et habitans et leurs hoirs et successeurs [seront tenus] de payer à nous et à noz hoirs et successeurs et qui de nous auront perpetuellement cause, à chascune
feste de saint Michel, oultre et pardessus la somme de.........
tournoys, qu'ilz nous doivent, chascun an, de taille franche,
audit terme, et la somme de deux cens escus d'or qu'ilz nous
payeront et seront tenus de payer, pour une foiz seulement, à
notre tresorier de la Marche. Et le surplus que ledit boys
pourroit valoir, la plus grand valeur de et outre ce que dit
est, nous leur avons donné et donnons pareillement, de notre
grace et don especial, par consideracion des choses dessus
dictes. Et voulons et nous plaist que doresnavant ilz puissent
tenir, posseder et exploicter, copper, prandre, transporter,
garder et deffendre de touz autres quelxconques et totalement
disposer et ordonner à leur plaisir et volonté, tout ainsi que
bon leur semblera, et comme toute personne et seigneur peut
et luy est leu de faire de son propre fond, dommagne et heri-
taige: retenu à nous seulement, comme dit est, et à nos ditz
hoirs et successeurs, les diz quinze livres de rente et chauffage
de nous ou de nos hoirs en tant que seront residans et demourans en notre dicte ville, du dit de justice, en cas de doleance.
Et à iceulx manans et habitans de la dicte ville et franchise en
avons baillé et baillons la possession et saisine, par le bail et

tradition de ces presentes; et en outre les constitutons vrays procureurs irrevoquables, pour icelle possession prandre realement, de fait, nous non aucunement entendu ne appelé, et icelle prise posseder et exploicter et en prandre les fruiz, revenus et pascaiges et les garder et deffendre de tous autres quelxconques, comme dit est dessus, pareillement que nous povions faire par avant ce present transport et cession. Promettant en bonne foy et parole de Roy de leur garentir et deffendre les diz boys et appartenances envers touz et contre touz, et de non venir ne faire venir doresnavant encontre la teneur de ces presentes, publiquement ne occultement, directement ou indirectement, par nous ny par autres, en quelque maniere que soit: renonçant sur ce, par nous et nos diz hoirs et successeurs, à toute exception de fait et de dit et à tout droit civil et canon, escript et non escript et à coustume de pays que pour nous pourroient faire pour desroger à ces presentes; et promettons aux ditz manans et habitans et à leurs hoirs et successeurs [non venir au contraire.] Voulons et ordonnons à notre amé et feal conseiller et chambellan, le sire de Bryon, que les diz consuls, manans et habitans de la dicte ville et franchise de Garet, mette d'abondant en tant que mestier est, realement et de fait en possession et saisine des ditz boys et fourests et dependances et que d'icelles les fasse joir et user plainement et paisiblement. Si, nous mandons et commandons à notre procureur général.,.... qui est à present ou sera par le temps advenir et à touz commissaires ou refformateurs sur le fait des nouveaulx acquests et autrement et à touz noz autres justiciers et officiers que les diz manans et habitans laissent et seuffrent joyr et user plainement et paisiblement du dit boys et fourest, avecques ses droiz et appartenances, comme dit est, sans aucun droit d'amortisacion ny de finance; ne leur mettre ny donner, ne souffrir estre pris ou donné aucun destourbier ou empeschement, et esquelz, quant ad ce, nous deffendons toute cognoissance: sauf et reservé en autres choses notre droit et en toutes l'autruy. Car ainsi nous plaist il et voulons estre fait, et aus diz manans et habitans, par eulx et leurs diz hoirs et successeurs l'avons octroyé et octroyons de grace especial, par ces presentes, au vidimus desquelles, faites soubz seel royal, voulons que soit plaine foy adjoustée, comme à ce present original; et lesquelles, en tesmoign de ce, avons signées de notre propre main et seelées de notre grand seel.

(Original parchemin. *Archives communales de Guéret*, série DD.)

Donné en notre cité de Castres, le sixiesme jour du moys de septembre, l'an de grace mil quatre cens vint et quatre.

JAQUES.

Par le Roy, en son Conseil, ouquel estoient les seigneurs des Croix, de la Maison Fort et de Bryon, Bertran de Saint (Avit) et Jehan Barthon.

(Original sur parchemin, scellé en cire rouge, sur simple queue; sceau en partie détruit. *Archives communales de Guéret*, série DD.)

~~~~~~

Quittance de la somme de 200 écus d'or, prix de la vente de la forêt de Chabrières, donnée aux consuls et habitants de Guéret par Jacques de Bourbon.

(1424. — Décembre.)

Jaques par la grace de Dieu Roy de Hongrie, de Jhrusalem et de Sicille, conte de la Marche et de Castres etc., a tous ceulx qui ces presentes lettres verront, salut. Savoir faisons nous avoir receu de noz bien amez les consulz, manans et habitans de notre ville de Guaret en notre dite conté de la Marche, la somme de deuz cens escuz d'or, en quoy nous estoient tenus à cause de certaine assense par nous à eulz faite de notre boys et fourest de las Chebrieres près de ladite ville. De laquelle somme de IIᶜ escuz d'or dessus dite nous tenons pour contens et bien payez et en quictons les dessus nommez et tous autres à qui quictance en appartient. Et en tesmoign de ce, nous avons signees ces presentes de notre main et fait seeller de notre seel.

Donné en notre cité de Castres, le   jour de décembre, l'an mil cccc vint et quatre.

JAQUES.

(Original sur parchemin, scellé d'un petit sceau en cire rouge en partie détruit. *Archives communales de Guéret*, série DD.)

~~~~~~~~~~

Lettres par lesquelles Jacques de Bourbon, roi de Hongrie, de Jérusalem et de Sicile, comte de la Marche, ratifie la dona- tion faite au prieuré des Célestins des Ternes, d'une rente de 60 livres, à prendre sur le montant de la taille franche que lui payent les consuls et habitants des communes de Guéret, Ahun et Chénérailles.

<div align="center">(1425. — 1er juillet.)</div>

Jaques par la grâce de Dieu Roy de Hongrie, de Jhrusalem et de Sicile, comte de la Marche et de Castres, à tous ceulx qui ces presentes lettres verront, salut. Comme nous estant dernierement en la ville de Montpelier, ayant esgard et con- siderant au bien et salut de nostre asme et de nos prede- cesseurs, eussions donné et octroyé aux religieux du couvent de Notre-Dame des Ternes de l'ordre des Célestins, en notre comté de la Marche, au diocese de Limoges, la somme de soixante livres tournois de rente annuelle et perpetuelle, [par raison de quoy] seront tenus lesdiz religieux de celebrer chaqun jour, a toujours mais, perpetuellement, une messe en la ditte eglise des Ternes, et comme ces choses et autres sont plus amplement enoncées et declarée en certaines autres lettres, signées de notre main et seellées de notre grand seel, sur ce faites et passées audit lieu de Montpellier, le dix- neufviesme jour du mois de may mil quatre cent vingt-quatre dernier passé, et par icelles lettres leur eussions promis de icelle somme de soixante livres tournois assigner à tousjours

<div align="left">Tome V. — *3e bulletin.*</div>

mais, perpetuellement, en lieu seur, ferme et estable, en notre ditte conté de la Marche, dedans la feste de Noel de lors en suivant :

Savoir faisons que nous, voulant entretenir et accomplir entierement le don par nous fait ausditz religieux et couvent, ainsi que en nos autres lettres est contenu, de notre certaine science, avons ausditz religieux et couvent ladite somme de soixante livres tournois de rente annuelle et perpetuelle, à tousjours mais assignée, et par ces presentes assignons, en la forme et maniere qui s'ensuit. C'est assavoir : sur la taille que doivent chaqun an les habitans de notre ville de Garet, la somme de dix livres tournois ; sur la taille que nous doivent les habitans de notre ville d'Ahun, la somme de vingt-cinq livres tournois ; sur la taille que doivent aussy chaqun an les habitans de la ville de Chenerailles, la somme de vingt-cinq livres tournois, qui font en tout ladite somme de soixante livres. Et en cas que nul desdiz lieux avoit esté ou soit chargé tellement que la somme sur eux ou l'un d'eux par nous assignée auzdiz religieux et couvent ne se peust accomplir, nous voulons que icelle ils ayent à reprendre sur notre tresorier de notre dite conté de la Marche qui à present est ou qui pour temps advenir serat, des deniers de la recepte ordinaire ou extraordinaire de notre dite conté, et icelle somme de soixante livres tournois commencer à avoir et prendre à la Notre-Dame d'aoust prochaine venant, et de la en après tout comme il est accoustumé d'an en an. De laquelle somme de soixante livres tournois, auz diz religieux et couvent par nous ainsy assignées, voulons que les habitans de noz dittes villes de Garet, Ahun et Chenerailles soyent et demeurent quittes et deschargés, comme nous et les notres, parmy ce que les consulz desdittes villes seront tenus d'eulz obliger aux susdiz religieux et couvent de icelle somme leur payer chaqun an, à toujours mais, aux termes et en la manière accoustumée. Et oultre ce, nous n'entendons ne voulons que lesdiz religieux et couvent, oultre la somme dessus dite, ayent à prendre ne demander sur les habitans desdites villes ni aucun d'eulx a cause de ce, taille double ny aultre devoir

quelconque, ne les puissent contraindre aucunement se non
de laditte somme de soixante livres tournois chaqun an tant
seulement, en la maniere dessus dite.

Si donnons en mandement par ces mesmes presentes à noz
conseillers bien amés les seneschal, garde, procureur et tresorier et a tous noz autres justiciers et officiers de notre dite
conté de la Marche qu'il appartient, qui de present sont ou
qui pour le temps advenir seront, que de la ditte somme de
soixante livres tournois, par nous aux diz religieux et couvent à tousjours mais donnée et assignée, comme dit est, sur
les tailles de noz dites villes de Garet, d'Ahun et Chenerailles,
ils fassent souffrent et laissent les diz religieux et couvent à
tousjours mais joyr et user plainement et paisiblement, sans
leur donner ne souffrir estre donné, par nous ny les notres,
en temps advenir, aucun destourbier ou empeschement, en
quelque maniere que puisse estre, en contraignant les consulz
et habitans de chasqune desdittes villes d'eulx obliger auxdiz
religieux et couvent pour les sommes par nous sur eulx assignées. Laquelle somme de soixante livres ainsy assignée,
comme dit est, voulons estre deduite et rabattue de la recepte
de notre dit tresorier qui de present est ou qui pour le temps
advenir serat et allouée en ses comptes par noz amés et feaulx
les auditeurs d'iceulx qui de present sont ou qui pour le temps
advenir seront ; et auxquelz nous mandons que ainsy le fassent en rapportant tant seulement par notre dit tresorier vidimus de ces presentes, auquel nous voulons plaine foy estre
adjoutée comme à l'original.

Mandons aussy et commandons aux consulz et habitans de
nos dittes villes de Garet, d'Ahun et Chenerailles que aux diz
religieux et couvent et à leurs commis et deputés touchant
les choses dessus dittes obeissent et entendent diligemment.
Car ainsy le voulons et nous plaist qu'il soit fait ; et promettons en bonne foy toutes les choses dessus dittes et chasqune
d'icelles avoir, tenir et faire tenir a tousjours mais fermes et
estables, sans aucunement venir ne faire venir, par nous, les
notres, nos hoirs et successeurs, à l'encontre, en quelque
maniere que ce soit ou puisse estre. En tesmoing de ce, nous

avons ces presentes signées de notre main et icelles fait seeller de notre grant seel.

Donné en notre chastel de Rocque Courbe, le premier jour de juillet l'an mil quatre cent vint cinc. *Et ainsi signé* :

JACQUES.

(Cartulaire des Ternes. t. II f° 148, 149, 150. *Archives de la Creuse,* série H, fonds du prieuré des Ternes.)

~~~~~~~

Prix fait par les consuls de Guéret pour faire élever la Porte Française quatre pieds plus haut qu'il n'avait été convenu l'année précédente, dans le marché relatif à la construction de cette porte.

<div align="center">(1446 — 6 juillet.)</div>

A tous ceulx qui ces presentes verront, Jehan Barton, chancellier de la Marche, salut. Scavoir faisons que en la presence de Pierre de Marcillac, clerc juré et notaire de la court du scel de ladite chancellerie de la Marche, furent personnellement establiz honnestes hommes Jehan... et Authoin Simonaud, consolx de la ville et franchise de Gueret, lesquielx de la volonté et consentement de Thomas de Aux, Guillaume Rogier, Guillaume Bouchet, Guillaume Pignou et de plusieurs autres de ladite ville et franchise de Gueret, ont bailhé à Guillaume de Mendigou, masson, de la paroisse de Garet, illec present et acceptant, a fere et lever la porte Franceyze qui est auprès de la forge de feu Marçau Lecourt, plus hault quatre piés de muralhe tout à l'entour que n'est contenu au premier contrat et n'estait bailhé audit Guillaume de Mendigou par Guilhot Guarron, Guillaume Pignon et Estienne Gayet, consolx precedens. Et ce pour le prix et somme de quatorze royaux d'or, poisant chacun trois deniers ; lesquiels quatorze royaulx lesdiz Jehan... et Authoin Simonaud, consolx dessusdiz, ont promis payer et rendre audit Guillaume de Mendigou, à sa volonté, en faisant lesdiz quatre piés de muralhe dessusdiz. Promettant lesdites parties et chascune d'icelles au nom que dessus, c'est assavoir l'une à l'autre amender, poier et restituer tous damps, dommages, interestz et despens que l'une desdites parties, en deffaut, manquement et arrest de l'observacion, solucion et accomplissement des choses dessus dites feroit et dommages soustiendroit, du simple serment de la partie qui lesdiz despens feroit et dommages soustiendroit, sans autre preuve etc. En tesmoing des choses dessus dites, nous à ces presentz lettres ledit seel avons mis et apposé. Fait et donné ad ce presens et tesmoings appelés Jehan Gardete, Johanin du Charme et Jame Voisin, de Gueret, le sixiesme jour du mois de juillet l'an mil quatre cens quarante six.

PIERRE MARCILLAC, notaire.

(Original, parchemin. — *Archives communales de Guéret,* série DD.)

~~~~~~~

Fixation des droits dus par les consuls de Guéret pour acquisition de manées [1] de sel provenant des seigneurs Merigot et Fricon, et quittance de ces droits.

(1447. — 19 octobre — 15 décembre.)

Bertrand de Saint-Avit, chevalier, seigneur dudit lieu, seneschal de la Marche, Guillaume Piedieu, licencié es loys, garde de la seneschaucée et Anthoine Alart, secretaire de tres hault et puissant et notre tres redoubté seigneur, monseigneur le conte de la Marche, de Pardiac et de Castres, viscomte de Barlot et de Murat, commissaires generaulx des finances et nouveaulx acquestz faits en sadicte conté de la Marche et ressorts dicelle, tant par gens d'eglise comme par personnes non nobles, et aussi pour enquerir de tous crimes et delitz faitz et perpetrés en sadicte conté, iceulx punir et corriger et recevoir à composition et emender les dessus ditz, selon l'exigence des cas, et ainsi qu'ilz verront au cas appartenir, savoir faisons que, à l'instance du procureur general de monseigneur le conte, nous eussions fait appeler par devant nous les con-

---

[1] *Manée,* droit appartenant à certains seigneurs sur le sel qui se vendait dans leur seigneurie.

soulz de Gueret, sur ce que disoit le procureur de mondit seigneur qu'ils avoient acquis dez seigneurs de l'Isle, de feu Gilbert Merigot, Fricon et de leurs consors, certaines manées de sel quilz avoyent à Gueret de rante, et qu'ilz ne les pouvoient tenir, par ce que estoient transportées de mains nobles en non nobles, requeroit qu'elles fussent mises hors de leurs mains. Sur quoy lesdiz consoulz ont composé à la somme de deux reaulx d'or, à laquelle lez avons receuz, sans ce qu'ilz soyent tenus de en faire jamais autre finance ne composicion, reservé l'autruy droit et celluy de monseigneur. Donné soubz noz secaulx, le dix-neufviesme jour d'octobre l'an mil quatre cens quarante et sept.

RENGARD.

Je Jehan dou Chier, sergent de monseigneur le conte, cognoisse et confesse avoir eu et receu de Jehan Veschiere et maistre Yves de Naillac, consouls de Garet, les deux royaulx et dix sols contenus au blant, et lesdiz ii reaulx x sols ay reçeu en la presence de maistre Pierre de [Marcillac], clerc juré et auquel je ay fait signer ceste presente quittance de son seing manuel, presens Marçau de la Faye, clerc et Guillaume Rien, tesmoins. Le xv⁰ jour de decembre l'an mil iiii⁰ XLVII.

PIFRRE MARCILLAC, notaire.

(Original, parchemin. — *Archives communales de Guéret.*)

~~~~~~~~~

VII.

BOUSSAC.

Coutumes de la franchise et bourgeoisie de Boussac et privileges accordés aux habitants du même lieu, par Jean de Brosse, maréchal de France. (Communiqué par M. de Bise, procureur à Boussac.)

(1427. — 15 septembre.)

Nous Jean de Brosse, chevalier, seigneur de Sainte Severe, de Boussac, de la Peyrouse, d'Huriel, et maréchal de France,

savoir faisons à tous presens et advenir, qui ces presentes
lettres verront, que eu consideration que notre ville de Bous-
sac-le-Châtel est le principal de notre châtellenie dudit Boussac, et en icelle affluent et viennent tous ceux de notre dite
châtellenie, et par le temps passé a été bien peuplée, et plus
que de present n'est ; mais, tant pour les guerres, mortalités,
sterilité des tems, qui ont été, et a été et est depeuplée,
comme avons sçu ; et aussi, que nul ne peut demeurer, et faire
en icelle habitation et demeurance, qu'ils ne soient et demeurent notre homme ou femme de servitude et mortaillable :
pourquoi plusieurs gens doutent et se feignent d'y venir habi-
ter, et si la chose étoit disposée que les demeurans et venans
en icelle faire habitation, fussent et demeurassent gens franchs
et de franche condition et orine, seroit notre ditte ville bien
peuplée et habitable, et scroit notre profit et des notres et
accroissement de notre seigneurie et d'icelle châtellenie : eu
aussi consideration, à Collas Boursaud, Isabeau sa mere,
Pierre Bergier, Guillaume Furet son gendre, Agnes et Peyron-
nelle leurs femmes, Pierre Blondon, Guillaume Chapuzet son
gendre, Ratin le Clerc, Jean Jamot, Jean Margot, Jean et Ger-
manie Concoinet, Mathelin Mitardon, et Agnes sa femme, Jean
Goulat, Phelippon son frere meinsné, Jean son frere, Jean de
Saint Silvain, Remond son frere, Pierre Chanteau, Guillaume
de la Roche, Guillaume Chenuat, Pierre Biesses, Leonard
Pichotin, Jean le Maignaud, Pierre de Saint Silvain, Jean Mou-
teys, Guillaume et Guichard Raffin, Estienne le Clerc, la Jeanne
Mosniere, Michel le Portier, les heretiers Durant Malingue,
Jean Marcillat, Ratoy, gendre Nouvoy, Guillaume Dautay, Jean
Giraudet, Matthieu Clement, Pierre Mitardon, Jean son frere,
les heritiers Marcillat, Durand Mestivier, Jean de la Roye,
Alix, femme d'Estienne Cartron, nos hommes et femmes de servitude, demeurans en notre ditte ville, que toûjours nous et nos
predecesseurs, eux et les leurs predecesseurs ont été vrays
obeïssants et subjets, et en toute maniere font ou rendent toute
obeïssance et devoir, et que toûjours ont été et sont demeurans en notreditte ville ; et s'ils sont par nous affranchis se
pourroient mieux accroître par mariage ou autrement, et éta-

blir en notre ville plusieurs gens, pour icelle peupler et faire
bonne, que s'il y demeuroient de la condition qu'ils sont; et aussi
par le conseil de plusieurs nos parens, commissaires que serviteurs, que avons eus sur ce, acertainé desdittes choses, de
notre certaine science, bon propos, franche et pure volonté,
sans sur ce avoir été induit par machination, fraude, ne barat,
mais bien deliberé et avisé et consideré les biens que inter-
venir pourroient à nous et aux nostres, et à nostreditte seigneurie.

A cause de ce, par la somme de mille écus d'or, que
nosdits hommes et femmes nous ont payé et contenté realement et de fait, et icelle avons reçuë, et les en avons quitté et
quittons par ces presentes nosdits hommes et femmes, subjets et habitans demeurans en notreditte ville de Boussac dessus nommés, ensemble leurs femmes et enfants et posterité
descendans d'eux, nais et à naître, et jusques en infiny, en notreditte ville de Boussac, dedans l'enceinte, fins et mettes d'icelle,
et de la paroisse dudit Boussac seulement. Et tous ceux et celles
qui, par le temps advenir, de nouvel viendront demeurer, habi-
ter, et faire demeurance et habitation en laditte ville, et dedans
les fins et mettes de laditte paroisse de Boussac, et sans suitte
de seigneur, de nous, de nos hommes et vassaux ou autres
avons affranchy, à l'advenir, affranchissons et manumettons,
et voulons estre gens franchs et de franche condition et orine
sans aucun lien ne joug de servitude personnelle et reelle, et
par la maniere qui s'ensuit.

C'est assavoir que nous avons voulu et voulons par exprez,
que tous hommes et femmes que par le tems advenir de nouvel viendront faire residence en notreditte ville de Boussac,
et dedans les fins et mettes de Boussac et de laditte paroisse
de Boussac, sans suitte d'aucun seigneur, de nous ou d'autres nos vassaux, ou autrement, emprest qu'il y aura demeuré
an et jour, qu'ils soient et demeurent, tant qu'il sera demeurant et faisant son habitation en laditte ville et mettes d'icelle
et de laditte paroisse de Boussac, franchs de franche condition
et orine, et de toute libertés et franchises joüissent et leurs
enfants et posterité descendans d'eux et qui en descendront

et jusques en infiny, tant qu'ils seront demeurans et residans dedans notreditte ville et franchise et fins et mettes d'icelle, qu'ils usent et joüissent de toute liberté et franchise, et tous droits de gens franches et de franche condition et orine, et que tous franchs et de franche condition et orine usent et ont accoutumé de joüir et user ; et s'appellent et soient nommés, à cause et pour raison de laditte demeurance, liberté et franchise, bourgeois de notreditte ville de Boussac.

A cause de laquelle bourgeoisie et franchise, seront tenus chacunes desdittes personnes, enprest qu'il y aura demeuré an et jour, de nous payer, es notrés et ayant cause de nous, chacun an, à chacune fête de Toussaints, des un septier de froment jusques à une quaite, par devoir de bourgeoisie.

C'est assavoir le plus puissant et riche, un septier de froment ; et le plus pauvre, une quarte ; et les moyens qui ne seront en valeur de payer le septier de froment, trois quartes, ou environ selon leurs facultés ; et lequel impôt sera fait chacun an par nostre prevôt ou autre nostre officier, appelé avec luy les quatre consuls de laditte ville, qui seronts faits et demeuieront comme cy anprez sera dit et touché.

Item et nosdits hommes et femmes dessus nommés, et chacun d'eux en droit soi, leurs femmes et enfans, et toute leur posterité descendüe et qui descendra d'eux, de ligne en ligne en droite ligue, et jusques à infiny, demeurans et étans dedans notreditte ville et franchise dudit Boussac, par la maniere que cy-anprest sera limité, avons affranchi, manumis, affranchissons, manumissons, et mettons hors de tout lien et joug de servitude, et eux, et chacun d'eux, leurs enfants et posterité nés et à naître d'eux et jusques à infiny, voulons être doresnavant gens franchs et de franche condition et orine, et de toute liberté et franchise, et faire toutes choses que gens franchs de franche condition et orine peuvent, doivent et ont accoutumé de faire, en faisant la demeurance dessus ditte, et comme cy anpres sera declairé; et qu'ils puissent faire leurs enfants clercs et prêtres, et marier leurs filles quelque part qu'il leur plaira, sans licence de nous, ny des nostres et ayans de nous cause, sans danger quelconque, ne qu'ils en soient tenus envers nous, les nostres, et ayant cause de nous, en chose ne en danger quelconque.

Item, qu'ils puissent, et leur soit leu de vendre leur bien, en disposer, faire tout à leur bonne volonté, par donnation, vendition, echange, testament, ordonnance de derniere volonté ou autrement, ainsi et par toute la maniere que gens franchs et de franche condition et orine ont accoutumé, peuvent et doivent faire, et que si jamais n'eûssent été serfs et en servitude, et que la Coutume du pays d'Yssoudun leur a permis et leur permet et consent faire être gens franchs et de franche condition et orine.

Item, quils puissent échoitter et succeder les uns aux autres, et avoir les biens, echoittes et successions quelconques les uns des autres, par droit de succession et hoirerie à eux advenant et doyans appartenir par pouvoir de proximité et lignage, par testament, ab intestat, ou autrement, par la maniere que gens franchs et de franche condition et orine joüissent, doivent et ont accoutumé de joüir, selon la Coutume du pays dudit lieu d'Yssoudun, étans bourgeois et comme franchs en liberté et franchise, par la maniere ditte.

Item, qu'ils puissent et leur soit leu d'acquerir de nos hommes vassaux et tenans en fief de nous et de tous autres manieres de gens, sans danger aucun ; reservé à nous le droit de retrait ou retenuë des choses qu'ils acquerront, si avoir le devons et nous doit appartenir, et aussi les rachats, et en avoir lots et ventes, et autres droits de seigneurie directe, qui à nous appartiennent, appartiendront, et appartenir devront, et que les seigneurs feodaux et du fief, et aussi directs, au regard des choses tenuës en cens ou rentes, usent et ont accoutumé de avoir et user, selon la Coutume du pays d'Yssoudun et que droit et ladite Coutume donne ; et aussi reservé à nous les fiefs et hommages et devoirs annuels que dûs nous sont ou seront sur lesdittes choses qui aquises seroient par les dessusdits, ou aucuns d'iceux. Reservé aussi et excepté que de nos hommes de servitude ne pourront acquerir aucune chose sans notre congé et licence expresse, et s'ils le font, l'aquisition sera nulle et à nous aquise et ez nostres et qui de nous auront cause.

Item, et tous les heritages que les dessus nommés nos hommes et femmes, par nous affranchis, comme dit est, et chacun d'eux tiennent de present de nous, et pour raison desquels sont tenus et ont accoutumé de nous payer chacun an taille en aoust, noël et pâques et le double: nous avons affranchis, et voulons dorenavant, à perpetuel, estre franchs de devoirs de taille et de double; et que les dessusdits, ny aucuns d'eux, les descendants et posterité d'eux nés et à naître, de franche condition et orine, ne soient tenus d'en payer à nous ne es nostres devoir de taille, ne double quelconque; reservé à nous et ez notres et ayant cause de nous, que le simple de la taille, tant du terme d'aoust que de Noël et Pasques et tous autres devoirs d'argent, bled et autres qu'accoutumés nous ont de payer pour raison desdits heritages, et chacun d'iceux, les dessusdits nos hommes et femmes affranchis comme dit est, et leurs enfants et posterité, descendans d'eux, nés et à naître, et jusques en infini, nous payeront et seront tenus de nous payer chacun an ez notres et ayans de nous cause de droit, cens ou rentes, portant toute directe seigneurie, toute une somme par ensemble et à chacune fête de Toussaints, et pour raison et à cause desdits heritages; et lequel devoir de taille simple sera dorenavant, et l'avons converty et convertissons en cens ou rentes portant toute directe seigneurie, sans double aucun, ne autre charge et devoir de servitude quelconque, charrois, corvées, ne autre.

Item, avons octroyé, voulu et consenti, octroyons, voulons et consentons par exprez à nosdits hommes et femmes et leurs enfans et posterité, descendans d'eux, nés et à naître, jusques en infini, étans franchs gens et bourgeois de notreditte ville, que lesdits heritages qu'ils portent et tiennent de present de nous, puissent transporter entr'eux et les uns aux autres, par titre de vente, sans que audit cas nous en ayons, ne doyons ou puissions avoir iceux heritages ainsi vendus, et mettre en notre main par droit de retrait ou retenuë: mais voulons ladite vente valloir, tenir, en nous payant et rendant les lots, ventes et autres droits de directe seigneurie, pour celuy qui payer les devra et tenu y sera suivant la Coutume d'Yssoudun, dont lesdites choses sont en ressort et jurisdiction, et les cens et rentes dûs pour raison d'iceux.

Item, les dessusdits nos hommes et femmes dessus nommés, affranchis comme dit est et chacun d'eux, leurs enfants et posterité et descendans d'eux, nés et à naître, jusques en infini, étansgens franchs, pourront et leur sera leu de transporter et disposer de tous leursdits heritages, et autres à eux appartenans, par vente et donation, testament et ordonnance de derniere volonté et autrement, et par toutes les maniéres que gens franchs peuvent et doivent et ont accoutumé de faire; reservé à nous les droits et prerogatives esdites choses cy-dessus declarées et par la maniere dessus dite.

Item, et les dessusdits nos hommes et femmes affranchis, comme dit est, et chacun d'eux, leurs enfants et posterité, descendans d'eux, nés et à naître, jusques en infini, tenans feu et demeure, à cause et pour raison de laditte bourgeoisie et devoirs d'icelle, payeront et seront tenus de nous payer chacun an, à chacune fête de Toussaints, par devoir de bourgeoisie, une quarte de froment, un chacun d'eux à nouset ez nostres ayans de nous cause, demeurans et tenans feu et demeurance en notreditte ville et franchise, et dedans les fins et mettes d'icelle et de laditte terre de Boussac, outre les cens et rentes et autres devoirs qu'ils leur sont et seront bien tenus payer, à cause des heritages qu'ils tiennent et portent, ou tiendront et porteront de nous, des nostres, ou ayans de nous cause.

Item, et s'il advient que les dessusdits ou les leurs ou descendans d'eux, ou autres, demeurans et tenans demeurance de nouvel en laditte ville et franchise, s'en aillent demeurer hors icelle et lesdites fins et mettes de laditte paroisse de Boussac, et dedans laditte châtellenie, ou autre part où nous ayons suite de nos hommes et femmes, pour y faire demeurance et habitation continuelle, audit cas anprest qu'ils y auront demeuré quatre ans, ils demeureront hommes et femmes de nous, des nostres et ayans de nous cause, et tenus de nous payer commande comme les autres de nos hommes et femmes de nostreditte

châtellenie de Boussac : mais s'ils faisoient laditte demeurance
pour aucunes de leurs affaires, en esperance et volonté d'être
retournés dans lesdittes quatre années, à prendre du jour qu'ils
seroient partis de laditte ville et franchise, et soient retournés dans lesdits quatre ans ; ou que eux ou aucun d'eux
estans commungs et en communautés de tous biens et de feu
et demeurance, mais pour exploicter et gouverner les heritages qu'ils ont ou auront de laditte châtellenie, et fors laditte
ville et franchise, et toûjours demeurans et étans en laditte
communauté et sans division ne partage aucun ; audit cas pourront faire laditte demeurance, et demeureront franchs bourgeois de notreditte ville et franchise : mais dez incontinent
qu'il y aura division ou partage fait entr'eux qui sont commungs, ceux qui seront demeurans fors laditte ville et franchise, seront et demeureront nos hommes et femmes de la
condition de nos autres hommes et femmes de nostreditte
châtellenie, et nous payeront commande et tous autres services que font nosdits autres hommes et femmes de nostreditte
châtellenie ; aussi seront les autres dessusdits qui ne seront
retournans dedans ledit terme de quatre ans.

Item, et s'il advenoit que les dessus nommés bourgeois ou
aucuns d'eux, les descendans d'eux bourgois, comme dit
est, aillent demeurer fors nostreditte ville et franchise de
Boussac et en lieu de franchise, ils tiendront et pourront tenir
leursdits heritages et exploicter, en nous payant et aux nostres et ayans cause de nous, chacun an, les devoirs annuels à
nous dûs, et que tenus sont payer pour raison d'iceux et que
dessus sont déclarés.

Item, avons ordonné, voulons et ordonnons notreditte ville
de Boussac et paroisse d'icelle et dedans les fins et mettes de
laditte paroisse et franchise dessusdittes, et que les libertés
et franchises dessusdites ayent lieu et qu'elles ne passent ne
s'étendent en aucune maniere outre lesdittes limitations et
fins de laditte ville et parroisse dudit Boussac.

Item, avons octroyé et octroyons, voulons que lesdits hommes et femmes dessus nommés, leurs enfans et posterités
descendus d'eux, nés et à naître jusques en infini et tous ceux

qui, sans suitte de seigneur, de nous ou autre, viendront demeurer en nostreditte ville et franchise, dedans les fins et limites dessusdites, soient nommés et appelés doresnavant gens franchs et de franche condition et orine, et bourgeois de nostreditte ville et franchise de Boussac.

Item, et esdits bourgeois avons octroyé et octroyons avoir entr'eux doresnavant consulat, et qu'ils se puissent assembler sans danger, pour déterminer entr'eux, consulter et conclure des affaires touchant leur commun et leur dittes bourgeoisie et franchise : et pour lesdites choses traitter et conduire, que chacun an oude deux ans en deux ans, ils élisent quatre preud'hommes desdits bourgeois de laditte ville, qui se appelleront les quatre consulz de ladicte ville lesquels auront puissance de conduire et determiner le fait desdits bourgeois, de leursdittes communauté et affaires de laditte ville et bourgeoisie ; et lesquels quatre preud'hommes élûs pour consuls, à chacune fois qu'élûs seront, ils seront presentés à nostre prevôt dudit Boussac ou à nostre bailly, pardevant lequel ils feront serment exprez de bien et loyaument gouverner le fait du commun et communauté desdits bourgeois, et du petit comme du grand ; et qu'ils ne feront ne pourchasseront dépense ne mission qui ne soit raisonnable, juste, ou pour le bien du commun et bourgeois dessusdits ; qu'ils ne chargeront point le pauvre pour décharger le riche, ny le riche pour décharger le pauvre ; qu'ils procederont et exerceront durant leur temps et administration, sans faveur quelconque faire, ne proceder par haine et mal veillance ; qu'ils ne feront ne pourchasseront division ne debat aucun contre nous, les nostres et ayans de nous cause, et nosdits bourgeois, ne nostre domaine, en maniere quelconque, mais de tout leur pouvoir les éviteront ; qu'ils seront vrais obeïssans à nous et nos commandemens et à tous nòs officiers ; qu'ils rendront bon compte et reliquat au bout de leur terme de toute leur administration ; lequel compte sera rendu es autres quatre consuls qui emprests seront éleus, appelés quatre autres des plus notables desdits bourgeois, et present nostre prevôt, ou autre de nos officiers par nous commis.

Item, et lesdits quatre consuls éleus, presentés et sermentés comme dit est, auront durant le temps de leur administration, toute. puissance, telle que le commung desdits bourgeois ; et tout ce que par iceux sera fait vaudra et tiendra comme si tout le commung l'avoit fait.

Item, et nos hommes et femmes dessus nommés, affranchis, comme dit est, et autres bourgeois de notreditte ville et franchise de Boussac, ne leurs enfans et posterité nés et à naître étans et demeurans bourgeois comme dit est, et jusques en infini, ne seront tenus de nous faire, ne ez nostres et ayans de nous cause, charrois, maneuvres, corvées, ne autres debvoirs de servitude quelconque, pour raison de leursdittes personnes, heritages, ne autrement, outre les choses dessus dites et exprimées, ne autrement que dit est dessus.

Item, tous lesdits bourgeois et les descendans ou posterités d'eux en droite ligne, étans et demeurans bourgeois comme dit est, pourront et leur sera leu de chasser et pescher ez terres et eaux dedans laditte chastellenie de Boussac, qui n'ont accoustumé d'estre prohibées et deffenduës d'ancienneté.

Item, et lesdits bourgeois, nous, les nostres et ayans de nous cause, pourront quester et sur eux faire queste en quatre cas : c'est assavoir, à la nouvelle chevalerie du seigneur de nostre chastellenie et seigneurie de Boussac ; par notre prinse, s'il advenoit que nous, les nostres ouayans cause de nous, seigneurs de nostredit châtel et châtellenie de Boussac fussent prins des ennemis, que à Dieu ne plaise ; ou par le voyage d'oultre-mer ; et pour le mariage des filles de nous, des nostres et ayans de nous cause, seigneurs de nostredit chastel et chastellenie de Boussac ; en chacun desquels quatre cas, lesdits bourgeois seront tenus payer laditte queste, à la bonne volonté de nous, des nostres ou ayans de nous cause, comme dit est, selon leur possibilité et faculté de leurs biens, et par la maniere que les habitans et bourgeois de Sainte Severe font et sont tenus de faire.

Item, s'il advient que laditte ville de Boussac soit fortifiée et close par lesdits bourgeois ou autres habitans en icelle, audit cas, lesdits bourgeois seront tenus de garder la porte ou portail de laditte ville, y faire le rierreguet par nuict, et payer les gaiges des capitaines qui mis y seront par nous ou les nostres, ou ayans de nous cause ; et en ce faisant et audit cas, seront les dits bourgeois quittes du guet et garde de porte, de notre chastel dudit Boussac. Et notredit chastel servy de guet, nous ferons faire guet en laditte ville, de ce qui restera de nos hommes et subjets de laditte chastellenie de Boussac, selon la possibilité qui y sera ; pour les gaiges des capitaines que nous, les nostres et ayans cause de nous mettrons en laditte ville, seront tenus de payer lesdits bourgeois dix francs par chascun an.

Item, et si chascun homme ou femme aubain ou nouveau-venu en laditte ville et franchise, se conjoint par mariage avec aucuns de nosdits hommes ou femmes susnommés, bourgeois comme dit est, ou des descendus d'eux en droite ligne, bourgeoiscomme dit est, iceux nouveaux venus, leurs hoirs et posterité, descendans d'eux, de l'un et l'autre sexe, étans en laditte bourgeoisie et franchise, comme dit est, seront franchs et de franche condition et orine, pareillement que les autres bourgeois de laditte bourgeoisie, pourveu qu'ils soient sans suitte d'aucuns seigneurs, comme dit est dessus.

Item, nous avons donné et octroyé, donnons et octroyons à nosdits bourgeois dessus nommés, qu'ils puissent faire et avoir en nostreditte chastellenie, moulins à draps, à chanvre, tan, écorce, et avoir poulies à draps, sans danger aucun.

Item, avons voulu et voulons que nos meusniers de nos moulins, dont lesdits bourgeois sont et seront mounans et banniers, recoivent le bled d'iceux bourgeois qu'ils porteront meudre en nosdits moulins par mesure raisonnable, et par chascune fois qu'ils et chascuns desdits bourgeois y iront meudre et porteront bled, et que lesdits meusniers rendent ledit bled et farine qui en istra aussi à mesure raisonnable, à peine d'amende, qui sera levée sur lesdits meusniers, si faute y a, et aussi, de restituer à partie toute perte, interests et dommage qu'ils en aura eû et souffert.

Item, par le moyen des choses dessusdittes, nous approuvons et voulons tenir nos coûtumes et droits cy emprest declarés par la maniere que cy emprest sont escripts et que nous sommes acertenés qu'en avons accoustumé et nos predeces-

seurs, de joüir et user. Premierement, que en tant que touche
le ban de vin, que nous avons accoustumé d'avoir en laditte
ville, au mois de may, par l'espace et temps de quarante jours,
durant lequel temps nul ne peut et ne doit vendre de vin que
nous, les nostres et ayans de nous cause, et sans nostre congé
et licence, que ainsi qu'il a été accoustumé au temps dudit
ban, que nous ne devons hausser ne faire hausser le prix d'argent de la pinte de vin qui se vend en laditte ville, au jour
d'auparavant ledit ban, pris et mis sus, que de maille de crois-
sance seulement: nous voulons que ainsi soit fait, gardé et
conservé, sans le corrompre.

Item, que pour une chascune visitation des mesures de bled,
vin, sel et huisle, laquelle visitation se fait chascun an, a chascune feste de Notre-Dame d'aoust, par nostre prevost dudit
Boussac, chascun ayant laditte mesure, et pour chacune visitation, ne sera tenu de payer à nous, aux nostres et ayans de
nous cause, ou à nostre commis, que quatre deniers tournois.

Item, pour chascun chef d'aumaille vive, vendue, en allant
et venant au marché dudit Boussac, ou retournant d'iceluy,
nous appartient ung denier de layde; et s'il y a vache ayant
veau, laditte vache affranchit le veau de laide.

Item, pour le betail de brebiaille, mouton et autres, vendus
allans, venans ou retournans dudit marché de Boussac, pour
trois chefs, nous appartient et avons accoustumé de prendre
un denier tournois de laide; et du surplus pour chascun chef,
maille de laide; et pour chascun porc vendu, allant et venant
audit marché, ou retournant d'iceluy, avons accoustumé de
prendre et nous appartient maille de laide; et en tant que
touche les bestes nourries en laditte ville en l'hostel desdits
bourgeois et vendues audit marché, nous en avons accoustumé de prendre ne n'en prendrons aucune laide.

Item, pour chascun cheval ou jument vendu ou eschangé
audit marché, en allant et venant, ou retournant d'iceluy,

avons accoustumé de prendre et à nous appartient quatre deniers tournois de laide.

Item, pour chascun banc ou estal, de quelque denrée que ce soit, à jour de marché, et estant en iceluy, lesdits bourgeois ne sont tenus de payer à nous qu'un denier tournois, et les estrangers deux deniers.

Item, chascun boulanger de laditte ville de Boussac[1] vendant pain dedans les fins et mettes de laditte ville et franchise, pour toute l'année, nous doibt et est tenu nous payer au mois d'aoust cinq deniers tournois.

Item, l'aulne qui se nomme la courte, laquelle est figurée, signée et mesurée en la croix de pierre estant au cimetiere dudit Boussac, un chascun peut prendre et mesurer sans danger et offence de justice.

Item, et l'aulne françoise, les marchands forains vendans et mesurans draps audit lieu de Boussac, la peuvent prendre desdits bourgeois, drappiers ou autres, et sans en riens payer et offence aucusne de justice.

Item, et seront et demeureront les dessus nommés bourgeois de nostreditte ville, banniers et mounans de nos moulins de Boussac; et aussy tenus de cuire leur pain à notre four dudit Boussac, tout par la maniere que tenus estoient et ont accoustumé de faire, et nonobstant les choses dessusdites, par lesquelles en rien ne voulons comprendre ne corrompre en maniere quelconque, que lesdits bourgeois ne soient et demeurent mouuans de nosdits moulins herbanniers, et aussi de nostredit four de Boussac comme dit est.

Toutes lesquelles choses dessusdites et chascunes d'icelles nous avons promis et juré, promettons et jurons par nostre foy et serment, avoir ferme, agreable et stâble à tousjours mais perpetuellement, à les garder, tenir, attendre et observer, faire garder, tenir, attendre et observer par nous et par les nostres et ayans cause de nous, et par tous autres à qui appartenir pourra et debvra, sans les corrompre, venir, ne faire venir

[1] Dans le texte donné par les *Ordonnances des rois de France*. On lit: « de laditte ville et du Pont. »

en aucune maniere au contraire : et avec ce, en tant que mestier seroit et necessité, avons promis et promettons de faire avoir à nosdits bourgeois les amortissemens, ratifications, consentemens et accords de toutes et chascunes les choses dessusdites, tant du roy de France, comme de tous autres à qui la chose peut et pourroit toucher et appartenir, et à nos propres despans, et de les faire tenir quittes de tous rachapts, droits et choses quelconques, en quoy pourroient estre tenus ou debvroient, à cause et pour l'affranchissement dessus declaré ; et quant à ce faire, tenir, attendre, avons obligé et obligeons par ces presentes nos biens et de nos hoirs et de nous ayans cause, voulons estre compellés et contraincts par prinse, vendue et exploitation d'iceux, en soubmettant nous et nosdits biens à la juridiction et cohertion du roy nostre sire, et de sa cour de Parlement, du bailliage d'Yssoudun, et de Sainct Pierre le Moustier ou autre ; et avons renoncé et renonçons à toutes exceptions, deceptions, allegations que pourrions ou devrions, ores ou pour le temps advenir dire, proposer et alleguer au contraire des choses dessusdittes, et de chascune d'icelles par nous ou par les nostres et ayans cause de nous et voullons expressement que toute adhition judiciaire nous en estre forcloze et desniée. Et en tesmoing desdittes choses, et pour icelles estre fermes et estables à tousjours mais, presens à ce de nos hommes et vassaux, serviteurs et conseillers, Jehan le Groin, Phelippes d'Esgurande dict Douchier, Daulphin Maufras, Guillemin de Grecaing, Guillaume Egrin, Gaucher de Viersac, escuyers, maistre Roger Roque, nostre bailly et de nostre terre, et Phelippon Robinet, nostre procureur general, Guenin Turpin, Pierre Pichon et Martin Magri, avons ces presentes signées de nostre propre main et seing manuel, et en icelles fait mettre et seeller de nostre grand seel, le quinziesme jour de septembre, l'an mil quatre cens vingt-sept. Ainsi signées, J. DE BROSSE. Et seelé de son seau en placard de cire verte.

(Thaumas de la Thaumassière. *Les anciennes et nouvelles Coutumes locales du Berry*, ch. LXXII, p. 124-130. — Brequigny.

Ordonnances des rois de France de la troisième race T. XIII, p. 522-529.)

Lettres de Charles VII, par lesquelles il confirme l'affranchissement et la bourgeoisie des habitants de Boussac, données à Bourges, en novembre 1447.

(1447. — novembre.)

Charles, etc. Savoir faisons, etc. Nous avoir receue l'umble supplicacion des manans et habitans de la ville de Boussac, contenant que feu Jehan de Brosse, chevalier, à son vivant seigneur dudit lieu de Boussac, mareschal de France, pour le desir qu'il aveit de repeupler la ville dudit lieu, qui à l'occasion des guerres et divisions qui avoient esté et encore estoient lors en nostre royaume, estoit moult diminuée, et les habitans en icelle fort appovris de leurs chevances; et moyennant la somme de mil escuz d'or, que pour ce faire lesdiz supplians lui donnerent et baillerent comptant, ledit mareschal, en l'an mil ccccxxvii, affranchist et manumist lesdiz supplians, ensemble leurs femmes, enfans et posteritez nez et à naistre, et generalement tous autres qui d'ilec en avant demourroient et feroient leur residence audit lieu et paroisse de Boussac, jaçoit ce que paravant feussent serfs et de serve condicion, et avec ce, leur octroia plusieurs privileges plus au long desinez et contenuz en ses lettres sur ce faictes, desquelles l'on dit la teneur estre tele :

« Nous Jehan de Boussac, etc. [1]. »

. . . .

Et combien que ledit feu sire de Boussac leur ait octroiez, comme dit est, les diz privileges et iceulx manumiz et affranchiz, neantmoins ilz doubtent que nous ou noz officiers vuillons dire, ores ou pour le temps à venir, que ledit mareschal n'avoit pas puissance d'ainsi les affranchir et manumettre, fors au regard de lui tant seulement, ne leur octroier les autres privileges devant diz, mais les dire et reputer nulz et de nulle

[1] V. ci-dessus, p. 70.

valeur, et par ce iceulx supplians devoir retourner à leur premiere nature de servitute, qui seroit en leur grant grief, prejudice et dommaige, se par nous ne leur estoit sur ce pourveu
de remede convenable, si comme ilz dient, requerant humblement que comme ilz soient ygnorans et non congnoissans tel-
les matieres, et que ilz cuidoient que ledit mareschal eust
puissance de ainsi les affranchir et manumettre, et leur octroier
les autres privileges dessusdiz, et que à ceste cause lui paie-
rent mil escuz, comme dit est, pour lesquelz avoir et recou-
vrer se misdrent en grans necessitez, et que lesdiz mil escuz
furent employez en nostre guerre et service par ledit mareschal : Nous plaise ledit affranchissement et manumission,
ensemble les autres privileges dessusdiz, ainsi à eulx donnez
et octroiez, confermer et avoir agreables ; et outre ce, comprendre esdiz affranchissement, manumission et privileges,
Estienne de la Roche, Pierre du Mesnyon son gendre, Pierre
Daoust et Jehan-Perot Dupont ; et aussi tenir et faire tenir lesdiz supplians et autres dessusnommez quictes et paisibles de
tout ce qu'il leur pourroit estre demandé, tant à cause des
acquestz qu'ilz ou aucun d'eulx pourroient avoir faiz le temps
passé, et d'avoir procedé sans congié et licence de nous, à
la fortification et emparement de ladicte ville de Boussac,
comme pour avoir vendu et distribué sel sans gabeller, et sur
tout leur impartir nostre grace. Pourquoy, nous eu regard et
consideracion aux choses dessusdictes, et aux pertes et dommaiges que lesdiz supplians et autres dessus nommez ont por-
tez et soustenuz soubz umbre de la guerre, voulans par ce les
traitter favorablement en leurs affaires, à ce qu'ilz se puissent
aucunement relever, et les affranchissement, manumission et
autres privileges dessusdiz leur estre valables et sortir leur
effect : Nous, iceulx affranchissement, manumission et autres
privileges dessus inserez, et tous les poins et articles en iceulx
contenuz, par ledit mareschal ainsi donnez ausdiz supplians
habitans de ladicte ville et paroisse de Boussac, avons confer-
mez, approuvez et ratiffiez, confermons, approuvons et ratif-
fions de grace especial, plaine puissance et auctorité royal, par

ces presentes; et voulons que d'iceulx lesdiz supplians, et paréillement lesdiz Estienne de la Roche, Pierre de Mesnyon son gendre, Pierre Daoust et Jehan-Perot Dupont joïssent, tout ainsi et par la forme et maniere que lesdiz supplians en ont joy et joïssent, et comme le contiennent lesdictes lettres dudit seigneur de Boussac. Et avec ce avons octroié et octroions par cesdictes presentes ausdiz supplians et autres dessus nommez, qu'ilz soient et demourent quictes et paisibles envers nous, de tout ce que leur pourrions demander, tant à cause et pour raison des terres et heritaiges et autres choses qu'ilz pourroient avoir acquis le temps passé, et d'avoir fortifié sans nostre congié et licence ladicte ville de Boussac, comme pour avoir vendu sel sans gabeller; moyennant la somme de sept cens escuz d'or, à laquelle ilz ont pour ce composé de nostre gré et consentement, avec noz amez et feaulx les tresoriers de France, et icelle baillée au changeur de nostre tresor. Si donnons en mandement par ces mesmes presentes, à noz amez et feaulx gens de noz comptes et tresoriers, au bailly de Berry, et à tous noz autres justiciers et officiers presens et à venir ou a leurs lieuxtenans, et à chascun d'eulx, si comme à lui appartendra, que de noz presentes confirmation, approbacion, ratifficacion et octroy facent, sueffrent et laissent lesdiz supplians, ensemble lesdiz Estienne de la Roche, Pierre du Mesnyon son gendre, Pierre Daoust et Jehan-Perot Dupont et leurs hoirs et successeurs et chascun d'eulx, joïr et user plainement et paisiblement, sans aucunement aler ne venir à l'encontre, ne aucune chose leur demander ores ne pour le temps à venir, a l'occasion des faultes, amendes ou offenses en quoy on les pourroit ou vouldrait dire estre encouruz envers nous, d'avoir vendu ledit sel sans gabeller, et fortifié ladicte ville sans congié et licence. Et sur ce imposons silence perpetuel à nostre procureur. Et afin, etc. Nous avons, etc. Sauf, etc. Donné à Bourges, ou mois de novembre, l'an de grace mil cccc quarante-sept, et de nostre regne le xxvi⁰. Ainsi signé: Par le Roy, Maistre Jehan Bureau et autres presens. E. Chevallier.

Visa. Contentor.

(*Ordonnances des rois de France* T. XIII p. 522, 530. *Trésor des Chartes*, Registre VIIIxx XIX, 179. Pièce 42. — Mss. de Colbert, vol. LIII, page 341.)

~~~~~~~~

VIII.

BOURGANEUF.

Lettres de Charles VII, par lesquelles il confirme les droits et privilèges accordés aux habitants du Bourguet-neuf en Limousin. Données à Razilly près Chinon, en mai 1449.

(1449. — mai.)

Charles, etc. Savoir faisons, etc. Nous avoir receu l'umble supplicacion de noz bien amez les bourgeois, manans et habitans de la ville de Bourguet-neuf, ou païs de Lymosin, contenant que puis nagueres, pour le bien et utilité de la chose publique de ladicte ville, pour la seurete et entretenement d'icelle en bonne police, lesdiz supplians ont d'un commun assentiment, advisez certains poins et articles qui leur ont semblé estre necessaires et convenables pour le bien commun dudit lieu, et iceulx articles ont lesdiz supplians montrez à noz chiers et bien amez les religieux, prieur et freres de l'ordre de Saint-Jehan de Jherusalem ou Prioré d'Auvergne, ausquelz compete et appartient ledit lieu de Bourguet-neuf, en leur chappitre general tenu en nostre ville de Montferrand, ou mois de juing dernier passé, lesquelz religieux, prieur et freres, après ce qu'ilz ont veuz en leur dit chappitre lesdiz articles, congnoissans iceulx estre à l'utilité et proufit dudit lieu, les ont euz agreables, et sur ce ont baillé leurs lettres ausdiz supplians, esquelles sont incorporez lesdiz articles, nous requerans que les vueillons confermer et approuver selon le contenu en icelles lettres et articles, desquelles la teneur s'ensuit :

Nos Frater Jacobus de Miliaco, sacre domûs Hospitalis Sancti Johannis Jherosolimitani in Prioratu Alvernie prior humilis

ac de Salvis[1] preceptor, notum facimus universis, quod nos
tenentes nostrum provinciale capitulum in domo nostrâ Montisferrandi, die et anno subscriptis et presente venerabili et
religioso viro fratre Guillermo de Lastico, preceptore Prece-
torie nostre Lugdunensis, et locumtenente generali citra mare
reverendissimi in Christo patris et domini fratris Johannis
de Lastico, dignissimi magni Magistri Rhodi et tocius conven-
tûs Rhodi, comparuerunt coram nobis dilecti nostri viri pro-
vidi et homines subjecti et justiciabiles nostri Johannes Aubusso, Johannes Trompondon, Joanetus Aubusso alias Ca-
verlay, burgenses, et Pasquetus de Chassanhia, notarius[2], habitatores ville uove de Burguo-novo in Lemovicinio et Pictaven.
patriâ, ut procuratores legitime constituti omnium alierum
habitancium dicte nostre ville de Burgo novo, qui nobis hu-
militer supplicando monstrarunt et notifficaverunt quod pro
perficiendo edificacionem et reparacionem dicte ville, et ipsam
sustinendo, et pro aliis omnibus et singulis ipsorum necessi-
tatibus subveniendo et providendo, pro utilitate et comodo
nostris, ipsorum habitancium, et tocius Reipublice, et pro evi-
tandis pluribus periculis et expensis, atque simul dampnis que
cothidie ac de die in diem eveniunt, expediens et necesse erat
eis nobisque et religioni nostre, quatinus aliquas franchisias,
libertates et privilegia, ut presertim ipsos congregandi insimul
et consules eligendi, et unam partem clavium portarum, et
excubias sive custodes noctis, et potestatem procuratores
semel et pluries constituendi et creandi, et rebelles seu con-
tradicentes compellendi coram nobis vel judice nostro seu
suo locumtenenti, ac etiam coram aliis judicibus competen-
tibus in casu opposicionis seu appellacionis, imponendique
et indicendi semel et plnries talliam seu tallias et alia subsidia
et onera quecumque eisdem et Reipublice necessaria, totiens
quociens opus esset et fuerit, cum voluntate et assensu sani-

---

[1] Le texte des *Ordonnances* porte : « ac de salvis preceptor. »

[2] Dans un acte en date du 9 mai 1476, servant de couverture à un terrier
de la commanderie de Bourganeuf (1517), nous voyons mentionné Pasquet de
la Chassagne, notaire, mort à cette époque.

orum et majoris partis dictorum habitancium ipsius ville, dum tamen non sint contra nos et dictam nostram religionem, eisdem habitatoribus dicte ville concedere vellemus, ut per suas litteras dictam snpplicacionem in se continentes seu resquestam, hic inferius designatas, clarius et evidencius apparere potest, et quarum litterarum supplicacionis tenor qui sequitur talis est :

Supplient tres-humblement à vous nostre tres-honoré et tres-redoubté seigneur, Monsieur le lieutenant-general de Monsieur le Grant-Maistre de Rodes deçà la mer, et à vous Reverend Pere en Dieu et nostre tres-honoré et tres-redouté seigneur le Grant-Prieur d'Auvergne, et à vostre noble et honorable chapitre present et conseil d'icellui, voz povres hommes subgiez et justiciables les bourgois, marchans et habitans de votre povre ville de Bourguet-neuf en Limosin, que pour parachever l'aedifficature d'icelle ville, et pour la tenir reparée et en point, pour eschever et obvier aux autres perilz et eviter despenses qui de jour en jour surviennent en votre dicte povre ville, actendu qu'elle est assise et située en et dedans ung pays de enclave, et entre les païs de Lymosin et de la Marche, et dedans le conté et païs de Poictou, et tous leurs voisins s'efforcent chascun jour les travailler, gaster et vexer, et aussi que quant vostre dicte ville mieulx sera privilegiée et dotée de franchises, plus sera publiée, et de plus grant valeur à vostre religion et au seigneur dudit lieu. Plaise à vostre grant seigneurie et venerable chapitre et conseil, leur donner et octroyer les graces, privileges et prerogatives qui s'ensuivent.

Et premierement. Vous plaise donner ausdiz povres supplians auctorité, licence et puissance d'eulx assembler et congreguer ensemble une foiz chascune année et le jour de la veille de la nativité Monsieur Saint Jehan-Baptiste, pour eslire quatre consulz, bons, preudommes et gens de bien, des habitans d'icelle ville de Bourguet-neuf, et non mie d'ailleurs, desquelz quatre ainsi esleux pour consulz, mondit sieur le commandeur dudit lieu de Bourguet-neuf, ou celui qui le sera

audit jour pour lui, eslira et nommera les deux, et lesdiz habitans de ladicte ville esliront les autres deux ; et par ainsi seront
quatre esleux comme dit est.

Item. Seront tenuz iceulx quatre consulz, comme dit est
esleux et nommez, après leur eleccion faire venir par-devers
mondit sieur le commanderr dudit lieu ou ses officiers ou
commis, et lui faire serement de bien et loyaument exercer
ledit office de consul, sans usurper aucun droit dudit sieur le
commandeur, et qu'ilz seront bons et loyaulx au Roy nostre
seigneur et à nostredit sieur le commandeur dudit lieu ou
autre commis par ladicte religion, et à ladicte ville et à tout
le publique.

Item. Et que les deux d'iceulx quatre consulz : c'est assavoir ung des esleux par mondit sieur le commandeur, et ung
autre des esleuz par lesdiz habitans, en absence des autres
deux, puissent et veillent exercer ledit office de consul, et que
ce que lesdiz deux feront en l'absence des autres deux, vaille
et tienne et soit d'autel effet et valeur comme se tous quatre
y estoient.

Item. Et auront puissance et povoir les dessusdiz consulz,
contraindre par le sergent de la justice de mondit sieur le commandeur et de son senechal, les habitans de ladicte ville et
chascune d'eulx, à faire la reparacion de ladicte ville, au moins
pour sa part et porcion; et que se sur ce sourt debat, il soit
decidé par-devant ledit senechal dudit lieu, ou son lieutenant,
et non ailleurs, si non que feust pour autre opposicion ou
appellacion.

Item. Auront povoir et puissance lesdiz consulz ou deux
d'eulx, ordonner et imposer tailles sur lesdiz habitans, tant
pour les affaires du Roy nostre seigneur que pour les autres
propres affaires d'icelle ville ; et toutes et quantesfoix que bon
leur semblera.

Item. Auront puissance et povoir lesdiz quatre consulz ou
deux d'eulx, tenir et gouverner par leur main la moitié des
clefz des portes, et mondit seigneur le commandeur, ou son

capitaine ou justice, l'autre moitié; pourveu que l'une partie
ne puisse ouvrir aucune porte, sans l'autre.

Item. Sur le fait et garde de ladicte ville, de nuict, et de la
disposicion d'icellui, ne soit aucune chose innovée ne attemp-
tée, ains demourra au point et l'estat qu'il est accoustumé de
faire jusques à ce present jour.

Item. Et que en ce faisant, sont contens lesdiz habitans, et
en recompensacion desdiz privileges, faire parachever et parfaire ladicte reparacion de ladicte ville, et par exprès la porte
du Boulidour [1] et la muraille du Coulombier, jusques au chasteau de mondit seigneur le commandeur; et par ainsi que
mondit seigneur le commandeur leur administrera ou fera
administrer les maneuvres de ladicte terre, et aussi des bor-
diers de la ville, et le charroy de ladicte terre, par ainsi et par
la maniere qu'il eust fait comme se lui-mesme les eust fait
parfaire; et supplieront mesdiz seigneurs au Roy nostre souverain seigneur et à tous autres qu'il appartendra, de confermer et approuver lesdictes chosés et chascunes d'icelles.

De quâquidem supplicatione sic nobis in nostro capitulo
traditâ et presentatâ, ipsâ prius perlectâ coram nobis et benè
intellectâ, ac per fratres nostros in dicto capitulo existentes,
de paupertate et miseriâ ipsius ville debitè informati, ut decet,
habitâ maturâ deliberacione inter nos, ac etiam oppinione
consilii maturi Claromontis, et attentis premissis pluribusque
aliis que nostrum moverunt et movent in hâc parte animum,
et expressè cum assensu et consensu dicti venerabilis domini
locumtenentis citra mare dignissimi Magistri et Conventus
Rhodi ibidem presentis, ut prefertur, fuimus et extitimus con-
tenti: et omnia et singula in ipsâ supplicacione còntenta eisdem habitantibus et procuratoribus suis concessimus, et ex
nostrâ speciali graciâ concedimus per presentes, ipsaque contenta in eisdem laudamus, approbamus et ratifficamus, et ipsa
habere volumus perpetui roboris firmitatem, in eisdemque
posuimus auctoritatem nostram ordinariam pariter et decretum, quibuscumque statutis et ordinacionibus dicte nostre

---

[1] Aujourd'hui rue du Biliadour.

religionis in contrarium facientibus in aliquo non obstantibus, supplicando per presentes domino nostro Francorum Regi et excellentissimo Consilio suo, quatiuùs presens privilegium et alia in eodem contenta laudare, approbare et ratifficare dignetur, suumque prebere assensum pariter et consensum. In cujus rei testimonium sigillum nostrum proprium, quo in talibus utimur, litteris hiis presentibus duximus apponendum. Datum et actum in dicto nostro provinciali Cappitulo, quod incepit teneri in villâ Montsiferrandi, die lune terciâ mensis Junii, anno Domini millesimo cccc^mo quadragesimo octavo.

Lesquelz articles veuz par les gens de nostre Grant Conseil, considerant que le contenu en iceulx est au bien et utilité de la chose publique dudit lieu de Bourguet-neuf, avons euz et avons agreables, et iceulx et tout le contenu en iceulx avons louez, consentiz et approuvez, louons, consentons et approuvons, et ausdiz supplians et à leurs successeurs avons octroyé et octroyons de grace special plaine puissance et auctorité royal, qu'ilz joïssent et usent de tout le contenu en iceulx articles et en chascun d'eulx, selon leur forme et teneur. Si donnons en mandement par ces dictes presentes, au senechal de Limosin, et à tous nos autres justiciers ou à leurs lieux-tenans, presens et à venir, et à chascuns d'eulx si comme à lui appartendra, que lesdiz supplians et leurs successeur, facent seuffrent et laissent joïr et user des choses contenues esdiz articles et en chascun d'eulx, tout selon leur forme et teneur, sans leur faire ne souffrir estre fait ou donné aucun destourbier ou empeschement au contraire, ains se fait, mis ou donné leur estoit, si l'ostent ou facent oster et mectre sans delay au premier estat et deu. Et afin, etc. Nous avons, etc. Sauf, etc. Donné à Razilly près Chinon, ou mois de may, l'an de grace mil quatre cent quarante-neuf, et de nostre regne le XXVII. Ainsi signé : Par le Roy en son Conseil. Delaloere.

Visa, Contentor. E. Froment.

(*Ordonnances des rois de France* T. XIV, p. 55-58. — *Trésor des Chartes*, registre VII, XIX (179), pièce 314. — Manuscrits de Colbert vol. LIII, page 557.)

IX.

AUBUSSON.

Certificat délivré par Charles Imbeuf, chevalier, seigneur baron du Ver, commissaire départi pour la réglementation des eaux et forêts des généralités de Bourges et de Moulins, constatant que Jean Mage, consul d'Aubusson, lui a représenté les titres suivants conférant divers priviléges à la ville d'Aubusson :

(1321. — 1571.)

1° Sentence de Jacques Meurat, licencié ès-lois, garde et lieutenant-général du comté de la Marche, du 26 septembre 1519, qui confirme les habitants d'Aubusson dans le privilège de chasser, de couper des arbres, de faire paître et pâturer leurs bestiaux dans les forêts de Rochetaillade, des Bruieres, de Las Rochas, des bois Rouder et Las Chatras, droit dont ils jouissaient anciennement et pour lequel ils payaient une rente à la dame d'Aubusson ; déclare qu'ils ont droit et possession de prendre pour leur usage, dans les bois et forêts de la dite dame, le bois mort et mort bois, non portant proffit ni aucun fruit, et arbres abattus par cas fortuit, non portant proffit ni fruits et inutiles à mettre à aucun ouvrage, et non appartenant à autres particuliers ; et aussi de faire paître et pâturer leurs bêtes chevalines et à cornes, dans les taillis de ladite dame, excepté les pourceaux, et aussi excepté le temps et saisons des glands ; ils devront aussi éloigner les bêtes bovines desdits bois taillis pendant trois ans et six mois depuis la coupe, des chênes pendant cinq ans et quatre mois et payer les droits et devoirs seigneuriaux accoutumés.

2° Rappel des lettres patentes du Roi, en date du 26 juillet 1566 rapportant la concession de privilèges faits à la ville d'Aubusson par Charles, comte de la Marche et de Bigorre, du 10 août 1321, et d'autres lettres du 5 octobre 1321, où il est dit « que les habitants d'Aubusson sont bien fondés à avoir confirmation de sa majesté du droit de consulat pour élire chaque année quelqu'un d'entr'eux consul de ladite ville, qui ait puis-

sance de traiter les affaires d'icelle et de conoistre sommaire-
ment, juger et décider en première instance les différents qui
pourraient se mouvoir entre eux à cause de la construction
et nouvelle edification de leurs maisons, égoux et service
d'icelles; et aussi lesdits habitants d'avoir et tenir en directe,
foncière seigneurie et franche condition, de sa majesté, à cause
de son hôtel d'Aubusson, la propriété et usage de ladite ville
d'Aubusson et lieux voisins d'elle, qui sont enclos, à commencer au bois du prieuré de Blessac, situé sur la rivière de
Creuse, au village de la Sallesse, du Prat, du Fot, du Mont, de
la Vergne, de Randonnat, des Gorses et du Bignas, et d'aller
au bois de M^{re}. de Forest de la Rebière tirant en contre-bas
vers ladicte ville le long de la rivière, pour par les susdits en
jouir, user, prendre et percevoir les fruits, revenus et émolu-
mens, les vendre, échanger, donner et permuter et autrement
en disposer entre eux, et bâtir et élever colombiers, avec droit
de chasse aux bêtes non deffendues et en temps commode,
dans lesdites forêts et leurs limites, et d'avoir droit de prendre,
pour leur usage et chauffage, le bois mort et mort bois, excepté
le corps des arbres de haute futaye, tombés par cas fortuit, qui
seraient propres à mettre en ouvrage, à la condition de payer, à
chaque fête de Noël, à sa majesté, à cause de son dit château, la
somme de sept livres, que les conseillers pourront faire esgaller,
et en outre de payer par chaque feu, soit ceux qui tiendraient
chevaux ou juments, deux deniers et ceux qui n'en tiendraient
pas, un denier, à la Notre-Dame d'aoust. »

(*Archives communales d'Aubusson* série AA. 1.)

*Aveu et déclaration rendus au Roi par les consuls d'Aubus-
son.*

(1679. — 24 juin.)

Aujourd'huy vingt quatriesme jour du mois de juin mil six
cent soixante dix-neuf, pardevant nous Jean Foucher, nottaire
royal, commis par monseigneur Imbert de Bouville, chevalier,

marquis de Bizy, seigneur et patron de Saint-Martin-Aux-Buneaux et Villemerville, conseiller du Roy en tous ses conseils, maistre des requestes ordinaire de son hostel, intendant de justice, police et finances de la généralité de Moulins, pour passer et recevoir les déclarations de tous les particuliers, possesseurs des biens tenus et mouvans du Roy, soit allienez à faculté de rachapt, en franc-alleu, nobles, roturiers ou allodiaux, scituez dans l'estendue de laditte chastellenie, par ordonnance du seiziesme febvrier dernier :

Sont comparus, Michel Vallenet, Léonard Villemerle, Joseph Dayrolle et Jean Coullaudon, marchânds, habitans de cette ville et consuls d'icelle pour la présente année, faisans tant pour eux que pour le corps commun des habitans de cette ditte ville et faubourg ;

Lesquels déclarent que lesdits habitans de laditte ville et faubourg d'Aubusson doivent annuellement et solidairement au Roy, à cause de son comté de la Marche et chastellenie d'Aubusson, sept livres dix sols de taille franche, par chacun an, au terme de Noel, portant tous droits de directe seigneurie, lots et ventes, à raison de vingt deniers pour livres, prélation et bannalité, suivant la coustume de la Marche ; et encore la taille aux quatre cas, et pour chacun d'iceux advenant, la somme de quinze livres. Comme aussy reconnoissent qu'ils doivent à sa ditte majesté, chacun an, deux deniers pour chacun feu de l'enclos de laditte ville et faubourg, à cause du droit qu'ils ont de faire paccager chacun une beste homaille, à eux accordé dans les forestz et bois de Rondet, Chastre, les Bruyeres et Rochetaillade, appartenant à sa majesté, suivant le réglement fait au Conseil, en consequence du procez-verbal de refformation. Lesquelles redevances lesdits consuls comparans promettent et s'obligent payer à l'advenir, solidairement avec lesdits habitans de cette ditte ville et faubourg, à la recette des domaines de sa majesté, à ses successeurs ou ayant cause, avec les droits et devoirs seigneuriaux quand ils eschoirront, suivant la coustume des lieux. Laquelle declaration lesdits sieurs consuls font pour satisfaire à l'ordonnance de mon dit seigneur l'intendant, du quatriesme du présent mois, à eux signiffiée le dix-septiesme ensuivant; se reservant néanmoins à faire à monseigneur leurs très humbles remonstrances, ou à qui il aggréera, que la franchise de laditteville et faubourg, renferme, non seulement ladite ville et faubourg, mais encore les parties qui l'environnent, appellées banlieu, joignant du costé d'orient le village de Font-la-Vergne et le Mont Randonnax, du midy les bois et métairie des forestz Rebignat, la Rebiere, les bois de Confolans, du prieuré de Feilletin, descendant le long de la riviere de Creuze jusqu'au pont de la Court, d'occident tirans du ruisseau de Couze, ès bois des seigneurs de Saint-Marc, et de là montant ez bois de la Borne, le lieu appelé de las Talorias, les domaines et villages de la Martellade et des Bordes et le ruisseau descendant des estangs de Blessac, revenant joindre un bois du prieuré de Blessac, du septentrion au village de la Sallesse et Lapras, d'autre ledit enclos; y sont compris les champs et pescheries appelés Beauplas, Marcillon, Mallevielle, Rochepety, Rochemiallon, le Puis du Mont, le Puis d'Ardere ; avec droit de chasse et de colombier ; que la taille aux quatre cas et la prélation attribuée à sa majeste résiste à notre loy municipale, et que les habitans seuls qui ont des chevaux doivent un double par an, le droit de chauffage et de perception, bois mort et mort bois, pour lequel chaque habitant devoit un denier, ayant esté esteingt et supprimé par arrest du Conseil, du trois décembre mil six cent soixante et douze, en consequence dudit procezverbal de refformation. Car ainsy, etc. obligé, etc. soumis, etc.

Fait et passé à Aubusson, estude du nottaire royal susdit et soussigné, présence de maistre Pierre Mage le jeune, bourgeois et de Jean Grellet, marchand et maistre tapissier, habitans de cette ditte ville, tesmoins, qui ont signé avec lesdits sieurs consuls, le vingt-quatriesme jour du mois de juin mil six cent soixante et dix neuf, entour midy. Declarant ledit Seigliere que le présent original sera remis et deslivré entre les mains dudit Foucher, suivant et au désir de l'ordonnance de mondit sieur Quentin, quoy faisant il en sera vallablement deschargé signé : Coullaudon, P. Mage, M. Vallenet, Villemerle Desrolles, Jéan Grellet, Seigliere, notaire royal.

(*Archives de la Creuse*, série E. Terrier de la vicomté d'Auson p. 1-2.)

(1698.)

Ordonnance de M. Le Vayer, intendant de la généralité de Moulins, qui annule la nomination de M. Coullaudon comme consul, et nomme d'office M. Pierre Cartaud, avocat, en faisant défense aux maire, consuls et habitans de la ville de ne plus à l'avenir nommer au consulat les personnes dont la religion serait suspecte. Les autres consuls pour la même année sont : Jérôme de Montezert, marchand et maître teinturier, Jean Nadallon et Jacques Grellet, marchands et maîtres tapissiers.

(*Inventaire sommaire des Archives communales d'Aubusson* série BB. 1.)

〰〰〰〰

X

CROCQ.

Extrait de l'acte de fondation de la vicairie primitive de l'église de Crocq, par Delphine de Montluur, dame de Crocq, dans lequel figurent comme témoins les consuls de cette ville.

(1428. — 9 mai.)

Universis presentes litteras inspecturis et audituris, Johannes Masnerii, licenciatus in legibus, consiliarius et tenens sigillum excellentissimi principis, domini Johannis Borbonnensis et Arvernie ducis, paris et camerarii Francie, in Arvernia constitutum, salutem.in domino. Noveritis quod coram dilecto nostro Petro Boudol, clerico, fideli notario curie Rionii, jurato, et a nobis ad hec omnia et singula que sequntur audienda et recipienda vice et auctoritate nostrà specialiter misso et destinato etc, personaliter constituta nobilis et potens domina Dalphina de Montlaur, vidua deffuncti nobilis et potentis viri Jacobi de Peschino, quondam domini de Croquo, domina ususfructuaria dicti loci et terre de Croquo, Guerine et de Volcon, sponte, scienter et provide, tam pro remedio et salute anime sue quam dicti quondam viri sui, omnium parentum suorum et omnium fidelium defunctorum, fecit, instituit, constituit et fundavit, ad honorem Dei et sancte Trinitatis et beate gloriose virginis Marie, matris Dei, et omnium sanctorum Dei, quandam vicariam perpetuam, in cappella nuper de novo ediffcata, in ecclesia dicte ville de Croc deserviendam etc.

In quorum testimonium, ad relationem dicti notarii nobis predicta fideliter referentes sic coram hos acta fuisse et concessa ac vice et auctoritate nostris recepta, testibus hiis presentibus: nobili viro Anthonio de Nova villa, domicello, cappitaneo de Croc, Petro de Arbore, procuratore dicti loci de Croc, Durando sive Danthou Daumonteillet et Johanne Peyry, consulibus dicte ville de Croc. Cui vero notario dicteque ejus relationi, sic ab eo nobis super et de premissis facte, fidem plenariam adhibentes, hiis presentibus litteris dictum quod tenemus sigillum duximus apponendum. Actum et datum die dominica, nona mensis maii, anno domini millesimo quatercentesimo vicesimo octavo.

(Original, parchemin, *Archives de la Creuse*, série G. Chapipitre de Crocq).

~~~~~~~~

Extrait de l'acte de fondation du chapitre de Crocq par Delphine de Montlaur, dame de Crocq, dans lequel sont intervenus les consuls et les principaux habitants de cette ville.

(1444. — 15 décembre.)

Nos, officialis Claromontensis, notum facimus universis presentes litteras inspecturis et audituris quod cum nuper nobilis et potens domicella Dalphina de Monte lauro, domina loci de Croco, Guerinæ et de Latæ, Claromontensis diœcesis, dominaque etiam decimariæ Sancti Aniani, Lemovicensis diœcesis, relicta nobilis quondam et potentis viri, Jacobi du Peschin, persona libera, suique juris ac in nullius viri potestate existens edificari fecerit unam cappellam, ecclesiæ parochialis prædicti loci de Croco contiguam, in qua quidem cappella corpora dicti quondam Jacobi, ejus viri, et Francissæ, ejus filiæ, fuerint tradita ecclesiasticæ sepulturæ, et ipsa, post ejus obitum, intendit sepeliri in tumulo ipsorum prædictorum quondam Jacobi et Francissæ, quem tumulum ipsa ecciam prædicta domina fieri fecit.

Hinc est quod coram dilectis notris dominis, Petro de Montepetroso, archipresbytero Hermenci, commissario ad infrascripta per nos litteratorie deputato, virtute et vigore litterarum commissionis inferius descriptarum, sigillo curiæ nostræ sigillatarum, et Geraldo de Montepetroso, presbytero, fideli notario publico et curiæ officicialatus nostri Claromontensis, jurato, et a nobis ad hæc omnia et singula quæ sequntur audienda et recipienda, vice et auctoritate nostris specialiter missis et destinatis, et quibus quantum ad illa eadem commisimus et adhuc, per presentes litteras, committimus, totaliter, vices nostras:

Personaliter constituti supradicta nobilis Dalphina de Monte Lauro, domina prædictorum locorum de Croco, Guerene, de Latæ et decimariæ prædictæ, ex una parte; et discreti viri domini Stephanus Maleti, rector seu curatus ecclesiæ parochialis loci prædicti de Croco, Johannes Germani, Jacobus Traslaigue, Stephanus Martini dictus Godonnet, presbyter, filii originarii dictæ parochiæ, nec non Petrus de Ghandaleito, Stephanus Traslaygue, Bartholomæus de Arfollio et Durandus de Ghandaleito, etiam presbyteri, habitatores dictæ parochiæ de Croco, parte ex altera. Quæ quidem nobilis Dalphina de Monte Lauro, domina prælibata, pro suæ, parentum suorum salute, ad divini cultus augmentum, gratis et ex ejus certa scienta ac spontanea voluntate, de licentia et auctoritate nostris seu supradicti archipresbyteri, per nos ad hoc commissi, licentiam, autoritatem et facultatem ad infra scripta sibi ac rectori seu curato et presbyteris prælibatis, auctoritate nostra, sedendo pro tribunali, dantis et concedentis, necnon etiam cum licentia, consensu et assensu reverendi in Christo patris et domini, domini Lemovicensis episcopi, eidem dominæ

Delphinæ ac curato et presbyteris prædictis, dantis et concedentis, ut constat per litteras suas, ipsius domini episcopi sigillo suo magno cum cerea rubra sigillatas, quarum tenor, de verbo ad verbum inferius est inseratus, in fundum instituit et deservire ordinavit, perpetuis temporibus, in prædicta cappella, ad altare ejusdem cappellæ, unam vicariam per modum præbendæ per supradictos rectorem et presbyteros et quos ex nunc ipsa nobilis Delphina ordinavit et instituit, ad deserviendum ibidem et etiam alios successores suos in futurum, ibidem instituendos, modo et forma inferius sequentibus, etc.

. . . .

. . . .

Et ut prædicta omnia et singula perpetuo et inviolabiliter observentur ac habeant et habere debeant perpetui roboris firmitatem, supradictus dominus Petrus de Montepetroso, archipresbyter Hermenci, per nos ad hoc commissus et deputatus, ad instantiam et requestam partium prædictarum et cujuslibet earum prius diligenter informatus, cum Bartholomæo Chires, Johanne Pradaleys et Roberto Bussieres, consulibus, pro presenti annata, villæ prædictæ de Croco, et etiam cum aliis pluribus viris probis, ecclesiasticis et secularibus dictæ villæ aut aliorum locorum circumvicinorum, quod præmissa omnia et singula erant et sunt eidem ecclesiæ utilia, ac etiam ad laudem Dei et divini cultus augmentum, sedendo pro tribunali, more majorum, virtute et vigore commissionis inferius descriptæ, in præmissis omnibus et singulis tanquam rite et legitime factis, auctoritatem nostram et curiæ nostræ Claromontensis judiciariam interposuit pariter et decretum, præmissis omnibus et singulis supradictæ partes et earum quælibet, ac etiam præfati consules villæ de Croco, petierunt ac requisierunt sibi fieri litteras, instrumentum et instrumenta publicum et publica, per notarium subscriptum tot et quot erunt sibi necessarium et necessaria, ad dictamen cujuslibet sapientis, facti tamen substantia non mutata. . . . .

. . . .

Et cum prædicta omnia, universa et singula superius et inferius scripta, in presentibus litteris contenta, declarata et expressata conscribi fecimus seu poni in hiis tribus pellibus parganeni, tenaci glutino et forti simul junctis, et in qualibet junctura dictarum trium pellium pargameni sigillum dictæ curiæ nostræ officialatus Claromontensis apponi fecimus, ad omnem fraudem stirpendam et sinistræ suspeccioni tollendam.

..... Testibus hiis presentibus, nobilibus viris Helionne de Chau, domino de Segondat, Guilhelmo de Courteys, Johanne Rocheta, domicellis, dominis Johanne Belloti, Johanne de Seni montel, Johanne Bussexrecte, presbyteris, Johanne Brus, Guilhermo Jardel, Johanne Maleti, habitatoris Ausanciæ, Philipo Remondex, de Phelitino, Johanne Pielhaut, de Bort, et Petro Boscheti, clerico... Acta et recitata fuerunt hæc in supradicta ecclesia parochiali de Croco et in navi dictæ ecclesiæ a latere dextro, anno incarnationis domini millesimo quadringentesimo quadragesimo quarto, indicione septima, die vero quinta mensis decembris, circa horam undecimam ante meridiem, pontificatus sanctissimi in Xpisto patris et domini nostri Eugenii, divina providencia papæ quarti, anno quatuordecimo.

(Copies faites au xviie siècle et en 1791. *Archives de la Creuse*, série G. Chapitre de Crocq).

~~~~~~~

« *Extrait de ce qui est à la fin du Terrier de la baronnie de Croc, qui est commencé le douxième mai de l'an mil cinq cent quatorze et qui est fini le 13 février mil cinq cents trente.* »

(1514. — 1530.)

Ce sont les ordonnadces des laydes de Croc par le rapport des anciennes :

Premierement sur chaque beste grasse qui se vend en foire et marché de Croc doivent au seigneur un denier de laide.

Item sur une douzaine de moutons ou pors qui se vendent aux marchés ou foires de Croc, par gens qui sont de la franchize, doivent au seigneur un denier de laide.

Item sur chacun cordonnier ou curieur qui est hors de la ville, chacun samedy: deux deniers.

Item aux foires de St-Alire de Carême ou de St-Jean, pour chacune foire payent lesdits curieurs et cordonniers sept deniers. Item a la foire de Toussaints, quatorze deniers.

Item doivent chacun mercier, chacun samedy, un denier. Item chacune foire quatre deniers. Et s'ils portent soye, quatorze deniers.

Item sur chacun futallier qui porte, chacune foire, un denier.

Item tout homme qui vend fromage, à chacune foire, un fromage; et s'il vend entre les foires et à la foire passé n'a pas le fromage, payera ledit fromage.

Plus sur un cuvier, s'il se vend plus de douze deniers, ledit seigneur a aubole de laide.

Item sur chaque boucher de Croc qui vend chair, deux sols par an.

Item, sur chacun panetier de Croc aloué, chacune foire, de cent pains de caresme[1] et de Saint-Jean[2] deux deniers.

Item, qui porte chanvre, corde chirbe[1], drapt, linge, chacun samedy, un denier; à chacune foire, un denier.

Item, par chacun verrier, le samedy, maille de laide.

Item, qui vend pot de terre cuite, le samedy, doit un denier de laide; en chacune foire, trois deniers.

Item, un panetier étranger doit, le samedy, un denier de laide; et à chacune foire, trois deniers.

Item, qui vend clef de fer, à chacune foire, trois deniers de laide.

Item, qui vend poivre doit un denier de laide.

Item, qui porte fer, chacun samedy, un denier; et à chacune foire, trois deniers.

---

[1] « Panis quadragesimæ, cujus in quadragesimà ad *collationem* usus. » (Du Cange.)

[2] On trouve mentionnés dans Du Cange les pains de St-Etienne, « qui in festo hujus sancti a prædiorum conductoribus solent dominis præberi. »

[1] *Chirbe, Chierbe,* « chanvre, » dans le patois de la Creuse.

Item, chacun drapier doit un denier, le samedy, de laide ; et à chacune foire, trois deniers.

Item, pour un cheval ferré, quand il se vend à Croc, le seigneur a quatre deniers de laide ; et s'il est déferré, deux deniers.

Est à scavoir que tous ceux qui sont propriétaires en la franchize de Croc ne doivent point de laide audit seigneur de Croc, si ce n'est lesdits bouchers et panetiers, ainsi qu'il en est dit et declaré.

Item, l'ordonnance des mesures :

Le Mr de Croc prend la moitié des moudures qu'il leve audit Croc, et ceux de qui sont les propriétés desdits moulins prennent l'autre moitié ; et les doivent tenir en point et bastir à leurs depens. Et doivent payer une coupe de blé de leur part pour mettre dedans le moulins quand on le chappoulle.

Item l'ordonnance des poids :

Tout homme qui paize paye quatre deniers pour quintal.

Item, en les terres froides de la franchize de Croc, qui sont de la paroisse de Croc, quand elles sont prizes par les gens de ladite paroisse, le seigneur de Croc prend la moitié de la semence et le dixme.

Item aux autres terres froides de la franchize de Croc et de la Villeneuve, le seigneur prend la moitié de la semence.

Item prend au moulin de Chaninas la moitié des moudures, sans rien mettre, et celui à qui est la proprietté le doit bastir et tenir en point et bonnes reparations à ses missions et depens.

Item ceux de la franchize de Croc et de la Villeneuve doivent fournage ainsi et comme il est accoutumé.

Et signé BOYER, châtelain.

Extrait et collation a été faite par nous bailly, procureur et greffier du baillage de Croc, soussigné, sur le Terrier de Monseigneur estant ez mains et puissance de François le Faure, fermier de la baronnie de Croc, sans y avoir augmenté ny diminué aucune chose, ce réquérant Sébastien Bonnel, fermier de ladite baronnie, pour luy servir et valloir en temps et lieu ce que de de raison. Le présent original et la collation sur lequel la présente a été extraite remis et rendu ez mains et puissance dudit le Faure, le onziesme may mil cinq cents quatre vingt dix neuf. La présente collation faitte par nous bailli procureur et greffier à Croc, le vingt-cinquieme avril mil six cents sept. Et signé Martin, bailli, Fougerol, procureur d'office, Bourbon, et Gallichier.

Extrait et collation des ordonnances qui sont à la fin du Terrier de la baronnie de Croc a été fait par nous, notaires royaux soussignés, sur expédition en forme, à nous représentée et à l'instant retirée par Me François Lavetizon, avocat au Parlement, chargé des affaires de Madame la marquise de Salvert, tutrice des enfants mineurs de M, le marquis d'Ussel, seigneur de la baronnie de Croc, sans y avoir augmenté ny diminué. Fait à Chateauvert, le septième fèvrier 1776, avant midy. — Lavetison, Lhoriol, notaire royal. Lhueue, notaire royal. Controllé à Croc, le 13 février 1776. Cornudet.

(*Archives de la Creuse*, série E. famille d'Ussel.)

Transaction entre les consuls et habitants de la ville de Crocq et Anne de Boulogne, dame de Montgascon et de Crocq.

(1517 — 7 février.)

A tous ceulx qui ces presentes lettres verront et orront, Jacques du Puy, escuyer, seigneur dudit lieu, garde et tenant le seel royal aux contractz, à Mont-Ferrand en Auvergne estably, et Bertrand Apcher, licencié en chascun droit, conseiller, garde et tenant le seel de très excellente et puissante princesse Madame la duchesse de Bourbonnois et d'Auvergne à Riom en Auvergne, estably, salut.

Comme procès fust en esperance de mouvoir entre noble et puissante dame Madame Anne de Boulongne dame de Mongascon et de Croc, et les consuls, manans et habitans en la ville et franchise dudit Croc, pour raison de ce que ma dicte dame disoit que, à cause de sa seigneurie et baronnie dudict

Croc, elle et ses predecesseurs, seigneurs dudict lieu, de toute
ancienneté et par temps immemorial, avoient droit et acoustumé prandre, lever et percevoir, chacun an, à chaqu'une feste
de Saint-Jullien, sur lesdicts manans et habitans et autres ayans
maisons, prés, terres et autres hedifices et heritaiges dans la
ville et franchise dudict Croc, la somme de six livres, douze
deniers, et vingt quatriesme partie de denier; en avoine quarante trois sextiers, six cartons, mesure dudict Croc et dix
sept gellines de cens, en directe seigneurie, pour raison et à
cause des dictes maisons, tenemens et heritaiges, situés et assis
dans la dicte ville et franchise de Croc; lequel cens luy avoit
esté recogneu par les predeccesseurs desdicts habitans, lors
tenanciers et seigneurs utiles desdictes maisons et heritaiges,
et de ce avoit joy et ses dicts predeccesseurs de tout temps et
d'ancienneté. Et pour ce que la dicte dame vouloit renouveller
son dict terrier, et avoir nouvelles recognoissances, avoit faict
sommer et requerir lesdicts habitans de eulx inscripre et re-
cognoistre lesdicts cens et rentes, chacun en droict soi et à
payer les arreyraiges par eulx deubz des six années dernieres
escheues. Lesquelx dicts habitans eussent dict qu'ils avoient
cause d'ignorance dudict terrier et que si aucun terrier y avoit,
ma dicte dame n'avoit joy sur eulx du toutage dudict cens, et
les payemen ts qui en auroient esté faictz, seroient sans cause
et sans tiltre vallable. Sur quoy, lesdicts dame et habitans
fussent en voye d'avoir procès; pour obvier auquel et aux
dobteux advenent d'iceluy sont venus en accord et appoinctement et ont transigé, pacifié et accordé en la maniere que
s'en suit.

Et pour ce, scavoir faisons que pardevant nos amez et feaux
Jehan Boyer, notaire juré de la cour dudict seel, par ma dicte
dame la duchesse, à Riom en Auvergne estably et Guillaume
Meschin, aussy notaire juré de la cour dudict seel royal aux
contratz, à Montferrand, audict Auvergne, estably, ausquelz
notaires chacun de nous garde desdicts seaulx respectivement,
quant à passer et recepvoir le contenu en ces presentes, avons
commis et depputé et par ces presentes commettons et deppu-

ons nos forces, pouvoirs et auctorités, personnellement establis
ladicte dame Anna de Boulongne, presente en personne pour
elle et les siens, d'une part, et maîtres Antoine et Amable
Carabitz, consulz, l'année presente, dudict Croc, pour eulx et
prenens en mains pour Pierre Vergne et Etienne Bozeron,
aussy consuls la dicte presente année dudit Croc, et pour leur
commune et habitans dudict Croc, et promectans soubz l'yppotheque et obligations de tous et chacuns leurs biens meubles
et immeubles, presens et advenir, de leur faire avoir agreable
le contenu en ces presentes, maistres Michel Martin, Jehan
Gallichier, notaires, Antoine Chermartin, Etienne Barre, Jean
Pelletier, merchans et Guillaume Thomas, tous manans et habitans en ladicte ville et franchise pour eulx, en tant que le faict leur
touche et peult toucher. Lesquelz consulz, en leurs noms privés,
pour tant que le fait leur touche et peult toucher et
comme consulz dudict Croc, pour eulx et prenans en mains
comme dessus, par la deliberation de leurdicts commune et habitans et de leur conseil, comme ils ont dict et affirmé, et aussy
lesdicts Martin Chermartin, Gallichier, Barre Pelletier et Thomas, dessus nommez, en tant que le cas les touche, peult toucher et appartenir, ont cogneu et confessé, cognoissent et confessent, chacun d'eulx respectivement, les maisons, hedifices
prés, terres, jardins et autres héritaiges estans en la dicte franchise et ville dudict Croc, tenus en censive, d'ancienneté, de
ma dicte dame, estre tenus, chargez et mouvans doresenavant
du cens, censive et directe seigneurie ma dicte dame, au cens,
chacun an, de la somme de vingt livres tournois, censuelles et red-
dituelles ; et laquelle somme de vingt livres tournois ont promis
et seront tenus doresnavant iceulx ditz consulz, commune et
habitans et leurs successeurs payer à ma dicte dame et es siens à
chacune feste de Saint-Jullien, pour et en lieu desdicts
six livres, douze deniers, vingt quatriesme de denier, quarante troys sextiers, six cartons avoine, et dix sept gellines susdictes qui estoient dues chacun an, à ma dicte dame
sur lesdicts manans et habitans et autres, pour raison desdictes maisons, granges, hedifices, prés, terres, jardins

et tenemens assis et situez dans ladicte ville et franchise de
Croc, et laquelle dicte somme de vingt livres tournois lesdicts consulz et habitans seront tenuz et ont promis de imposer et esgaller sur lesdicts habitans et aultres ayans maisons
et heritaiges dans la ville et franchise de Croc, et bailler par
declaration les dictes maisons, hediffices et héritaiges de ladicte franchise, et pour raison d'iceulx en fere et faire fere
recognoissance particuliere à ma dicte dame, par forme de terrier, dans la feste de Penthecouste prouchain venant, pardevant
le notaire ou commis qu'il plaira à ma dicte dame ordonner et
de ladicte somme en fere ou fere fere ung rolle signé pour
eulx ou pour le clerc de ladicte ville, montant ladicte
somme de vingt livres, le tout aux despens desdicts consulz et
habitans fors la despense, vaccacions et journée du notaire et
commis par ma dicte dame qui assistera et recepvra ledict
terrier et icelluy rolle bailler, au recepveur ou commis de ma
dicte dame, pour lever et amasser lesdicts deniers, chascun an,
à chascune feste Saint-Jullien ; en convenance expressement
faicte entre les dictes parties que où il se trouvéroit aucuns
desdicts habitans, particulliers, ou autres tenans maisons et
heritaiges situez dans ladicte franchise de ladicte censive, estre
reffusans de payer à ma dicte dame et es siens ou à leurs recep-
veurs et commis le contenu audict rolle et recognaissance,
sommation, empeschement ou ajournement seullement preal-
lablement faictz par ledict recepveur ou commis, lesdicts consulz et leurs successeurs, consulz, commune et habitans dudict
Croc, seront tenuz payer à ma dicte dame et es siens ou ayans
d'elle drocit et cause les deniers qui seront par lesdicts re-
fusans et delayans deuz selon qu'ils seront enrollez et qu'ils
auront recogneu, lesquelx consulz audict cas se porront faire
payer et faire contraindre lesdicts reffusans pour ledict payement tout ainsy et de mesme que pour les propres deniers
ma dicte dame et par son auctorité et justice. Oultre a esté accordé que pour la conservacion des ventes et aültres droiz
de directe seigneurie deuz à ma dicte dame sur lesdictes maisons, heritaiges et choses tenues dudict cens situez dans la-

dicte ville et franchise de Croc, les nouveaulx acquereurs
d'iceulx heritaiges ou de partie seront tenuz eulx investir es
officiers ma dicte dame dans un an après lesdictes acquisicions
faictes à peine de payer à ma dicte dame doubles ventes ; et
sans à ce comprendre, mais ont esté expressement reservez à
ma dicte dame les cens deuz pour raison des villaiges du Mont,
Sainct-Oradour, Chermartin, le Monteillet et autres villages
que pourroient estre situez dans ladicte franchise de Croc,
ayans cens oultre ledict cens ancien dessus mencionné. Et aussy
reservé à ma dicte dame le droit de demy sement, dixme, et
autres droitz, accoustumez de lever et prandre dans ladicte
ville et franchise de Croc, oultre ledict cens ancien ; et pour
lesdicts arreyraiges ont promis de payer à ma dicte dame la
somme de six vingtz livres tournois. Et parmy les choses dessus dictes et en accomplissant le contenu es presentes, lesdicts
consulz, manans et habitans, ayans heritaiges à ladicte franchise
et les leurs seront et demeureront quictes desdicts quarante
troys sextiers, six cartons avoine, six livres douze deniers et
vingt quatriesme partie de denier et dix sept gellines qu'ils
avoient de paravant accoustumé de payer, et sans ce que pour
ledict cens de vingt livres tournois, l'assiete et assignation,
droit d'yppotheque d'iceluy soit innouvée ; mais tiendront lesdictes vingt livres de cens lieu dudict cens ancien, et sans
ce que aucune innovation en soit d'icelluy cens faicte, et ce du
consentement et vouloir desdicts consulz et habitans qui l'ont
ainsi volu et accordé, sans riens derroguer, pour le contenu es
presentes, es autres droiz, privileges et prerogatives d'une chascune desdictes parties, mais iceulx demeurans en leur vigueur
et vertu.

Lesquelles choses susdictes ainsi faictes, passées et octroyées
ont promis lesdictes parties et chascune d'elles, tant que chascune d'elles touche et peult toucher et appartenir, soubz l'ypo
potheque et obligation de tous et chascuns leurs biens meubles,
immeubles, presens et advenir, et par leurs seremens sur ce par
chascune d'icelles dictes parties manuellement prestez, actendre, tenir et accomplir et au contraire doresenavant non fere, dire

ni venir et qu'elles n'ont fait ne feront, diront ne procureront
aucune chose par laquelle le contenu en ces presentes n'ait et
obtienne perpetuelle et vallable fermeté. Et oultre ont promis
lesdictes parties et chacune d'elles, l'une à l'autre, rendre,
restituer, refondre et rembourser tous costz, fraiz, mises, despens, dommaiges et interestz que l'une d'icelles parties fera
ou soustiendra, à faulte d'actendre et tenir par l'autre le contenu en ces dictes presentes ; et ont renoncé icelles dictes
parties et chacune d'elles, par leurs dicts seremens, à l'exception desdictes transhaction, accord, appoinctement, promesses,
pactes et convenances et autres choses susdictes ainsi non
avoir esté faictes, passées et octroyées comme dit est, et à
toutes autres exceptions et deceptions, tant de faict, de droit
usage que de coustume et autres, par lesquelles icelles parties
et chascune d'elles porroient ou vouldroient venir contre la
teneur des presentes, et à tout droit ecrit et non ecrit, canon,
civil, usaige, estille et previleges quelzconques et mesmement
au droit disant la generalle renonciacion non valloir si non
que l'especialle precede et soit devant mise. Et ont volu et consenti lesdictes parties, et chascune d'elles en droit soy, elles et
les leurs, pouvoir et devoir estre forcées, contrainctes et com-
pellées par nous, gardes desdicts seaux et de chacun de nous,
ou de ceulx qui, pour le temps advenir seront en lieu de nous,
par la prinse, vente et exploictation de tous et chascuns leurs
biens, meubles et immeubles, presens et advenir, sans monicion
congé ou licence desdicts courtz precedents pour actendre,
tenir et acomplir les choses susdictes et en ces presentes contenues, quelconques privilege ad ce contraire non obstant.

En tesmoing desquelles choses susdictes, nous, a la relacion
desdicts notaires, qui feablement nous ont relaté ainsi pardevant eulx avoir esté faictes, passées et octroyées, es presences
de nobles hommes, Jacques Guerin, seigneur du Monteil, Loys
de Saint-Jullien, seigneur dau Teyrat et Anne de Paignans,
seigneur du Molinneuf, auxquelx dicts notaires et à leur dicte
relacion, nous, gardes des sceaux susdicts, avons adjousté et
adjoutons pleniere foy et à ces dictes presentes avons faict

mestre et apposer lesdicts seaulx que nous tenons. Faictes et
données le septieme jour du mois de fevrier, l'an mil cinq cents
dix sept.

Signé Boyer pour ma dicte dame, et Meschin, notaire de la
court dudict seel royal.

(Original, parchemin. *Archives de la Creuse*, série E. Titres
de la famille d'Ussel.)

~~~~~~~

XI.

GOUZON.

*Aveu et déclaration faits par les bourgeois de Gouzon à Pierre
de Salvert, seigneur de la Roche Guilhebaut et de Gouzon,
qui confirme la charte de franchise accordée aux habitants
par Guy de Gouzon et ratifiée en 1279,*

(1581. — 17 mai.)

A tous ceulx qui ces presentes lettres verront et orront,
Jehan Dinet, escuyer, seigneur de Montrond et du Ronzat,
capitaine chastellain de Belley, garde du seel royal estably et
ordonné pour le roy notre sire au pays et duché de Bourbonnois, salut. Scavoir faisons que pardevant Pierre Neyret, notere
royal juré dudit seel au comté d'Auvergne et des tesmoings cy
emprès nommés, personnellement establys honorables hommes, maistres Jehan Barthon, licencié en loix, chastellain de
Gouzon, maistre Chabrol Neyret, presbtre, bachellier en decret,
maistre François Legier, Claude Neyret, Pierre Lamy, Loys
Boisset, Lionnet Duchier, Anthoyne Aupetit, Françoys Vallet
Claude Chemyneau, Annet Aucourdonnyer, maistre Martin Lan-
drigot, Jehan Pagnon, Jehan Aupetit, Anthoyne Aucourdon-
nier, Guilhaume Huguet, maistre Pierre Marquand, Jehan
Legier dict Cornier, Françoys Jabin, Jehan de Saint Vorry,
Marguerite Denys, vefue de feu maistre Anthoyne des Chas-
teaulx, Françoys Plumet, Annet Gasgnerie, Pierre Thenot,
Françoys Boulajon, Jehan Vincent, Leonard Goyuzon, Pierre
Blatart, Leonard Legier dict Fourjaud, Roulin Thevenot, Jehan

Thevenot, Gabriel Blodeix, Jehan Claveaud, Mathieu de la
Besse, Jehan Cabyroux, Pierre Goney, Leonard Cabiroux,
Claude Dupplaix, Jehan Rolle, Guilhaume Aussavy, heritier de
feu Philippon Raguet, Jehan Maulfus et Leonard Jardon, tous
bourgeois, manans et habitans de la ville, faulbourgz et franchize du dict Gouzon, faisans et representantz la plus grande
et saine partye des habitans de la dicte ville et faulbourgz, de
leur plein gré et bonne volunté, ont recongneu et confessé
debvoir et promys payer dores en avant, perpetuellement, chacun an, à chacune feste des Roys, à puissant seigneur, Pierre
de Sallevert [1], seigneur present, avec reverend pere en Dieu,
Jehan de Sallevert, abbé de Notre-Dame de Mouzon, son oncle
et curateur, stippullantz et acceptantz pour eulx et les leurs
hoirs et successeurs: c'est à scavoir, la somme de troys solz
tournois, pour chacun d'eulx faisantz feu vif de la dicte ville,
faulbourg et franchize ; confessantz que tous ceulx qui font feu
vif en ladite ville et franchize, luy doibvent, chacun an, audit
terme, la somme de troys solz tournois, sauf les gentz d'esglize
qui sont privillegés et en ce non comprins. Sans prejudice audit
seigneur de huyct solz tournois d'une part, six solz tournois
d'aultre et quatre solz tournois d'aultre ; qui ont accoustumé
estre imposés par les consulz de la dicte ville de Gouzon, chacun an, sur trois desdictz habitantz de la dicte ville, faulbourgz
et franchize ; et en ce comprins à la dicte contribution les dictz
troys solz tournois pour feu, que les dictz quattre consulz de la
dicte ville et faulbourgz seront tenuz, chacun an, imposer et
faire rolle au dict seigneur, avec eulx appelé le prevost de la
seigneurie de Gouzon. Pour la façon et frais des dictz consulz
en faisant ledict rolle, leur sera payé et prins sur icelluy rolle,
la somme de cinq solz tournois : à cause des droicts de bour-
geoysie, affranchissement et liberté donnés et concedés aux
dictz bourgeoys ou quoy que soyt à leurs predecesseurs et à
tous manantz et habitans de la dicte ville et faulbourgz du dict
Gouzon, par feu de bonne memoyre, puyssant seigneur Guy de

---

[1] Pierre de Salvert, baron de Gouzon, est mentionné dans deux actes du
15 novembre et du 17 décembre 1589 (*Nobiliaire du Limousin*, t. II, p. 367).

Gouzon, seigneur du dict lieu, et despuys confirmés par aultre puissant seigneur Guy de Gouzon, seigneur du dict lieu, son successeur; la dicte confirmation estant en date du sabmedy auparavant la feste de Sainct Pierre, en l'année mil deulx centz septante neuf, et despuis confirmés par feu de bonne memoyre Loys de Bourbon, duc de Bourbonnoys, conte de Clermont et de la Marche, chambrier de France, en date du sixyesme jour de novembre l'an mil trois centz trente sept, seellées en cire rouge en....... par mylieu, avec une pourtrecture d'homme et cheval, armez et bardez, pendantz en lacz de soye incarnate, jaulne et verte, presentement exhibeez, leues et données à entendre audict seigneur de mot en mot; lequel les ayant veues, leues et [examinées] et en ensuyvant la volunté et intencion de ses predecesseurs, seigneurs dudict Gouzon, a icelles approuvées et a louées, par ces presentes, veult et consent que les dictes lettres de franchise et liberté sortent à perpetuel leur plein et entier effaict. Pour l'entretenement des quelles le dict seigneur s'est obligé et oblige, par ces presentes, luy et ses successeurs et quy de luy auront droit et cause, sans jamais y contrevenir, et comme les dictz habitans en ont accoustumé à joyr, en la forme et maniere qui s'en suyt :

Premierement, que tous lesdictz habitans de ladicte ville et faulxbourgz dudict Gouzon sont francz bourgeoys, exempts de tous guetz, harbans et corveez, peages et leides; qu'ilz ont droict de tenir chiens courantz et aultres, et chasser par toute la terre et justice dudict seigneur, tant avec chiens que autrement, fors et reservés les boys et guerenes dudict seigneur, et à quarante pas d'iceulx dictz boys et guerenes; et aussy qu'ilz ont droict de pescher, en tous temps, es rivieres et ruysseaulx, tant que contient et s'estend ladicte terre et seigneurie dudict seigneur; et aussy qu'ilz ont droict de pasquage et copper boys par tous les communs situez dans la dicte justice, sans payer aulcun tribut. Desquelz communaux ilz peuvent vendre et transporter pour les reparations et tuytions et fortifications de la dicte ville, avec le consentement du dict seigneur, à luy

en ce faisant reservé la directe ; lequel consentement ledit
seigneur sera tenu leur prester, estant par eulx requis, sans
en prendre pour ce regard aulcun droict de lotz et ventes ; et
aussy par chascune emende et prinze de bestes et deffaulx
purs et simples, les dictz habitans ne payent et ont accoustumé seulement payer, et seront tenus payer pour l'advenir la
somme de trois solz tournois. Et aussy pourront avoir les
dicts habitans, en chascune leur maison, comme ilz ont accoustumé, ung four tenant environ le pain provenant d'une quarte
de bled, mesure du dict Gouzon. Pourront aussy les dicts
habitans et chascun d'eulx tenir et dresser bans dans ladicte
ville tant en jour de marché, foires que aultres, sans que pour
ce ilz en soyent tenus d'aulcun tribut envers ledict seigneur,
ne aussy d'aulcune marchandize qu'ilz pourroient vendre ou
achetter. Pourront aussy lesdicts bourgeoys, habitans de la
dicte ville, seulement, joyr, pescher et user à leur volunté dez
fossez de ladicte ville, comme ledict seigneur qui y pourra
pescher quant bon luy semblera.

Consent ledict seigneur et accorde, par ces presentes, que
les dicts bourgeoys et habitans de ladicte ville et franchize
usent, joyssent de toute autre preeminence, liberté et franchize
comme ilz ont accoustumé et leurs predecesseurs fere, de
toute antiquité, sans leur y en rien derroger en aulcune ma-
nyere, ains qu'ilz y soyent maintenus, gardés et observés, à
perpetuel, eulx, sans que, pour ce regard, il leur soyt besoing
d'aultres lettres pour cet effect, sauf les presantes seullement.
et où il sera besoing aus dicts habitans fere esmologuer tant
les presentes que aultres precedantes sus declarés pardevant
notre sire le roy ou aultres qu'il appartiendra, le dict seigneur
a promis leur bailher ses lettres de consentement, sans aultres
frais ; et dès à present consent le dict seigneur que les susdicts
puissent joyr des dictes liberté, franchise et privilleges et aultres qu'ils ont accoustumé joyr du roy notre sire et aultre à
quy il appartiendra, aynsy et par la meilheur forme qu'ilz verront estre à faire. Car aynsy a esté accordé entre les dicts seigneur et habitants, stipullants et acceptants les chouses sus-

dictes et chacune d'icelle, chascune en son endroict : promettans les dictes parties et checune d'icelles, par leur foy et serment, en la main du dict juré, pour ce corporellement bailhiées,
et soubz l'obligation et ypotheque de tous et chescun leurs
biens meubles et immeubles, presentz et advenir quelzconques, que contre la teneur des presentes lettres ilz ne vouldront
aller, ne venir feront en auculne maniere ; ains les chouses
susdictes et chacune d'icelles tiendront, observeront et garderont, les feront tenir, observer et garder apperpetuel, sur
peine de rendre et restituer l'une partye à l'aultre tous coutz,
pertes, mission, despens, dommages et interestz que fere et
soustenir leur conviendra, par deffault de l'accomplissement
des chouses dessudictes ou d'aulcune d'icelles ; renonçantz
quant à ce à toutes et chescune exception, deception, fraude,
erreur et lezion et toutes aultres chouses à ces presentes lectres contraires, et au droict disent la generale renonciassion
non valloir, si l'espcial n'est precedant.

En tesmoingt desquelles chouses susdictes, et à la rellation
du dict juré, auquel nous croyons fermement, lequel nous a
rapporté les dictes chouses estre vrayes, nous garde du seel
royal susdit, le dict seel royal avons mys et apposé à ces presentes lettres, faictes et passées au dict lieu et ville de Gouzon, en la maison de Claude Neyret, environ l'heure de huyt
heures du matin : presents, temoingz, nobles Pierre du Pey-
roulx, escuyer, seigneur de Surdoux, y demeurant, paroisse
du dict Gouzon, et Pierre de la Roche, escuyer, seigneur du
Fressinet, demeurant à present à Sallevert, maistre Gervaix
Aubignat, curé de Guereyteix, à present demeurant au dict
Sallevert, et maistre Mathieux Savy, presbstre, demeurant à
Chezauvert, paroysse du dict Gouzon, qui ont signé l'original
des presentes, ensemble le dict seigneur et la plus part des
dicts habitans, et quant aulx autres, ont decleré ne scavoir
signer, sur ce enquis par le dict juré, le dix-septiesme jour de
may l'an mil cinq centz quattre vingtz et ung.

SALLEVERT.   P. NEYRET, notaire royal.

Expédié aux dicts habitans de la ville du dict Gouzon.

(Original, parchemin, *Archives communales de Gouzon.*)

XII.

EVAUX.

Charte de confirmation des franchises et coutumes de la ville d'Evaux, par Jehan, comte de Boulogne et d'Auvergne, seigneur de Combraille.

1385. — 7 décembre.

Universis presentes litteras inspecturis et audituris, Johannes Giroudon, tenens sigillum excellentis principis domini Ludovici ducis Borbonensis, comitis Clarimontis et Forensis, paris ac cămerarii Francie, ac domini Combralhie, in eadem terra Combralhie, pro eodem domino duci, constitutus, salutem in Domino. Noveritis quod nos vidimus, inspeximus, ac de verbo ad verbum legimus, seu legi et transcribi fecimus quasdam patentes litteras sigillo excellentis principis domini Johannis, Bolonie et Arvernie comitis, quondam domini dicte terre Combralhie, cera viridi sigillatas, non rasas, non cancellatas, nec in aliqua sui parte viciatas, tenorem qui sequitur continentes.

A touz ceulx qui cez presentes lettres verront, Jehans, conte de Bouloigne et d'Auvergne et seigneur de la terre de Combraille, salut. Savoir faisons que comme nous avons très-grant desir et affeccion de avoir et tenir en notre protection nos hommes et subgiez de nos terres et villes, et yceulx maintenir et garder à notre pouvoir, en leurs libertez et franchises et en leurs bons usaiges, immunitez et exempcions qui, pour le bien de la chose publique, et pour le noroissement et augmentacion et accroissement de nos diz hommes et subgiez et de nos dictes villes, et à ce qu'elles soient mieux peuplées de genz et raempliees de marchandises et autrez biens, leur ont esté ottroyées et données, au temps passé, par nosseigneurs predecesseurs, que Dieu pardoine; et nos hommes et subgiez les habitans de notre ville d'Euvahon en notre dicte terre de Combraille, ou diocèse de Limoges, nous ayent humblement supplié que comme aucuns de nosdiz seigneurs predecesseurs leur ayent, longtemps a, ottroyé et donné aucunes libertés et

franchises, immunitez et exempcions, desquelles il ont joy et
usé paisiblement et continuelment, si comme il dient, nous
veillons yceulz habitans maintenir et garder en leur dictes
franchises, libertez et usaiges, et les confermer, ratifier et
approuver, ainsi comme il nous loist et que nosdiz seigneurs
predecesseurs l'ont acoustumé à faire. Pour quoy nous, voulans de ce estre acertenez avant tout œuvre, avons fait enquerre
diligement par aucuns de nos genz à ce commis, la verité sur
lesdictes franchises et libertez et usaiges, et coment lesdiz
habitans en ont usé par cy-devant. Et pour ce que, tant par le
report de nos diz commis, comme par autres bons enseigne-
mens, nous est apparu souffisament que, par le don et ottroy
de aucuns de noz diz seigneurs predecesseurs, lesdiz habitans
de notre dicte ville d'Euvahon ont joy et usé des franchises,
libertez, immunitez et exempcions cy-après escriptes en la
maniere qui s'ensuit :

Premierement, nous devons et sommes tenus de sauver et
garder nos borgois de notre dicte ville d'Euvahon, si que chascuns nous en doit randre, chascun an, de franche cense, censive, dix huit deniers ou deux soulz, ou deux soulz et six
deniers, ou troys soulz ou troys solz et six deniers, ou quatre
soulz ou quatre solz et six deniers ou cinq solz ou six solz au
plus, de monnoie courant et usual. Et cette cense ou censive
doit estre equée par quatre bourgois de ladicte ville, appelez
consolz, esluz par les autres bourgois, et ce se peut faire sans
amende et sans achoison ; laquelle cense lesdiz consolz doivent rendre toute equée, à notre prevost d'Euvahon, dedans la
Saint Michel, et il le doit lever.

Item, les consolz qui equent ladicte cense, doivent avoir
d'icelle cense pour leurs despens, cinq solz, et le clerc qui
escript le rolle d'icelle cense en doit avoir autres cinq solz.

Item, lesdiz bourgois ne doivent paier de clameur, fors que
vint deniers.

Item, de chouse nyée et puis recognute ou prouvée, sept
solz d'amende.

Item, de sang demontré ou cognut, soixante solz d'amende.

Item, nulz ne doit amende sans clameur, se il n'est pris par justice en present forfait de sang ou de grief bature sanz enmoilure, soixante solz d'amende; et au blacié, ses domaiges et interests, selon le cas.

Item, d'autre simple delit et bature sans sang, sept solz d'amende.

Item, nulz bourgois qui ait dont il puisse paier amende, ne doit estre pris ne soy aplegier, fors que pour troys cas, c'est assavoir : larronice, murtre ou ravissement de famme, ou pour autre cas criminel, ou pour le fait du seigneur.

Item, chascun des diz bourgois peut faire gaigier par noz sergens pour son debte cognut ou le principal en la pleige, et faire vendre les gaiges dedans huit jours, selon la coustume du pays.

Item, cilz qui [tient] faulz pois, aulne ou mesure, et il jure qu'il ne le savoit pas, doit soixante solz d'amende, de la premiere fois qu'il en sera repris, et se plus en estoit repris, à la merci du seigneur.

Item, touz adjournemens doit estre de sept jours ou de plus, se ce n'estoit en cas de gaigement, empeschement ou autres qui requeissent celerité.

Item, nulz bourgois ou habitans de ladicte ville ne doit lede de riens qu'il vende, pourveu qu'il y ait hostel ou habitacion.

Item, qui achapte possessions en ladicte ville, bourgoisie et franchise, mouvans de la censive d'aucun, paiera les ventes au seigneur du cens, par la maniere acoustumée.

Item, le seigneur censivier peut retenir la chose vendue mouvant de son cens, dedens quarante jours, et cil du linaige du vendeur en rendant le pris et l'amandament de la chose.

Item, nulz cas ne doit estre faitz en ladicte ville et franchise, sanz dire licence, ou à la requeste d'aucun qui aroit perdu ou esgaré aucune chouse du sien.

Item, de enfraindre chouse criée, soixante solz d'amende.

Item, qui est pris en forfait de pretz, blez, ortz ou bois, de jours, doit sept solz d'amende, et de nuit, soixante solz et ; cil qui le prent en son meffait, ne doit point d'amende, mais doit avoir son meffait raisonable.

Item, se aucuns trouvent bestes grosses en leur meffait, il en doivent avoir pour chascune, quatre deniers, et pour chascun beste menue, un denier, ou son domaige, se plus montoit, et de la prise doit estre creuz par son sairement.

Item, nulz ne doit avoir domaige en chouse que sa femme ou sa maisniée facent, se il ne les prent en adveir.

Item, lesdiz consolz pevent faire leue et giete en ladicte ville de la volenté des bourgois et habitans ou de la greigneur et plus saine partie, toutes les foys qu'il en sera necessité, sans achoison et sans amende, et n'en sont tenuz de rendre compte, fors que des uns auz autres.

Item, notre procureur ne doit avoir despens de ceulz qu'il met ou tient en cause, en notre court, ne les en paier.

Item, ceulz qui viennent ès marchiez et foires ou à l'eglise dudit lieu, le dimenche, ne doivent estre pris, arrestez ne gaigiez pour aucuns faitz, se ce n'est pour le fait desdilz marchiez et foires, ou pour cas criminel, ou s'il n'estoit vacabuns et dehors de justice, et cil qui le feroit doit sept solz d'amende et rendre les gaiges et domaiges à partie, si ce n'estoit pour le fait du seigneur.

Item, se aucuns homs estranges retient leide, il doit rendre ycelle lede au seigneur, et paier sept solz d'amende.

Item, les parties peuent pacifier entr'eux de toutes chouses, clameur faite, sanz amende par la court, sauf le droit du seigneur.

Item, se aucuns doit ou est ploige envers un autre, et puis chet en amende envers nous, la debte et le ploige seront premièrement paiez, et du demourant nous serons paiez de ladicte amende.

Item, de gaige de batailhe retraire, soixante solz et un denier d'amende.

Item, que lesdiz bourgois ne sont tenus de nous siervir, fors que par notre dicte terre de Combrailhe, se le bourgois n'estoit sievaliers ou homs qui se peut armer.

Se nous ou noz gens avons besoig ou necessité de homme logedier ou de bestes, nouz ou noz dictes gens les devons loyer accordablement et paier le juste pris comme aus autres ou par estimacion raisonable, et non autrement.

Item, les bourgois de ladicte ville et franchise sont tenuz de aidier au seigneur ès quatre cas : c'est assavoir, à sa nouvelle chevalerie et à son passage d'oultre mer, et se il estoit pris de ses ennemis, que ja n'avieigne, et quant mariera ses filhes.

Item, lesdiz bourgois ne sont tenus de contribuer ès imposicions et gietes qui se font en notre dicte terre de Combrailhe, se ce n'estoit de leur volonté et consentement.

Item, chascuns nouvieux jutges ou chastellains doit jurer en la presence desdiz consolz qu'il les gardent et tieignent ès bons us et coustumes de ladicte ville. Et aussi [lesdiz consolz quant sont entrés nouviaux, doivent venir jurer en la main desdiz juge ou chastellain, de garder le droit du seigneur et cellui des habitans en ladicte ville.

Item, le seigneur ne peut, ne doit rien peindre des bourgois de ladicte ville, oultre leur gré, se ce n'est ce en quoy il li sont tenuz de raison. Se le seigneur vouloit des danrées de ladicte ville, il les doit achapter et paier comme uns autres ou par juste pris ou estimacion.

Item, quant les sergens du seigneur gaigeront dedens la franchise, il ne doivent avoir fors que deux deniers par chascun gaigement. ou ce qui a esté acoustumé.

Item, se aucuns de ladicte ville et franchise estoit tenuz à aucun bourgois d'icelle ville et n'eust de quoy paier, le bourgois à qui sera la debte, peut faire saisir, crier et vendre ses heritaiges et biens. Et ou cas où il ne trouvera qui les veille achapter, il y mettra à son paiement, et les peut penre, achater et avoir sellon raison et la coustume du pais.

Item, les bouchiers ou mazeliers de ladicte ville ou autre bouchier qui veoront estre bouchier et vendre char en ladicte ville, doivent chascun an au seigneur, pour cause du privilege de leur boucherie, quatre sols et un denier, à paier chascun an, le jeudi avant Noel ; lequel privilege est tel que nulz ne peut on doit vendre dedens ladicte ville, fors que lesditz bouchiers. Et se aucuns de ladicte ville ou autres, vouloient estre bouchiers, il le peuent estre en paiant le disner aux autres

bouchiers, par la maniere qu'il est acoustumé et les enfans
masles desdiz bouchiers le peuent estre sans paier disner,
fors que les quatre solz un denier dessus diz.

Item, tous homs qui venra demourer audit lieu et franchise
et vourra joyr et user du privilege de la bourgoisie, sera tenuz
de paier au seigneur, incontinent qu'il y vourra entrer et demourer, six solz pour une foys.

Item, touz homs qui ara vin en tonnel en ladicte ville et
bourgoisie, et le vourra vendre à détail, il le pourra plus vendre un denier chascune quarte que celui qui istra et se vendra
des barrilz.

Item, que la crie de ladicte ville qui criera le vin, doit avoir
pour chascun tonel un denier, et cellui qui vourra vendre sanz
ce qu'il soit criez par ladicte crie, qu'il ne soit amendables.

Item, nulz qui vende vin de Montlusson en ladicte ville et
franchise à taverne, ne le peut vendre que pour le pris qu'il le
achate sur le lieu, si non deux deniers plus, le sextier, pour
ce que la mesure de Montlusson est plus grant que celle d'Euvahon, et se il faisoit le contraire, il seroit amendables au
seigneur, jusques à soixante solz.

Item, que le jour des foires d'Euvahon, peut chascun vendre
de vin audit lieu et franchise, plus la quarte dudit vin, un denier que les autres jours, sanz amende ou reprehencion, ainsi
comme a esté acoustumé.

Item, que nulz ne soit si ardis de aler vendre ne achater
quelque denrée que ce soit hors des lieux et places où elles
ont esté acoustumées à vendre et achater dedens lesdictes
ville et franchise, à poine de soixante solz à paier au seigneur.

Nous contes dessus diz, considerans que les franchises,
libertés et usaiges dessus escriptz et declarez qui, pour le bien
de la chouse publique, et pour l'augmentacion et utilité de
notre dicte ville d'Euvahon et de nos diz subgiez les bourgois
et habitans d'ycelle, ont esté octroyés et donnez par aucuns
de nosseigneurs predecesseurs, sont raisonnables, avons de
notre grace especiale, certaine science, eu sur ce avis et meure

deliberacion avec notre conseil, loé, coufermé, ratifié, accordé
et approuvé, loons, confermons, ratifions, accordons et approuvons auzdiz bourgois et habitans de notre dicte ville
d'Euvahon, presens et à venir, toutes les dessus dictes franchises, libertez et usaiges, et chascune d'icelles, par la teneur de
ces presentes lettres, et les avons aggreables, en tant comme il
nous loist et que faire le povons, ainsi come par nos diz seigneurs predecesseurs a esté acoustumé à faire, come devant est
dit. Et nouz plaist et leur octroyons qu'il en usent et joyssent
paisiblement et sanz contredit doresenavant, à tousjours, tout
en la forme et maniere que cy devant est escript. Et promettons loyaument, en bonne foy et sur la obligacion de nos biens
et des biens de nos hoirs presens et à venir, à tenir et avoir
ferme, aggreable, à tousjours, perpetuelment, ceste presente
ratificacion et confirmacion, et lesdictes libertez, franchizes et
usaiges tenir et grder, sans jamais venir, ne fere venir encontre. Si donnons en mandament, par la teneur de ces presentes, à touz noz officiers de notre dicte terre de Combraille,
ou à leurs lieutenans presens et à venir, et à chascun d'eulx,
si comme lui appartenra, que les bourgois et habitans de notre
dicte ville d'Euvahon, presens et à venir, facent et laissent joir
et user paisiblement et sanz contredit, des devant dictes
libertés, usaiges et franchises, en la maniere que cy-devant
sont escriptes, et contre la teneur de ces presentes, ne les
molestent ou empeschent, facent ou souffrent estre molestez
ou empeschiez en aucune maniere. En tesmoing de ce, nouz
avons fait mettre notre seel à ces presentes lettres, sauf en
autres chouses notre droit et l'autrui en toutes. Donné en
nostre chastel de Vic, le septieme jour de decembre, l'an mil
trois cens quatre vins et cinq. Seignés an marge dessouz, Jehan
Gigoise, et audit marge, devers le noir, *par monseigneur le
conte*: presens, monseigneur de Montgascon, son frere, messire
Loys de Saint-Quentin, bailli de la conté d'Auvergne et plu-
seurs autres. Jehan Gigoise.

In quarum visionis, inspecxionis, lecture et transcripti testimonium, hiis presentibus litteris, seu huic presenti vidimus,

dictum sigillum quod tenemus duximus apponendum. Constat nobis de interligna facta *de sang* dessus, et rasura simili *denrée*. Datum decimo secundo die mensis novembris, anno Domini millesimo trecentesimo octuagesimo nono.

Facta est collatio per me Johannem Bony, clericum, notarium-que juratum curie Combralhie, ad originalem.

Vidimus sur parchemin, *Archives nationales* P. 1375², cote 2560. Publié dans l'*Inventaire des titres de la maison ducale de Bourbon* T. II., p. 17-19.

~~~~~~~

XIII.

CHAMBON.

Charte de franchise et de coutumes donnée aux habitants de Chambon par Louis II de Bourbon, comte de Forez, seigneur de Beaujeu et de Combraille, pair et chambrier de France.

(1408. — février.)

Loys de Bourbon, comte de Fourez et seigneur de Beaujeu et de Combraille, per et chambarier de France, savoir faisons à tous presens et avenir, que nous, qui tout notre temps avons toujours eu, ainsi que encore avons, tres grant affection et fervent desir au bien, acroissement et multiplication de la chose publique, meismement des terres et seigneuries estans par le plaisir de Dieu soubz notre gouvernement : considerans tout cuer humain estre enclin à liberté et droiz de prerogacion et franches observances, qui sont chouses attrayans le cuer du peuple à converser et commanoir ès lieux ou telz droiz sont inviolablement tenus et observés, par lesquelles observances l'estat des villes et cités et de toutes bonnes communités est acreu et maintenu en tranquilité et fertile prosperité ; regardans la convenable situacion du lieu de notre ville de Chambon-Sainte-Valiere, assise en notre pays de Combraille, ou diocese de Limoges, en contrée fertile de tous biens, en assiete convenable de laboraige, eaux, forests et praeries et autres biens, où il a de bons bourghois, marchans, laboreurs et autres habitans ; aians grant desir et volonté d'acroistre, augmenter et multiplier le bien de la dicte ville et de la chose publique d'icelle ; lesquelx habitans nous ont humblement supplié et requis qu'il nous pleust douer eulx et ladicte ville de Chambon de pareilz droiz et franchises que ont nos autres villes franches de notre dit pais de Combraille, dont la dicte ville porra estre grandement acreue et multiplie en biens, honneurs, marchandises, habondance de peuple et frequentation de marchans et marchandises et autrement, en toutes manieres : Aians cez chouzes en consideracion, de notre certaine science et grace special et par l'advis et de liberacion de notre conseilh, esdiz bourghois et habitans de la dicte ville de Chambon et à leurs successeurs, habitans de ladicte ville, perpetuelment, avons donné et ottroyé, et, par cez presentes, donnons et ottroyons que eulx et leurs diz successeurs puissent et leur soit leu de joir et user doresen avant, à toujours mais, des franchises, droiz, libertés, prerogatives, avecques les autres bons usaiges que d'ancienneté ilz ont usé et par la forme et maniere cy après declarées.

Et premierement que noz diz bourgoiz et habitans en la dicte ville peussent et leu soit leu creer et ordonner quatre consses ou consoulz, de deux ans en deux ans, ou de an en an, en la dicte ville et franchise, lesquelx seront presentés par iceulx habitans à notre balli ou chastellain de Combraille ou à leurs lieutenans ou à l'un d'eulx, à leur novelle creation ; lesquelx consses ou conseulz jureront en la main de noz balli ou chastellain ou leurs diz lieutenans que bien et loyaulment gouverneront le fait de la chouse publique de la dicte ville et la notre et ne faront ne soufferont estre faite aucune chouse en notre prejudice ou de noz diz bourgoiz et habitans, eulx estans consses ou conseulz.

Item que noz diz bourgois et habitans porront muer et changer iceulx consses ou conseulz et eslire autres bons preudomes en lieu d'eulx, lesquelx feront le serement devant l'un d'eulx, comme dit est.

Item que iceulx consses ou conseulz porront, leur loira faire et imposer taille sur iceulx bourgoiz et habitans de la dicte ville et franchise, pour convertir au proufit et au fait et utilité d'iceulx bourgois et habitans ou de la greigneur et saine partir d'iceulx ; lesquelx consses ou conseulz en seront tenus de rendre compte, eulx deposez de leurs diz offices, à leurs successeurs consses ou conseulz, appellez avecques eulx quatre autres preudez hommes desdiz bourgois et habitans, senz dengier, achaison de nous et amende, si n'y avoit partie formée contre iceulx consses ; auquel cas notre procureur se porra adjoindre avecques la partie se bon lui semble.

Item nous seront tenus de paier un chascun an, à nous et à noz successeurs, seigneurs de Combrailhe, à une chascune feste de Saint Michel, par chascun an, cent solz tornois, à cause de franchise et bourgeoisie.

Item nous sont et seront tenus de poier à nous et à noz successeurs pour les cas. C'est assavoir quant nous passerons oultre mer ; se nous estions prins de noz ennemis, que jà n'aviegne ; ou quant nous marierons noz filles ; quant notre filz sera novel chevalier, ou quant il sera seigneur novel où dit pais, la somme de soixante livres tornois, à un chascun desdiz cas avenuz. Laquelle somme ilz porront imposer sur iceulx habitans et sur tous ceulx qui auront et tiendront heritaiges en la dicte ville et franchise et sur autres manieres de gens qui, par avant l'ottroy de cez noz susdictes lettres, ça en arriere, ont acoustumé de contribuer, imposer avecques eulx pour les diz cas.

Item nous sont et seront tenus de paier lesdiz habitans en ladicte ville et franchise, de chouse cogneue et confessée, vint deniers de clameur.

Item de chouse nye et emprès cogneuue ou provée, sept solz d'amende.

Item de sang demontré ou cogneu, soixante solz d'amende.

Item nulz desdiz habitans ne devra amende sanz clameur ou plainte de partie en causes civiles, si n'est prins par justice au present forfait.

Item de sang ou de griefve bateure sans mutilacion, soixante solz tornois d'amende, et au batu et mutilé ses domaiges et amende selon le cas.

Item d'autre bateure simple, sens sang, sept solz d'amende.

Item de cry et abus, soixante solz.

Item nul desdiz bourgois qui ait et puisse paier l'amende ne doit estre prins ne soy apleigier, fors que par trois cas : c'est assavoir, par l'arroucin, murtre ou ravissement de feme et pour autre cas criminel.

Item un chascun desdiz bourgois et habitans peut faire gaigier pas noz sergens, por son debte cogneu, le principal debteur ou leur pleige et faire vendre les gaiges dedans huit jours, selon la coustume du pays.

Item, se aucun desdiz bourgois tient faulx pois, aulne ou mesure et il jure que il ne le savoit pas, nous paiera soixante solz d'amende de la premiere foiz qu'il en sera reprins ; et se plus en estoit reprins, il en deura amende à mercy.

Item tous adjornemens doivent estre de huit jours au moins se ce n'estoit en cas de gaigement, empeschement ou autres cas qui requiere celerité ou eminent perilz.

Item nul desdiz bourgoiz et habitans, paians un chascun an de la bourgeoisie dessusdicte ne paiera à nous laide de riens que il vende en notre dicte ville, pourveu qu'il ait habitation et maison en icelle ville.

Item qui achaptera possessions en ladicte ville et franchise mouvans de la censive d'aucun paiera les los et ventes au seigneur censiver en la maniere acoustumée.

Item les seigneurs de la censive porront retenir la chouse vendue, mouvans de leur cens, dedans quarante jours, et semblablement, filz du lignaige du vendeur, en rendent le pris avec les loyaux coustz et missions, amendement de la chouse vendue.

Item nulle criée ne doit estre faicte en notre dicte ville sans notre licence ou de noz gens et officiers, ou à la requeste d'aucun qui aroit perdu ou esgaré aucun chouse du sien.

Item se aucun de noz diz bourgoiz est prins en aucun forfait de prez, blez, hors ou bois d'autruy, de jours, nous paiera sept solz d'amende ; et se il eet prins par nuyt, soixante solz tornois d'amende.

Item se aucun trouvoit bestes grosses en son meffait, il doit avoir par chascune beste quatre deniers et par chascune beste menue ung denier ou son domaige, se plus montoit, et de la prinse doit estre creu par son serement.

Item nulz desdiz bourgois et habitans ne doit avoir domaige en chouse que sa sienne ou sa magnie facent, se il ne les prant en adveu.

Item notre procureur ne doit avoir despens de ceulx que met ou tient en cause en notre court ne les emparer.

Item ceulx qui viendront es marchés et foires ou à l'eglise dudit lieu, le dimenche, ne devont estre prins, arrestés ne gaigés pour aucun fait, se ce n'est pour le fait desdiz marchés et foires, ou pour cas criminel, ou se n'estoit vacabondes et de hors de justice. Et cilz qui le faront nous devront sept solz d'amende, et rendront les gaiges et domaiges à partie, se ce n'estoit par notre fait.

Item, se aucun homme estrange se part de notre dicte ville sans paier la laide à nous deüe, il nous devra sept solz pour l'amende.

Item, les parties povent paciffier et acorder entre eulx de toutes chouses et clameur faicte, sans amende à nous, sauve notre droit.

Item se aucun doit ou est pleige envers un autre, et puis chiet en amende envers nous, le debiteur et la pleige seront paiez premierement, et du demourant nous serons paiez de de ladicte amende.

Item, se aucun a geté gaige de bataille et il s'en retrait, il nous devra soixante solz un denier d'amende.

Item, nos diz bourgeois ne seront tenus de nous suyvre, fors que par notre dicte terre de Combraille, se le bourgeois n'est feodalier, ou au moins tel qu'il se puisse et doye armer.

Item, se nous ou aucun de nos gens aient besoing ou necessité de homme ou bestes par loyaige, nous ou nos dictes gens les devons loyer acordablement, et paier le just pris raisonnable, et non autrement.

Item, nos diz bourgois ne seront tenus de contribuer ès imposicions, guettes ou eques qui se feront en notre dit pays de Combraille, se ce n'estoit de leur consentement et volunté.

Item, nous ne devons ne povons rens prendre des bourgois de ladicte ville et franchise, oultre leur gré, se ce n'est ce en quoy ils nous sont tenus de raison.

Item, se nous voulons des denrées de ladicte ville, nous les devons achater et paier à just pris et raisonnable.

Item quant nos sergens gaigeront et adjorneront dedens ladicte ville et franchise, ils ne auront pour leur salaire fors que deux deniers pour chascun gaigement ou adjornement, ou ce qui aura esté acostumé.

Item, que se aucun de ladicte ville et franchise estoit tenus à aucun bourgois d'icelle ville et n'eust de quoy paier, le bourgeois à qui sera la deble, puet faire saisir, crier et vendre les heritaiges et biens d'icelui obligé, selon la coustume du pays; et ou cas qu'il ne troveroit qui les voulsist acheter, il y mettra à son paiement, et les porra achetter et avoir selon raison et la coustume du pais.

Item, tout homme qui vouldra demorer en ladicte ville et franchise, et vouldra joir et user des privileges et libertés de notre dicte ville, sera tenus de paier à nous, en la main de notre chastelain, à la première assise qui tiendra pour nous dedens la premiere année, trois solz tornois pour un foiz, et d'ilecques en avant, comme les autres bourgois de notre dicte ville.

Item, tous homs qui aura vin en tonnel, en ladicte ville et franchise, se il veust vendre àdetailh, il le porra plus vendre chascune quarte, un denier, que cellui qui se vendra des barriz.

Item, se aucun vent vin de Montluçon en ladicte ville et franchise, à taverne, il ne le porra vendre plus que il aura achaté audit lieu, fors que deux deniers plus le sextier, pour ce que la mesure de Monluçon est plus grant que celle de notre dicte ville de Chambon; et cellui qui fara le contraire, il nous paiera sept solz d'amende.

Item, le jour des foires, chascun de notre dicte ville puet

vendre vin, la quarte plus que les autres jours, un denier, sans amende ou reprension, ainssi comme a esté acoustumé.

Item, nulle personne ne sera si hardiz de vendre ne acheter quelque denrées que ce soient, ès jours des marchés et foires, hors des lieux et places acoustumés, à paine de nous paier sept solz tornois.

Item, nos chastellains ou autres juges doivent jurer en la presence des consses ou consseulz, en leur novellete, que ilz les garderont et tiendront en leurs franchises et libertés; et samblablement lesdiz consses ou conseulz, quant ilz seront noveaulx, doivent jurer ès mains de notre dit chastellain ou juges, de garder notre droit, et cellui des habitans de notre dicte ville et franchise.

Item, leur avons octroyé et par la teneur de ces presentes, octroyons, pour l'acroissement et augmentacion de notre dicte ville et personnes, qu'ilz aient et puissent avoir, joir et user de marchié en ladicte ville, chascune sempmaine, perpetuelment, les vendredis.

Item, leur avons octroié, et par la teneur de ces presentes, octroyons qu'ils aient et puissent avoir en notre dicte ville, de novel, cinq foires l'an, oultre celles qui y sont d'ancienneté, dont ilz ont trois; et leur seront assignez ès jours plus proufitables pour eulx, et moins domaighables et nuysables à leurs voisins, à l'esgart des commisseres qui sur ce leur seront ordonnez.

Item, en iceulx marchiez et foires dessus dictes, à eulx par nous novellement octroyés, cy-devant dictes, nous aurons et prandrons droit de laide, tant en grains come en bestiailh et autres denrées, ès mesures, en la forme et maniere que nous la prenons ès foires et marchiez de notre ville d'Euvaon, pourveu que ce soit en une escuelle rase et raisonnable.

Item, nos diz bourgoiz et habitans ne seront tenus de aler à guetter ne faire guet hors de ladicte ville de Chambon, ou cas que ilz auront fortificacion dedens icelle.

Pour lesquelx privileges, libertés et franchises dessus nom-

més, nos dessus diz bourgois nous ont paié la somme de quatre
cens cinquante livres tornois, de laquelle somme nous nous
tenons pour content et bien paié, et en quittons nos diz bourgois et habitans et leurs successeurs, perpetuellement. Pour
quoy, nous leur avons octroyé, et par ces nos presentes, oc-
troyóns, pour nous, nos hoirs et successeurs, seigneurs de Combrailhe, les libertés, privileges et franchises ci-dessus nommées, sauve notre droit et l'autruy en autres chouses ; lesquelx privileges et libertés, nous promettons en bonne foy et
sur obligation el hypotheque de nos biens et de nos hoirs presens et à venir, à tenir et attendre et (garder) ferme, estable
et agréable à tous jours mais, perpetuelment, sans leur enfraindre, ne venir en aucune manière au contraire, en espécial
lesdiz marchiés et foires devant dictes, à eulx par nous novellement octroyées. Toutevoies, se aucunes personnes de igno-
ble condicion, à nous ou à nos vavasseurs ou à autres, venoient
demorer en ladicte ville de Chambon, nous ne voulons pas
que par leur demoure illec, ils acquierent aucune exempcion
de servitute par la teneur de cez privileges. Si donnons en
mandcment par ces presentes à noz amés et feaulx gens de
de noz comptes, bailli, chastellain, procureur et receveur de
Combraille, et à tous nos autres justiciers et officiers, presens
et à venir, ou à leurs lieutenans ; et à chascun d'eulx, si come
à lui apartiendra, que lesdiz bourgois et habitans et leurs successeurs, habitans de ladicte ville de Chambon-Saincte-Valerie,
de la teneur de ces privileges et de chascun des poins et articles contenuz en iceux, facent, laissent et souffrent joir et
user plainement, paisiblement et perpetuelment ; par eulx ne
aucun d'eulx molester ou empeschier, ne souffrir [estre] molestez ou empeschiez, ores ne pour temps à venir, en aucune
maniere, au contraire. Et affin que ce soit ferme chouse et
estable à tous jours mais, nous avons fait mettre notre seel à
ces presentes, donnees à Molins, ou mois de fevrier l'an de
grace mil quatre cens et huit. Et sont ainssi signées en marge
par monseigneur le duc, en son conseilh, ouquel le louat le

bailli de Bourbonnais, messire Robinet de..... Jehan de Saint-Priet dit Petit Mareschal, le sire de Chastel en Montaigne, chevaliers, les balli et chastellain de Combrailhe, les gens des comptes et.....

Copie, parchemin, *Archives nationales*, K 346.

XIV.

LA BORNE.

Traduction de la reconnaissance donnée par les consuls et les habitants du bourg de la Borne à Ranulfe d'Aubusson, cheva-lier, seigneur de la Borne, des droits et redevances par eux dus audit seigneur et des coutumes et franchises qu'il leur a accordées.

1265. — janvier.

A tous ceux qui ces presentes lettres verront [les] consuls et autres habitans qui composent le bourg de la Borne, salut à tous ceux qu'il appartiendra. [Savoir faisons] que noble Ranulphe d'Aubusson, homme de service pour le Roy, et notre seigneur de la Borne, reconnoissant notre fidellitté et tous devoirs que nous luy avons rendu jusqu'à present, pour cet effet, il a bien voulu, à nous et à notre posterité, nous accorder toute franchise et liberté preferablement a tout autre, y connessant de plus que nous avions quelque franchise et coutume reconnue. Et pour raison, il nous accorde de plain gré et bonne volonté, tant pour luy que pour les siens, à nous et à nos descendants, dès à present comme pour toujours, les mèmes privileges qu'à Villefranche, le Montheil-au-Moine[1] pour son service et les livrant tels qu'ils l'ont. Il donne aussy à nous et à nos descendans, les droits des chemins, sentiers, eaux, aigoux, dans la Borne, se reservant [pour] tout droit, droit de cens sur les terres et maisons, tant en denier qu'en bouade, de sorte que chaque maison[2] doit avoir en dimension scavoir vingt-deux pieds en largeur et quarante-deux pieds

---

[1] Lisez Monteil-au-Vicomte, Monteil-au-Moine (Allier) n'a jamais appartenu à Ranulfe d'Aubusson qui possédait au contraire Monteil-au-Vicomte.

[2] Lisez *peason* V. ci-dessus l'art. 1 de la charte de Chénérailles.

en longueur. Nous donnerons annuellement, à notre susdit seigneur, savoir un septier d'avoine, une poulle et quatre deniers, et nous payerons seulement les cens et rentes que nous avions coutume de lui payer touchant tous les fonds situés dans l'enclos des bornes et des croix de notre bourg franc. Or les bornes qui font l'étendue de la franchise de notre bourg sont les croix situées audessus de notre cimetiere, près la pecherie de la Loche, fontaine qui se trouve entre le bourg et la chapelle Notre-Dame, ensuite les murailles, appellées Lusinaz et les quatre chemins, près les murailles appellées las Chabrieras, ainsy que la droiture conduit d'une borne à l'autre. Et s'il arrive que des estrangers ayent envie de bâtir sur ces fonds, les propriétaires d'iceux seront tenus de leur vendre la dimension de terre cy-dessus prescrite à l'égard des quatre experts qui seront nommés : scavoir, deux de notre nomination et les deux autres de celle de notre seigneur, avec un l'escriverain? de notre bourg, si les quatre ne peuvent convenir eux ; et nous habitans dudit bourg, si nous connaissons [que] les pretendus acquereurs ne puissent trouver un lieu suivant leur condition, au rapport des mêmes arbitres, nous serons tenus de leur vendre nos maisons, ne pouvant nous reserver que celle qui conviendront à notre état.

Et pour ce qui concerne les terres que nous tenons et possedons à present, situées au delà des lieux prescripts, nous donnerons audit seigneur mesure rase en nombre pareil comme nous l'aurons semé, comble, avec la dîme; nous ne payerons neanmoins aucune cens ni autre revenu pour cette terre, quoiqu'auparavant nous l'eussions de coutume à le faire toutesfois.

Notre dit seigneur peut donner à l'étranger qui viendrait s'establir dans le bourg, du fonds que nous cultivons, pour les dimensions prescriptes, avec un jardin, des biens d'un habitant, et s'il en donnait davantage, il serait tenu d'en remettre la valeur à *tal* à l'habitant.

Le seigneur a droit de vendre les terres incultes et en friche, situées au delà des bornes prescriptes, ou les **ceder**

suivant sa volonté. Et lui reconnaissons cens et rentes ; il nous
donne en consequence terres, prés et autres fonds susdits,
tous libres, aux conditions que nous ne nous depouillerons
jamais au profit d'aucun moine, chanoine, hospitalier, sans en
excepter aucun ordre. La raison est que nul ne puisse posseder ces susdits fonds qu'il n'habite les lieux, qu'il n'en des-
pande, pour raison de sa charge. Et nous, habitans dudit lieu,
sur la demande qui sera faite, nous devons rendre cens, terrage de nos maisons et terres situées dans ledit enclos dès la
Saint-Michel jusqu'à la fête de Tous-les-Saints, inclusivement.

Sur le refus que nous ferons aux personnes proposées qui se
seront portées dans nos maisons pour exiger ce payement de
nous, nous serons dès lors obligés de porter lesdits cens et
terrage dans le grenier dudit seigneur situé dans ledit bourg.

Aucun soldat n'y autre ne doit demeurer dans ledit bourg.

Nul ne doit non plus être reçu chatelain dans la Borne, ou
lieutenant ou baillif qu'an preatable il n'aye fait serment qu'il
la tient sur les us et coutumes ci-dessus enoncés.

Le chatelain ou lieutenant de la Borne ne pourra faire proceder ni expulser ni decreter contre un homme, pour depte ou
injure, que pour la premiere fois il n'ait bons pouvoirs de la
partie, creancier, injuriée, quoique le chatelain ou baillif le
voulust de la sorte, ou il jurera qu'il l'a surpris pour la premiere fois en flagrant delit. L'un ny l'autre ne peuvent le decreter pour la seconde fois.

Le chatelain ou lieutenant peut donner en afferme les biens
deserts dans le bourg, quand ils sont vacans et ne produisent
rien audit seigneur, cens reservez pourtant audit seigneur. Et
si, par cas fortuit, il les ont affermé à diminution de cens, les
habitans ne perdront pas leur proprieté, à condition qu'ils en
dedommageront le seigneur et rendront le premier cens ; et le
chatelain ou son lieutenant remediera au tort qui sera fait au
seigneur.

Si quelqu'un vient dans la Borne pour la garde d'icelui, il y
demeurera en sureté antant qu'il voudra s'y soumettre à nos
coutumes, sinon, il n'y restera que sept jours ; après le [quel]

temps nous le conduirons ailleurs, pour la sureté et conservation des biens de notre dit seigneur.

Quiconque viendra dans notre bourg otage pour an et jour, et qu'il aye rien contre les droits, lui, ses biens et sa famille seront libres dans le bourg.

Et si un soldat ou un client demande le corps d'un homme, et il ne peut pas prouver qu'il lui appartienne, sur le rapport de son domestique, mais bien au rapport de tout autre, excepté pourtant que les hommes qui appartiendront audit seigneur ne pourront demeurer dans ledit bourg sans son consentement. Mais pour ceux qui sommes deja en possession, nous resterons libres dans notre bourg.

Et si quelqu'un habitant veut sortir de la Borne pour aller rester ailleurs, nous devons le conduire pour sa sureté ; et si ses biens restent dans le bourg, il pourra aller et venir et jouir de ses biens, à la charge qu'il payera les mesmes droits qu'il devet ci-devant.

Et si nous avons quelque differend avec notre seigneur, celui-ci qui aura sa maison à la Borne pourra vaquer à ses affaires, aller et venir en toute sûreté ; il ne perdra non plus l'argent qu'il auroit pu prêter aux habitans pour soutenir le procès que les habitans peuvent avoir avec leur seigneur ou avec d'autres et pourra ensuite l'emporter avec soi en toute sûrete où il voudra.

Tout habitant peut emprunter sur gage dans la Borne, et apres avoir gardé le gage sept jours, il sera ensuite vendu en place, après autres sept jours, et le créancier retiendra sa somme sur l'argent qui proviendra du prix de la vente et remettra le surplus au debiteur ou à la caution s'il la trouve dans le bourg. Si le gage ne se retire pas au tempz profixé, il demeurera perdu.

Si quelqu'un ayant l'age recherche avec titre quelques habitans sur la jouissance du bien qu'il tenoit dans le bourg et qu'il aura possedé an et jour, et le demandeur present dans le temps de la jouissance, il en sera dechu, s'il n'a soin de la demander à cause de la grande misere connue à tout le monde.

Telle possession a lieu contre un homme qui demeure ailleurs que dans ledit bourg et contre un homme qui n'a pas atteint sa quinzieme année. Pareillement, elle a aussy lieu si la terre ou autre bien sont rapportés au terrage. Si quelqu'un achepte des heritages du bourg, les prend de vendeur interpellé, à l'acquisition ne peuvent etre reçus après quinzaine expirée. Mais s'ils ne sont appelés, ils peuvent revenir dans l'an et jour.

Nul etranger ne perdra ses droits des biens qu'il a dans ledit bourg, pourveu qu'il en paye les charges.

Ledit seigneur se reserve la layde de tout ce qui se vend dans le bourg de la Borne sur tous les forains, ainsy qu'il a coutume de lever. Et pour ce qui concerne les choses que nous pouvons aller vendre à Aubusson ou ailleurs, nous ne devons ny peage ny layde, si ce n'est ce que nous avons coutume de payer expliqué de l'autre part. Si quelqu'un, par friponerie, evite de payer la layde, il payera trois sols ; et si le bruit vient plus tôt aux oreilles de l'habitant qu'à celle du juge ou lieutenant, l'habitant sera tenu de *lo* pacifier, le juge prendre un sol sur l'auteur de la querelle.

Celui qui auroit donné un coup de poingt doit trois sols et un sol pour chaque autre ; si l'on prouve qu'il en aye donné plusieurs, il pourra se retirer pour cette valeur.

Si un etranger vient en place battre un autre etranger, l'aggresseur devra un écu au seigneur, de même de l'habitant a l'etranger et les personnes du bourg de même.

Ceux qui tirent l'épée pour vuider leurs differents, alors leurs biens se trouveront en la disposition du seigneur, mais non leur personne, à moins qu'ils ne meurent de leurs blessures. Si cette guerre dure encore, le seigneur reçoit quinze sols de la premiere caution ; s'ils ont fait leur paix, de la seconde autres quinze sols, des deux autres trente sols. Pour ce qui regarde un differend eteint, il n'en peut toucher qu'un écu.

Le seigneur profite aussi d'un écu pour les fausses mesures, et le marchand doit restituer l'acheteur pour la fausse mesure.

S'il s'agit de vol, homicide, adultere, ou raviment, celui qui succombera devra un écu au seigneur.

Celui qui entre dans un jardin ou dans le blé d'autrui de jour, ou dans la vigne pour y faire du mal, si on peut le prouver, il donnera trois sols ou son oreille. Pareillement si la chose arrive de nuit, il donnera son oreille ou payera trois livres.

Si quelqu'un est trouvé dans le cas de l'amende, et qu'il doive aux habitans, l'habitant sera preferé à l'amende.

Aucun habitant deffendeur ne doit plaider en autre juris-diction laïque ni ecclesiastique que ce ne soit dans notre châtellenie, pour tout ce qui regarde les biens situés en notre franchise contre un clerc. Mais si un clerc demande en presence du seigneur son bien, il doit plaider comme on fait dans une juridiction ecclésiastique, selon l'usage du lieu.

Si quelqu'un vient au bourg et qu'il y ait demeuré auparavant, à moins que ce ne soit pour crimes capitaux, il sera gardé et conduit par un habitant dans toute l'étendue de la terre dudit seigneur.

Un homme sans aveu qui demeurera dans le bourg, doit donner caution au seigneur ou au châtelain ou au lieutenant ou au ballif et doit obliger tous ses biens pour cet effet, de peur qu'il n'arrive d'icelui vol, adultere ou homicide et de chaque procès on doit donner caution avant le jugement.

Les bêtes prises du jour dans un bien voisin pour malfaite, chaque bête payera au proprietaire cinq deniers, excepté chevres et moutons qui ne payeront qu'un denier: il peut tuer les chevres. Si on prend des bestes de jour et de garde faite, on payera trois sols au seigneur et le dommaige au proprietaire. Si avec suffisante preuve on les susprend de nuit, il sera double, un écu au seigneur et la partie dedommagée.

Si quelqu'un a soupçon contre un autre sur la conduite de sa femme et qu'il lui aye deffendue sa maison et en presence de temoins et qu'ensuite il le trouve chez soi seul avec elle, il doit le prendre, s'il peut, et le traduire chez le seigneur ou le juge ou lieutenant ou baillif. Et ne le pouvant prendre, s'il lui donne quelques coups, il ne fait aucun tort pour cela à son seigneur.

Si quelqu'un surprend un voleur de nuit dans sa maison, il doit le prendre s'il peut et le traduire ensuite chez son seigneur ou son juge, sinon quoique il luy donne des coups, il ne fait point de tort à son seigneur.

Si quelqu'un amene une femme à la Borne qu'il aura epousée et qu'il lui fasse part de la moitié de ses biens et de ceux qu'il pourra acquerir, il la fait par ce moyen heritière de la valeur.

Si quelqu'un meurt à la Borne n'ayant point d'enfants, les les biens du pere retourneront aux parents paternels et en sera de même pour les biens maternels envers les parents maternels. Et s'il a acheté l'héredité qui provient du bien du pere, elle retournera du coté paternel, et de même du coté maternel, s'il arrive la même chose, les deniers exceptés pour les deux choses,

Si quelqu'un meurt à la Borne sans hériter, on retiendra sur ses biens la valeur de ses dettes, ensuite une aumone raisonnable en faveur des pauvres dudit lieu, et le surplus demeurera en la garde du juge pendant l'an et jour, deux habitans à ce presents. Et si, dans le temps, il se presente quelqu'un qui puisse suffisamment prouver la parenté, ainsi qu'il devra le faire, il sera revetu de l'heredité, sans prejudice au cens deub, sinon les choses demeurerons audit seigneur.

Le seigneur, par violence et par autorité ne doit rien exiger de ces habitans, ny les amener malgré eux à la guerre, si ce n'est dans ses terres pour les défendre.

Un bourgeois de la Borne ne doit point de taille à son seigneur, si ce n'est qu'il ne veuille faire le voyage de Jérusalem, si ce n'est lorsque son fils voudra faire sa première compagnie, ou qu'il ne marie sa fille, si ce n'est à cause de décès ou d'emprisonnement, pour lesquelles choses, elle sera employée pour rachepter le corps : pour ces susdites causes, le seigneur pouvoit inquiéter les bourgeois dudit lieu, ils doivent entre eux le montant d'icelle.

Toutes personnes libres peuvent s'establir à la Borne, y venir, y recueillir les successions de leurs parents, à cause de leurs alliances; ils peuvent y demeurer libres.

Chaque habitant peut avoir son four, mais le seigneur aura un denier de chaque septier de blé qu'on cuira dans le bourg.

Les habitans sont tenus de moudre leur grain au moulin du seigneur et nul ne pourra bâtir de moulin dans l'étendue dudit lieu,

Le seigneur a droit dans ladite étendue de faire des guerennes pour son usage et besoin. Il peut aussy dans le même tenement faire des étangs. Si néanmoins pour ce faire il prenait des terres, prés et biens cultivez, il serait tenu de remettre la valeur à égard d'experts, qui seront nommés l'un par le seigneur et l'autre de notre côté. Et si les-deux ne conviennent, nous nous reservons à nommer un tiers.

Le seigneur nous donne le droit de chauffage dans la forêt, et celui de prendre du bois d'haute futaye pour servir à nos batimens et autre chose propre et utile. Il nous est pourtant défendu d'en faire trafic ny pour vente ny pour don ny pour ouvrage à vendre. Le même seigneur et ses descendants peuvent vendre les bois de cette forêt nonobstant nos privileges accordés ci-dessus, nous laissant les taillis pour notre usage prescript'ci-dessus; et lorsque pour batir nous voudrons prendre des arbres sur pied de ladite forêt, nous serons tenus d'appeler le valet dudit seigneur. Et pour notre chauffage nous pourrons en prendre certains sur pied et vivants. Le seigneur se réserve pourtant un certain lieu de la forêt, tant envers nous que pour d'autres; et nous habitans, à cause de notre usage dans la forêt nous devons annuellement à notre dit seigneur un voiage audit hois ainsi que nous avons continué de payer.

Tous forains peuvent apporter dans le marché de la Borne toute sorte de marchandises, ainsi qu'ils voudront et le vendre incontestablement.

Parce qu'à présent on ne peut plus connaître les alignements ailleurs marqués et expliqués entre les droits et à cause des nouveaux bâtimens, eschange et vente de biens, le seigneur veut et accorde que nous payons pour tous les biens que nous avons en dedans et en dehors des bornes prescrites, ce que nous avons coutume de payer. Et nous, habitans, nous payerons, en conséquence, le droit d'entrée et de sortie, si les habitans de Villefranche, et de Monteil-aux-Moines payent ce droit, et combien ils le payent au seigneur nous le donnerons semblable à celuy à qui il se donne, le seigneur nous ayant accordé les mêmes privilèges comme celui qu'il a accordé au Monteil-aux-Moines, plus clairement expliqués d'autre part.

Si dans la suite, il se glisse quelque abus que l'on ne puisse pas reformer sur la lecture des presentes, à cause de l'ambiguité qui pourrait s'y trouver, ne pouvant la surmonter, on sera tenu de suivre l'usage ancien de la Borne, observé jusqu'à present, ou l'on se conformera à celuy d'Aubusson ou d'autres villes qui soient franches.

Ledit seigneur nous accorde aussy les lieux qui sont en jardins, situés au delà des croix et des susdites bornes, aussy francs et libres que ceux qui se trouvent dans l'enceinte dudit bourg. Et pour cela nous ne luy donnerons que ce que nous avons coutume de luy donner; et nous nous soumettons aussy et consentons que notredit seigneur leve le terrage et la dîme de toutes les terres qui ne seront point jardin naturel qui se trouveront dans l'enclos de nos bornes et qu'il puisse les tirer en droiture pour en faire jardin ou ce qu'il voudra faire ou qu'il dedommage le proprietaire, comme il a esté ailleurs expliqué: d'un accord reciproque nous nous soumettons à tout ce que dessus.

Si un boucher vend à la Borne de la viande défendue ou non marchande, il devra un écu au seigneur.

Il faut savoir que chaque compartiment doit avoir vingt-deux pieds en largeur et derriere et devant et quarante pieds en longueur, comme il a esté dit ailleurs. Et un jardin doit estre d'une quartelée de terre, mesure de la Borne.

Ces choses on esté promises comme elles sont écrites par ces presentes; et nous promettons, pour la validité d'icelles, par serment solemnellement fait sur l'évangile, tant pour nous que pour nos descendans, que nous observerons à la lettre la teneur des presentes et que jamais nous n'objecterons rien contre icelles, ny tacitement ny expressement, par nous ny par autruy. Enfin, tous ensemble et un chacun en particulier, nous prestons le serment de fidlité à notre dit seigneur ; et lui, de son côté, le fait sur le saint Evangile, avec promesse de ne jamais violer aucun article de tout ce qui est marqué en ces presentes, qu'il les observera selon leur forme et teneur, sans y rien alterer d'iceluy, ny directement ny indirectement, ny tacitement ny expressement,

Ledit seigneur peut reparer sa maison, lui donner plus de hauteur, la reparer et la fortifier, y rester et y faire ce qu'il conviendra.

Il faut savoir qu'entre deux maisons, il doit se trouver un lieu commode, c'est-à-dire une venelle d'un pied et demy pour le moins.

Et la franchise du bourg, comme il a esté ailleurs expliqué, s'étendans jusqu'aux croix et limites, dites bornes, toutefois notre seigneur (sic).... Et nous entendons que tous ceux qui habiteront au delà des croix et des bornes, en quelque part qu'ils puissent loger, soit dans les terres des moulins de Varmaut et de la Fouillade, des Barbaris, de Thedes, de la Vauzeletas et Vauzelle, de la Mouilliera, des Peyros, de la Chassaniolas et autres appartenances et dependances ; et nous comprenons pas ces presentes telle et mesmes terres, bourg et meterie, à la reserve des droits que nous reconnaissons du terrage pour le seigneur, ensemble de la dîme, comme il a esté ailleurs expliqué.

En vertu de quoy, pour temoinage, nous donnons et accordons ces presentes audit seigneur, signées et scellées de notre communauté. Fait et passé du mois de janvier, en l'année du seigneur mil deux cent soixante cinq.

Collationé à l'original en parchemin, fait et rendu par les notaires du Châtellet de Paris, soubsignez, le cinquiesme novembre 1686. Signé Laverdy et son consort.

A la requête de Me Jean Dumarest, pr de Monseigneur le duc de la Feuillade, soit signifié et bailliée copie à Me Rochon, pʳ de Joseph et François de Lagrange, du titre qui établit les droits de terrage sur les tenanciers de la baronnie de la Borne ; sommant de fournir des defenses dans le jour, autrement ils poursuivront à l'audience le procès de son defendeur, faute de defendre avec depens, afin qu'il n'en ignore, dont acte.

DE LAVERDY, par arrest.

Le 28 aoust 1705, signifié et baillé copie à Mᵉ Rochon, pʳ, en son domicile, parlant à son clerc, par moi huissier, soubsigné. Laume.

Pièce papier, *Archives de la Creuse*, série E. suppl., famille d'Aubusson.

XV.

AUZANCES.

Extraits d'un procès-verbal fait en parlement, pour contraindre les habitants de la Combraille à payer la taille aux quatre cas à Louise de Bourbon, dans les châtellenies d'Auzances, Lépaud, Evaux et Chambon, dans lequel sont intervenus les consuls d'Auzances.

1538. — 5 octobre.

Entend prouver et montrer par devant vous, messieurs tenans les requestes du Pallais, conseillers du Roy notre sire en sa court de Parlement et commissaires de par icelle en ceste partie, dame Loyse de Bourbon, princesse de la Roche-sur-Yon, dame de chastellenies et seigneuries d'Auzances, Lespault, Euvahon et Chambon ez pays de Combraille, demanderesse, d'une part,

Contre les manans et habitans de la ville et franchise d'Auzance, les manans et habitans de la ville de Compas, les manans et habitans de la parroisse de Ronchat, les manans et habitans du lieu et parroisse de Chastein et Arfeuilhe, les manans et habitans de la parroisse d'au Mars, les manans et habitans du lieu et parroisse de Combraille près Lespault, les manans et habitans de la parroisse de Viersat, les manans et

habitans de la parroisse d'Auge, les manans et habitans de
Bort et Bournet, les manans et habitans de Laige et la Bus-
siere, les manans et habitans de la parroisse de Soubzmanz,
les manans et habitans de la ville d'Euvahon, les manans et
habitans de la parroisse d'Euvahon hors la ville et franchise etc.

Que a tort et sans cause lesdits defendeurs ont debatu et
persisté au contraire, portant que par votre sentence jugem-
ment et à droit, lesdits defendeurs seront condemnés et con-
trainctz payer à ladite défenderesse, ung chascun d'eulx, la
somme de trente solz tournois pour feu, le fort portant le
faible, de taille à eulx imposée comme subgez reseans justiciables et taillables ez quatre cas, suyvant la coutume et no-
toire observence du pays d'Auvergne, auquel ressortent les
dites châtellenies et seigneuries, pour et à cause du mariage
fait, celebré et consumé entre le seigneur de Rieux, et dame
Suzanne de Bourbon, fille de ladicte demenderesse.

Premièrement qu'elle est vraye dame du pays de Combraille quoy que soit des chastéllenies et seigneuries d'Auzances Lespaulx, Euvahon et Chambon en Combraille.

....Se sont comparuz, c'est assavoir les consulz, manans et
habitans de la ville d'Auzances, qui se sont comparus par
maistres Françoys Denys, Pierre Monamy, Pierre Foureton et
Anthoyne Siraud, en leurs personnes, consulz et habitans de
ladicte ville d'Auzances, tant pour eulx et en leurs noms que
comme consulz de ladicte ville et aussi pour les aultres habitans d'icelle ville et franchise d'Auzances, avecques maistre
Anthoyne Rellier, leur conseil, et procureur des aultres habitans de ladicte ville et franchise d'Auzances.....

— Dient aussi les consulz de Auzances, tant pour eulx que
pour les habitans et par tous ceulx qui sont de leur franchise
dessus nommés et aussi tous ceulx des paroisses d'au Mars et
du Compas, estans de franchise de Sermur et pour les consulz,
manans et habitans de la ville de Bouhon et ceulx des villaiges d'Estivaux, paroisse d'Esbouhon, hors la ville et les habitans du village du Teiller en la paroisse de Sainct-Julien-la-
Geneste, qu'ilz sont de franchise et privilege de la dicte ville

d'Esbouhon, requierent estre relevés ou les austres mys en deffault, suyvant votre ordonnonce et la composition faicte par ledict Relier, leur conseil, etc.

(Original, parchemin, *Archives nationales*, série O, 20,960.)

1581. — 11 septembre.

Copie collationnée, en papier, d'une reconnaissance des consuls de la ville d'Auzauce en Combraille portant qu'ils sont tenus payer à Mgr le duc de Montpensier, à cause de son château et seigneurie d'Auzances, la somme de 53 l. tournois de taille franche, par chacun an, que, mondit seigneur a accoutumé prendre par moitié, aux termes de Noël et de Saint-Jean sur lesdits reconnaissans, audit nom, et autres habitans et detempteurs, de la franchise de la dite ville et pour raison d'icelle. (Armoire 16, sac 9).

Cote d'un inventaire existant aux *Archives nationales*, O. 20, 882.

XVI

SERMUR.

Aveu et déclaration rendus au roi par les consuls de Sermur.

1534. — 9 mai.

Notez que personnellement establyes honnêtes personnes Pierre Chappal, Antoine Bizard, Louis Roughol, habitants du lieu et paroisse de Sermur, et Jean Roughol, dict Tarrat, habitant du lieu de Libarteix, aux franchises et paroisse dudict Sermur, au diocèze de Limoges, consuls, l'année présente, du dict lieu et franchises, lesquels, tant de leurs noms propres et privés que comme consuls et manans, habitans des dictes franchises et du dict Sermur, de leur bon gré, etc., ont connu et confessé, connaissent et confessent par ces présentes au roi, notre sire ; pour lui à ce présents et stipulants les commissaires et notaires soussignés, etc,, qu'il lui compète et appartient la terre seigneurie et châtellenie de Sermur, du

Chier-Latour, Léon-le-Franc, Néoux, membres et dépendances
d'iceluy Sermur, en laquelle châtellenie y a plusieurs seigneurs
vassaux, tenants en fiefs et arrière-fiefs du dict seigneur, à
cause de la dicte châtellenie et comme subalternes d'ycelle,
les uns ayant justice basse jusqu'à sept sols, qui est le prévôt
d'Evahon, celui de Bussière-Nouvelle, et les aultres jusqu'à
soixante sols, comme est le seigneur de Villelume en la terre
de Villelume ; les aultres en toute justice haulte, moyenne et
basse ressortissant au baillage de Combraille et les autres non
ayant justice. Et contient ycelle dicte seigneurie en long depuis les lieux de (mot effacé) et des Ayraux, paroisse de Dontreix, jusqu'à Léon-le-Franc, paroisse de Bostrogier, de dis-
tance de loin l'un de l'autre environ six lieues de montagnes,
et de large depuis Saint-Bard jusqu'à Neuvialle distant de l'un
à l'aultre deux lieues, depuis Néoux jusqu'à Bonlieu et Cha-
maud quatre lieues ou environ. Dans laquelle châtellenie y a
plusieurs endroits, comme la ville de Bellegarde et Mainsat,
situés au pays de Francalleux, et plusieurs villages du pays de
la Marche et celui d'Auvergne, ayant justice, appartenant et
ressortissant au sénéchal d'Auvergne, à celui de la Marche et
non au baillage de Combraille, et se confronte la dicte châtellenie et seigneurie de Sermur entre les seigneuries d'Auzances,
d'Aubusson, Chambon et Lépaud, audict pays de Combraille et
les seigneuries de Saint-Julien et comté de la Marche, et les
baronnies de Crocq, d'Herment et du Montel-de-Gelat..... Plus
connaissent et confessent les dicts consuls qu'au dict lieu de
Sermur y a le château fort et place ruchière, de présent étant
en ruine et caducité, où il n'y a guère qu'une partie de la grosse
tour carrée debout : la dicte place ruchière fossoyée, avec
d'autres aisances et appartenances. Lequel château Rouchier
le seigneur de Cherdon, vassal de ladicte seigneurie, est tenu
d'entretenir de farrures de tout genre et d'en garnir toutes les
portes dudict château de toutes celles qui seront nécessaires ;
qu'ils ont ouvi dire ceci à leurs prédécesseurs, de tout temps
et ancienneté, à cause d'un certain droit de salinage, de forge
et de farrage qu'il lève sur le dict pays. Ce que le dict vassal

n'a fait et ce dont il n'a tenu aucun compte. Qu'il n'y a ni farrures ni ferrements aucuns; qu'il n'y en ont vu de leur souve-
nance que bien peu, et que ce peu s'est égaré et perdu comme
le château et les autres édifices sont dépérys.

Plus reconnaissent les dicts consuls que le roi, notre sire, a
en la dicte seigneurie de Sermur, comme domaine privé, un
bois revenant, appelé de Muransson, contenant environ vingt
septérées; certain bois taillis dict de Bourbon, de quatre septérées de terre; etc., plus le bois taillis des Garennes, de huit
septérées; enfin la haute futaie, appelée de Saudet, contenant
environ cent septérées; les dicts bois scitués et assis aux franchises de Sermur ou environs et tenant ez terres de mi-sements,
plus soulait avoir en ladicte châtellenie de Sermur, au lieu et
terroir du Croset-Maillary, paroisse de Mainsat, un bois de
haulte futaie qui contient environ quinze septérées de terre, etc.

Plus a le dict seigneur roi un étang dict de Chanterane, contenant cinq journaux d'étendue; etc. Plus a le dict roi ès appartenances de la dicte seigneurie, au lieu et franchises du Chier
de la Tour, deux étangs, l'un appelé le Grand, l'autre le Petit,
scitués au lieu de Chier de la Tour, et au-dessous du grand étang
un moulin bannier, contenant les dits deux étangs environ
huit œuvres de pré. Plus a le dict sire roi, près du dict Sermur,
dont il jouit à présent, l'étang nommé de Roudeleix, contenant
entour vingt œuvres de pré et joignant aux terres de la franchise de Sermur.

Plus a le dict notre sire, en la châtellenie, un moulin bannier, appelé de la Costas, qui se assence par chacun an en
ferme à dix ou quinze septiers de seigle. A le dict roi, en la
même châtellenie, le droit de péage qui vaut communément,
par chacun an, de vingt-cinq à quarante livres tournois.

Terres de my-sement: Le champ du cerisier, scitué dans
les franchises de Sermur, contenant cinq septérées environ, etc.
Plus une autre pièce, appelée de las Ganettas, contenant entour
dix septérées, etc.; plus autre terre, nommée des Deux Bost,
de cinq à six septérées, etc. Plus autre terre du Puy-Barjeron,
d'entour dix septérées, etc. Plus autre terre de las Combas de

Chier-Marvier, contenant aussi environ dix septérées, etc. Plus autre terre de las Chabannas, de la même contenance de dix septérées, etc. plus une terre, appelée d'au Pueux, de dix septerées, etc. Plus une pièce de terre, de la Fontette, de trois septérées, etc. Plus un ténement, ayant nom de l'Arboulière, contenant cinq septérées environ, etc. Plus autre pièce de terre, dicte d'au Pueux Lavadoux, d'une septérée ou entour, etc. Plus une terre, nommée de Thibourletas, de trois septérées, etc. Plus autre terre, du Terrier, contenant deux septérée sou entour, etc. Plus disent les dicts consuls qu'il y a plusieurs autres pièces de terre tant joignant ez terres susdictes qu'ailleurs, situées aux dictes franchises, etc. A scavoir : les terres, appelées du Puy-Dayras et Mazièras, et de Saigne-Morgue, le tout scitué aux franchises du dict Sermur, et contenant environ de cent à six vingt septérées de terre, etc.

Plus les dicts consuls, en présence des habitants du dict Sermur, ont confessé que tant des dictes terres vacantes qu'ils disent avoir droit et accoutumé de jouir, que de celles ci-dessus confinées, sont les terres de la Seille, le Pueux Barjeron, las Saignas Tirboletas, le Chier Masvieil, le Chier Gros, les terres du Pueux, celles du Cluzet, de las Champs de la Croix, le puy appelé de las Landas, les terres, appelées de la Font de l'Arboulière, celles de la Chabannas, de la Garrenne et de las Landas et encore celles du Peux de Lavadoux. En ycelles peut y avoir deux cents septérées de terrs ou plus, etc., étant de leurs franchises de Sermur ; et pour lequel droict de franchise ils payent, chacun an, vingt-huit livres six deniers tournois, etc., de taille franche au dict seigneur roi, à chacune fête de Saint-Michel archange, tant comme ils sont manants de la dicte franchise de Sermur, etc. Plus la somme de douze sols tournois à chacune fête de Saint-Julien, à cause qu'il leur est libre et permis cuire leur pain là ou bon leur semblera, etc.

(Extrait d'une copie du terrier de la châtellenie de Sermur faite au xviiiᵉ siècle. — Publié par M. Maingonnat, juge honoraire à Aubusson, dans le *Mémorial de la Creuse*, 23 mai 1875).

XVII.

LA COURTINE.

Coutumes et privilèges concédés aux habitants et aux consuls de La Courtine par Humbert de Tinières, chevalier, seigneur de La Courtine et de Farnoël.

1224.

Au nom du Père du Fils et du Saint-Esprit, Amen! Je, Humbert de Tinières, chevalier, seigneur de Farnoël, du vouloir et consentement de Hugues de Tinières, mon fils, et d'Alice de Mirambel, sa consorte, fille de Messire Hugues de Mirambel, chevalier, seigneur de St-Angel, de Mirambel et de La Courtine, donne, ai donné, octroye et ai octroyé, confirme et ai confirmé toutes les choses nommées en ce présent instrument aux habitants de la ville de La Courtine, qui y auront maison et autres choses, et y demeureront, tous les bons usages, bonnes coutumes, franchises, privilèges et libertés, tels qu'ils sont dans la ville d'Herment.

Art. 1er — Les fonds ou bâtiments appartiendront, en la ville de La Courtine, à ceux qui les possèdent ou les auront acquis et aux leurs, pour tout temps et à jamais.

Art. 2. — Tout homme ou femme qui prend fondement de maison en La Courtine doit la bâtir et fermer dans un an.

Art. 3. — Aucun homme ni femme ayant maison en la ville de La Courtine, ne paiera aucun droit de layde de ce qu'il vendra à lui appartenant.

Art. 4. — Si un étranger, après avoir demeuré un an au service d'un habitant de la ville de La Courtine, veut y faire sa demeure, il jouira des mêmes privilèges en payant une fois la somme de trente livres pour la commune de la ville.

Art. 5. — Qui vendra en la ville de La Courtine, sa maison et autres choses immobilières paiera au seigneur de vingt sols douze deniers.

Art. 6. — Qui sera convaincu de faux poids, de fausses mesures, paiera trois livres d'amende.

Art. 7. — Un cheval paiera. quatre deniers de layde en la ville ;

Une jument, quatre deniers ;

Un mulet, une mule, quatre deniers ;

Un bœuf, une vache, un âne, quatre deniers ;

Une douzaine de moutons ou chèvres, deux deniers ;

Une douzaine de peaux de moutons ou chèvres, un denier ;

Une charretée d'arans, quatre deniers ;

Une charretée de cercles, une faisse ;

Une charretée de bois, deux bûches ou étèles ;

Une charge de fruits (pommes, poires, etc.), trois douzaines ;

Les grains, d'un septier une coupe ;

Un cuir paiera une maille ;

Tous marchands drapiers et autres tenans au foirail ou marché paieront deux deniers chaque foire ou marché ;

Qui vend fromage en doit un chaque année ;

Le laydier ne doit rien prendre que ses droits pour les poids et mesures ;

Les sauniers d'un septier de sel doivent une manade ;

Et pour le terrage doivent une autre manade.

Art. 8. — Tout homme et femme de La Courtine peuvent et doivent moudre leurs grains au moulin de La Courtine quand bon leur semble, en payant au munier une coupe par septier, faisant les huit la carte, sans être tenus de donner aide au munier.

Art. 9. — Tout homme et femme de mauvaise vie, mauvaise réputation, doivent être condamnés à amende et ne peuvent demeurer en la ville de La Courtine sans l'agrément du seigneur et des consuls.

Art. 10. — Combien que le seigneur et ses officiers voulussent dire et déclarer qu'il lui appartient une garenne en la ville de La Courtine ou ses appartenances, ils ne seront recevables en leur intention et demande, d'autant qu'il n'y a droit ni lieu de prendre aucune garenne, selon l'usage de la ville.

Art. 11. — Pourront les habitants de la ville faire cuire leur pain au four commun, en payant deux deniers par chaque septier au fournier, à l'usage de la ville.

Art. 12. — Lorsque le seigneur choisit un bailly-châtelain, doit ledit bailly jurer sur les saints Évangiles que loyalement il gardera et fera garder les usages de la ville.

(Extrait du terrier-cartulaire de La Courtine inséré dans le *Livre des Annales de la ville de La Courtine* par l'abbé Michon, curé, publié dans le *Mémorial de la Creuse* (16 septembre 1871) par M. Victor Maingonnat, juge honoraire. A la suite de cet extrait l'abbé Michon avait placé la note suivante. « On aura recours pour les autres articles, qui ne sont pas rapportés ici, au terrier-cartulaire dont nous laissons la copie au long parmi les papiers de l'église. »)

~~~~~~~~

XVIII.

MASVAUDIER.

Aveu et déclaration faits au roi par les consuls des baillies du Masvaudier.

1681. — 15 mars.

Aujourd'huy quinziesme mars mil six cens quatre-vingt un, au village de Masvoudier, parroisse de Valliere, pardevant nous Jehan Foucher, nottaire royal, estably pour la confection du papier terrier du Roy de la province de la Marche, se sont presantez en leurs personnes : Damien le Grand, masson, du village de Brujaud, Gabriel le Faure, laboureur, habitant du village de la Coux, paroisse de Valliere, Michel de Martin, laboureur du village des Conchas et Annet Clement, masson, laboureur du village des Courcelles, paroisse de Saint-Michel de Vaisse, consuls des balliées de Masvaudier haulte et basse. Lesquels tant pour eux que pour les autres habitans contenantiers desdites balliées ont dit et declaré, que de tout temps et antiennenté, eux ou leurs predecesseurs sont proprietaires et

possesseurs desdites ballies, franchement et en franche condition, en general et en particulier, suivant l'affranchissement
à eux accordé par Monsieur Jacques de Bourbon, Roy de
Naples, comte de la Marche, en datte du vingt cinquiesme
janvier mil trois cens soixante deux, rattiffié par dame Eleo-
nord de Bourbon, sa fille, aussy comtesse de la Marche, le cinquiesme mars mil quatre cent, signé Bofinet et de la Combe,
nottaires. Sur lequel seroit intervenu jugement en la chastellenie d'Aubusson, en datte du quinziesme septembre mil six
cent cinquante, signé Carraud, greffier, portant confirmation
des prerogatives y contenües. Lesdites baillies consistant en
neuf villages et territoire diceux, situez dans les paroisses de
Valliere, le bourg de Saint-Michel de Vaisse, Banize, qui sont:
ledit village de Masvaudier, le Fraisse, Lascoux, le Brujaud,
paroisse de Valliere, le bourg de Saint-Michel de Vaisse, les
villages de Courcelles, les Conchas, la Villotte, de ladicte
paroisse de Saint-Michel et le village de la Vallade, paroisse
de Banize. Lesquelles dittes ballies se joignent et confrontent:
d'orient aux communaux et champs froids des villages de Mar-
nior et le Vert, de midi aux heritages et domaines du bourg
de Valliere, d'occident au village des Paigniact, du septentrion
au villages de Vergnias, paroisse de Saint-Sulpice. Et que pour
raison d'icelles, ils sont annuellement et solidairement tenus
et payent au Roy, en tous droiz de directe seigneurie, droits
de lots et vantes, à raison de vingt deniers pour livre, quarante neuf livres de taille franche, payables : dix-neuf livres à
Nostre-Dame de Mars et trente livres à Nostre-Dame d'Aoust,
six sols pour le droit de fournage et six sols pour le droit de
vergnes. Desquellez quarante neuf livres il en est payé par
les habitans des villages de la haulte ballie qui sont:
le Masvoudier, le Fraisse, Lacoux et le Brujaud, conjointement avec les contenantiers desdits villages, dix-neuf livres
douze sols, sans neantmoins aucun prejudice à la solidité de
laditte taille franche, droit de fournage et vergnes, et les trente
livres restantes sont payées par les habitans et contenantiers
de la basse baillie ; sans, comme dit est, prejudice à la solidité

de laditte taille franche, outre les redevances et menues rentes que chacun des particuliers et habitans desdits villages peuvent devoir, la declaration desquels sera faite par un chacun desdits habitans, separement et distinctement par chaque village despendans desdites baillies. Et outre ce que dessus, doivent encore le droit de dixme et terrage qui se prend et se paye, suivant ledit tiltre d'affranchissement et sentence donnée en consequence, susditte et susdattée, sur les bleds seigle de Saint Michel seulement : lequel droit de dixme et terrage est que qui, dans les dittes baillies seme comble paye ras, suivant la juste reduction et coustume de payer ledit droit de dixme et terrage, qui seme trois boisseaux de Saint Michel, en paye au Roy, deux boisseaux. Lesdits Legrand, le Faure, Michel de Martin, Annet Clément, consuls desdites baillies ont declarez ne scavoir signer de ce requis ; en presence de maistre Claude L'Hardy, huissier et Pierre Duris, praticien, de presant audit lieu, qui ont signé. Signé Foucher.

(Extrait du Terrier de la vicomté d'Aubusson, p. 372-373. *Archives de la Creuse*, série E.)

ACTES

D'AFFRANCHISSEMENTS PARTICULIERS.

Affranchissement, par Jean de la Souzmanghe, damoiseau, seigneur de Rateaux et de l'Age, d'une femme serve qu'il possédait en la paroisse de Pionnat.

1397 — 28 janvier, — V. S.

Universis presentes litteras inspecturis et audituris, Joannes Vonrete, clericus cancellarie ac custos sigilli cancellarie comitatus Marchie, in Domino salutem. Noveritis quod in presencia dilecti nostri Petri de Laboreys, clerici, notarii et jurati nostri, ad hoc a nobis specialiter deputati, in jure propter hoc, personaliter constitutus, nobilis vir, Joannes de la Souzmanghe, domicellus, dominus de Rasteaux et de Agia, pro se et suis heredibus et successoribus, presentibus et futuris,

gratis, sponte, scienter ac provide, suaque ductus mera et
spontanea voluntate, et certus de jure et facto suis, ut asseruit,
et bene consultus, ut dicebat : respectis, visis et consideratis
quam plurimum amoris, honoris, servitii et curialitatis a Margarita, filia defuncti Geraldi Torlhon, quondam de Chanont'
parochie Pionacensis, uxoreque Stephani Aufaure de Forgiis
inferioribus predicte parochie Pionacensis, femina serve
conditionis predicti domicelli, quondam sibi factis et impensis ;
de quibus amore, honore, servitio et curialitate dicta Margarita nullam adhuc remunerationem nondum fuerit obtenta,
nec aliquo modo adsequta. Nolens propter hoc dictus domicellus de vitio ingratitudinis reprehendi, sed potius de remune-
ratione collaudari et approbari ; et propter affectum affinitatis
quem habet ad dictam Margaritam, ipsamque ab omni proba-
tione relevatam haberi et teneri penitus et omnino et tanquam
bene meritam, et in remunerationem et recompensationem omnium et singulorum predictorum amoris, honoris, servitii et
curialitatis, dictam Margaritam, ad hoc presentem, recipientem,
pro se et suis solemniter stipulantem et acceptantem et suos
heredes, presentes et futuros ex sua propria carne descendentes utriusque sexus procreatos et procreandos, affranchi-
vit, cessit, absolvit et perpetuo quittavit, affranchit, cessit absolvit et perpetuo quittat, quittatione et absolutione pura,
vera, perpetua, simplici et irrevocabili factis inter vivos et cum
meliore modo, jure et forma quibus quittacio et absolutio pura,
vera, perpetua, simplex et irrevocabilis valet et valere potest
et debet, et absque aliqua spe revocandi, videlicet de omni
servitute, homagio, questa, superquesta, thalia, superthalia,
duplo, cursagio, arbanno, vinata, servitiis, questionibus, causis,
querelis, sequelis, petitionibus et demandis, realibus et per-
sonalibus, mixtis et directis, et de omnibus aliis casibus servitutis cujuscumque et cuicumque servituti pertinentibus, et de
omnibus et singulis aliis rationibus, debitis, querelis, sequelis,
petitionibus et demandis et aliis quibuscumque singulis et universis, in quibus dicta Margarita et sui tenebantur seu teneri
poterant predicto domicello et suis, quoquo modo, seu qua-

cumque causa, tacita vel expressa; nihil juris, deverii nomine, rei, dominii, possessionis, servitutis, actionis, questionis, cause, querele et demande, realis et personalis, mixte et directe, sibi et suis retinens, predictus domicellus in predicta Margarita et suis ex propria carne descendentibus, sed totum jus, deverium, dominium, possessionem, servitutem, actionem, possessionem, questionem, causam, querelam et demandam, realem et personalem, mixtam et directam, quod et quas dictus domicellus habet, habebat et habere seu requirere poterat, seu possit, quoquo modo, seu quacumque causa, tacita vel expressa in dicta Margarita et suis in eandem Margaritam et suos presentes et futuros ex propria carne descendentes, procreatos et procreandos, totaliter et in perpetuum transferens, pleno jure, per concessionem presentium litterarum. Et nihilominus predictus domicellus, pro se et suis, presentibus et futuris, voluit et concessit, vult et concedit quod predicta Margarita et sui heredes, presentes et futuri, ut supra dictum est, possint et quod eisdem liceat eligere, facere et advohare quemcumque dominum voluerint et sibi placuerit, aucthoritate propria predicte Marguerite et heredum suorum, nullius expectata licentia etiam vel obtenta. Dampna vero, missiones, intercessi, sumptus et expense legitime facienda et sustinenda ob moram, culpam, deffectum seu retardationem complementi omnium et singulorum premissorum, promisit predictus domicellus pro se et suis predicte Marguerite et suis predictis emendare, reddere, restituere et restaurare per integrum et de plano, ad simplex juramentum predicte Margarite et suorum, quamvis nemo possit esse judex, testis et arbiter in sua causa, cui legi predictus domicellus, pro se et suis, expresse renuntiavit. Et promisit predictus domicellus, pro se et suis, sub obligatione omnium et singulorum bonorum suorum, mobilium et immobilium, presentium et futurornum et heredum et successorum suorum, prestito ab ipso ad sancta Dei evangelia, tacta corporaliter, juramento, predicta omnia et singula et subsequentia, in presentibus litteris contenta esse et ea attendere, tenere, complere et inviolabiliter observare etc.

In quorum omnium et singulorum fidem et testimonium,
ad relationem dicti notarii, jurati nostri, qui nobis viva voce
premissa fideliter retulit, coram ipso sic acta et recognita
fuisse cum judicio et concessa, testibus hiis presentibus, et a
dicto notario et jurato vocatis, dilectis in Christo domino
Joanne Talbandon, capellano de Mazeraco et Petro Decotia.
Nos enim ipsi notario et jurato nostro ejusque fideli relationi
nobis facte, ut predicitur, fidem plenariam adhibentes, premissa-
que omnia et singula grata, rata et firma habentes, laudantes
et approbantes ac si coram nobis presentibus essent acta et
concessa, sigillum predicte cancellarie hiis presentibus litteris duximus apponendum, salvo jure domini comitis Marchie
et quolibet alieno.

Datum et actum coram predicto notario et jurato nostro et
curie sigilli predicte cancellarie, presentibus et vocatis prenomi-
natis testibus, die lune vigesima octava die mensis januarii,
anno domini millesimo trecentesimo nonagesimo septimo.

PETRUS DE LABOREYS, clericus.

(Original, parchemin. *Archives départementales de la Creuse,*
série H, fonds du prieuré des Ternes, et Cartulaire du même
prieuré T. I. p. 256, 257.)

*Acte d'affranchissement d'une femme serve par Louis de Mon-
trognon, seigneur de Chard, de Salvert et de Romagnat.*

1474. — 15 septembre.

Nous, Loys de Montreignhon[1], seigneur de Char[2], de Sala-

[1] Montrognon, commune de Ceyrat, canton de Clermont (Puy-de-Dôme).
Montrognon (de *Monte Regno*, de *Monte Rigoso* ou *Rugoso*) est-le nom d'une
maison noble de l'Auvergne qui remonte au moins au XIIe siècle. W. *de
Monte Regno* fut présent, en 1196, à un acte d'engagement de la terre de Cha-
malières fait par le dauphin d'Auvergne. Louis de Montrognon, seigneur de
Salvert et du Chard, fut marié le 12 juin 1432 avec Marie du Puy de Coudray,
fille de Geoffroi, chambellan de Charles VI et de Jean duc de Berry : il était
seigneur de Salvert en 1430 (V. Chabrol, *Coutumes d'Auvergne*, T. IV, p. 802-
805.)

[2] Chard, canton d'Auzances (Creuse), à la source du Cher. Guillaume de la

vert ³ et de Romanhat ⁴, savoir faisons à tous ceulx qui ces
presentes lettres verront et ourront, que nous, de notre
bon gré, pure et franche voulunté, et pour les bons et agreables services, amours, faveurs et autres biens faitz à nous
faitz par Loyze de Ferrachat ⁵, filhe de Antoine de Ferrachat,
demeurant de present au lieu de La Borie, paroisse de Sermur ⁶, notre femme serve et de serve condicion, pour raison

Roche-Aymon en 1269, Roger, son fils, de 1300 à 1325, jouissaient de cette
terre qui, après Louis de Montrognon, mort après 1476, passa dans la maison
de Rochefort. François de Rochefort, marié avec Jeanne de Courtenay en
était seigneur, en 1536, et fit, en cette qualité, une transaction avec les religieux
de l'abbaye d'Ebreuil, au sujet des dîmes de la paroisse de Chard, dont il
prétendait avoir la moitié, comme les tenant en fief de l'abbé d'Ebreuil. François de Rochefort, seigneur de Salvert et du Chard, vivait encore en 1541. La
veuve de François de Salvert, sieur du lieu, écuyer ordinaire de l'écurie du
roi, chevalier et capitaine du guet de la ville de Paris, en était propriétaire
en 1578. Après elle, Louise de Salvert et Claudine de Chazeron, filles de Gilbert, chevalier des ordres du roi, vivant en 1643, furent dames de Chard.
François de Monestay, son fils, chevalier, seigneur de Chard, baron de Roulat
maréchal de camp ès armés du roi lui succéda et cette terre appartint à ses
descendants jusqu'à la Révolution. (*Archives de la Creuse*, série E. Titres
de la famille de ROCHEFORT et de la famille CHABROL.)

³ Salvert, commune de Fontanières, canton d'Evaux (Creuse). En 1493, Jacques de la Souche était seigneur de Salvert et de la Lande (Charroux, *Coutumes du Bourbonnais* T. II, p. 40, Procès-verbal, art. Murat). Nous avons vu
plus haut (p. 110) que Pierre de Salvert était seigneur de Gouzon en 1581.
Claire-Catherine de Salvert, fille du marquis de Salvert de Montrognon et de
Jeanne-Marie de Mellet, ayant épousé Marc-Antoine d'Ussel, marquis dudit
lieu, baron de Crocq et de Châteauvert, seigneur de Saint-Martial, le Bech,
Flayat, la Rodde, la Garde, mort en 1771, fut nommée tutrice de ses enfants, par
acte judiciaire fait en la sénéchaussée de la Marche le 6 novembre de la même
année. Elle épousa en secondes noces Jean de Joussineau, comte de Tour-
donnet, colonel d'infanterie dont elle était veuve en 1784 (Titres de la famille
d'Ussel. *Archives de la Creuse*, série E.)

⁴ Romagnat, canton de Clermont (Puy-de-Dôme).

⁵ Ferrachat, commune du Compas, canton d'Auzances (Creuse). L'usage de
prendre le nom de son village fut très-commun parmi les paysans de la Combraille. On trouve la preuve, dans les Archives, qu'au siècle dernier, souvent
toutes les familles d'un hameau en portaient encore le nom. (Note de M. A.
Richard.)

⁶ Sermur, canton d'Auzances (Creuse).

et à cause de notre chastellenie et seigneurie de Char, de la prouve desquieulx services et biens faitz nous voulons icelle Loyze et les siens apperpetuel estre deschargés, en recompensacion et remuneracion d'iceulx services et biens faitz, nous avons donné et par tiltre de pure, mere, parfaicte, simple, perpetuelle et irrevocable donnacion, avons cedé, quicté, remitz et transporté et par donacion faicte entre vifz et par la meilleur forme et maniere que ceste donnacion peut et doit valoir de droit et de coustume, à la dicte Loyze de Ferrachat et à ses hoirs descendans de son propre corps et par loyal mariage, et ès descendens d'iceulx apperpetuel, en droite ligne; c'est assavoir tout le droit et action, querele, question, peticion et demande que nous avons, et que nous compete et appartient et peut competer et appartenir en la dicte Loyze et en ses ditz hoirs et ès biens d'icelle Loyze et de ses ditz hoirs, pour raison et à cause de la dite servitute, nul droit ne action, coursaige, septe ne poursuyte nous ne retenons à nous ne ès nostres en la dite Loyze ne en ses ditz hoirs ne ès descendans d'iceulx, apperpetuel, en droite ligne, et leurs ditz biens avons mainmictz et mainmectons par ces presentes lettres, du lyan et jou de servitute, et avons donné et octroyé, donnons et octroyons à la dite Loyze, par ces presentes lettres, plain pouvoir, congié et licence de soy marier là où bon luy semblera, et ses filz fere clercz, et ses filhes marier, et fere et excercer tout ce que chiescune personne franche et de franche condicion peut et doit fere, sans notre licence ne d'autre quel que soit, et promectons les choses dessusdites et chescune d'icelles tenir et actendre, sans jamaiz venir au contraire. En tesmoing desquelles choses, nous avons signé ces presentes lettres de notre seing manuel et séellées du seél de noz armes, faictes et données soubz iceulx, le quinziesme jour du moys de septembre lan mil CCCC soixante quatorze.

Signé : MONTROIGNON.

(Le scel qui était rouge, sur simple queue, est perdu.)

Original, parchemin. (*Archives départementales de la Creuse*, série E, art. 130.) Publié par M. A. Richard dans le *Compte rendu du Congrès archéologique de Guéret.* (Guéret Dugenest, 1866, in-8°), p. 188-192.)

ACTE D'AFFRANCHISSEMENT
D'UN HOMME SERF PAR LE SEIGNEUR DE TERCILLAT.

1495. — 9 septembre.

A tous ceux qui ces presantes lettres verront, Micheau du Bois, escuyer, garde du seel estably aux contrats de la court et baronnie de Sainte-Severe, salut en notre Seigneur. Scavoir faisons que pardevant Pierre Bouchery, presbtre, juré et notaire dudit seel, usant de notre authorité et pouvoir, et en lieu de nous quant ad ce, pour ce personnellement establly noble homme George de la Chastre, escuyer, seigneur de Tercillat, pour luy, ses hoirs et successeurs advenir d'une part, Pierre Gentil, du Sudrin, parroisse de Linards, pour luy ses hoirs et successeurs advenir d'autre part, le dit George, escuyer, seigneur susdit, de son plain gré et certaine science, pure et liberalle volonté, si comme il disoit, veu et entendus les obseques, amours, honneurs, complaisances, curialités et agreables services par luy faits le temps passé et espere qu'il luy fera le temps advenir, aussy moyennant la somme de quinze livres tournois heus et receus, à cause de ce, par ledit George, escuyer, seigneur susdit, dudit Pierre Gentil, realment, tant en or qu'en monnaye courant, en la presance dudit juré; de laquelle somme dessusdite de quinze livres tournois icelluy George escuyer, seigneur, susdit s'est tenu pour bien comptant, satisfait et payé et en a quitté et quite perpetuellement ledit Pierre Gentil et les siens. En recompanse des choses dessusdites et autres à ce le mouvant ledit George, escuyer, seigneur susdit, a ledit Pierre Gentil, son homme serf, à cause des heritages qu'il tient de luy, comme dit est, affranchy, abonné et manumys, à perpetuel et à toujours mais, luy, ses enfans et comparsonniers, lequel et posterité procréés et à procreer, héritiers et coheritiers, successeurs, presants et advenir quelzconques, avec tous ses biens meubles et heritages, lieux et tenemens quelzconques que ledit Pierre Gentil tient dudit sei-

gneur, tant audit village de la Barre que aux environs, et ledit
Pierre Gentil a assolu, delié et deschargé de toute charge et
debvoir de servitude quelzconques, comme de bians, arbans,
vinades, courvées, boage, de la taille aux quatre cas quant il
advient, de double et de toute autre servitude et debvoir quelconques. Et par especial l'a deschargé, manumys et quité,
moyennant les choses dessusdites, de trois solz neuf deniers
tournois qu'il luy estoit tenu, pour raison desdits heritages, à
trois tailles l'année et de un boisseau et demy boisseau fro-
mant, et de toutes autres rantes, tant de blé, argent et debvoirs
à luy deubs pour raison desdits heritages et à devoir, tant par
droit que par us et coustumes de pais et lieu. Et ledit Pierre
Gentil a mis et imposé en mere et pure liberté et franchise,
ensemble lesdits meubles et heritages quelzconques qu'il tient
de luy comme dit est, sauf et reserve de douze deniers tournois de cens que ledit Pierre Gentil payera et les siens doresnavant un chescun an à chescun premier jour de mars audit
escuyer, seigneur susdit et aux siens, perpetuellement, pour
raison desdits heritages pour conserver et garder le droit seig-
neurial, en toute directe seigneurie, desdits heritages que ledit
escuyer a retenu à luy et aux siens successeurs advenir. Don-
nant et condessandant ledit George, escuyer, seigneur susdit
audit Pierre Gentil et aux siens, plain pouvoir et puissance
doresnavant de vendre, alliener, permuter, donner et eschau-
ger lesdits heritages tenus de luy à quelzconques personnes
et generallement de faire et disposer de luy et de ses biens
et heritages, en sa vie et à sa mort, ainsi que beau et bon luy
semblera, en restituant luy, ses hoirs et comparsonniers, presants et advenir, au droit naturel par lequel toutes personnes
sont nées franches, en quittant doresnavant le dit Pierre Gentil, ses hoirs, successeurs et comparsonniers, nés et à naistre,
quelzconques ledit Pierre Gentil, presant, et pour luy et les
siens solempnellement, stippullant et acceptant. Et tiendra
ledit Pierre Gentil, dès maintenant, les dits heritages dudit
George, escuyer, seigneur susdit, franchement de toutes charges, debvoirs, rantes et redevances quelzconques, sauf desdits

douze deniers de cens, payables, comme dit est, et dudit droit
de serfvitude, charges et redevances quelzconques ledit escuyer
s'est dessaisy, despouillé et desvestu, et ledit Pierre Gentil a
affranchy, abolly, abonné et a manumys à perpetuel et à toujours mais et les siens desdits heritages et biens susdits et
promis garantir et deffendre envers et contre tous de tous
troubles et empeschements quelzconques. Car ainsi il a esté ap-
pointé pardevant ledit juré : promettant ledit George, escuyer,
seigneur susdit, par sa foy pour ce corporellement baillée en
la main dudit juré, et par convenant exprestz, que contre les
choses dessusdites et le contenu en icelles il n'ira jamais au
contraire, mais le tiendra et gardera et aux siens tenir, garder
et accomplir les fera, sans enfraindre en aucune maniere de
tous coustz, pertes, dommages et interests, frais, mise et despans, faits et loyalmant affaire par ledit Pierre Gentil ou les
siens, pour faute d'accomplissement des choses dessusdites ou
aucunes d'icelles, a promis et promet ledit escuyer entierement
les luy rendre, restituer et emender, et quant a ce obligé et oblige
ledit, escuyer susdit audit Pierre Genty luy et ses hoirs et tous
chescun ses biens meubles et immeubles, presants et advenir
quezlconques, qu'il a pour ces oubzmis et supposés du tout, sans
descliner à la juridiction force et vigueur du dict scel de Sainta
Severe, et à toutes autres cours et jurisdictions quelzconques
toutes et singulieres exceptions, cautelles et cavellations, tant
de fait que de droit quelzconques, à ce faire contraires, ces-
sans du tout et arriere mise, si comme le dit juré auquel nous
croyons fermement et adjoutons plaine foy nous a affirmé les
choses des susdites estre vrayes, à la rellation duquel et de noble
homme George (?) des Moulins, escuyer, nepveu du dit George
de la Chastre et de Messieurs N.   , presbtre, curé de Tercillat,
et Jean Chambonnet, presbtre, nous garde, avons mis et apposé
le dit seel à ces presantes lettres. Donné le neufviesme jour de
septembre, l'an mil quatre cent quatre vingt quinze. Ainsi
signé P. Bouchery et Regnauld, notaire royal.

(Extrait du *Terrier de Tercillat*, communiqué par M. Tour-
nyol de Boislamy, juge de paix de Bonnat.)

Renonciation par J. de Cluis, seigneur de Batisse, aux droits
de servitude réelle et personnelle qu'il prétendait exercer sur
plusieurs habitants du viillage du Chezeau, commune de
Jalesches, canton de Châtelus.

1628 — 31 décembre.

Nos seigneurs tenens la venerable cour de parllemant à Paris
et ayant sur ce le dit Couchy dit Grellet, prins advis de son
consel, et pour esviter à plus grande esvollution de procès,
sont condessendues icelles partyes en l'acord qui sen suit.
C'est à scavoir, que le dit seigneur de Baptisse, demeurant au
dit lieu, paroisse de Clugnat, de son bon gré et bonne vollun-
pté, c'est desisté et departy, et desiste et depart, par ces presantes, puremant, simplemant et perpetuellemant de la taxe
portée par les rolles et en laquelle taxe Aufaure et Couchy
estoyent tenus et condempnez par la sentence dudit sieur
bally de Berry, ou son lieutenant à Issouldun, en date du vingt
troisieme jour de nouvembre, an present mil six cent vingt
huit, ensemble des despens dommaiges et interest qu'il a ou
pourrayt avoir et pretendre contre eux, et en temps que be-
soingt est ou seroyt, a affranchy et manumys, affranchy et manumet par ces presentes, de tous liens et jouget
de servitude, soyt tant de suittes, personnelle que de biens,
que taillable et mortaillable et autres especes de servitude
quelconques, qu'il pourroyt avoir et pretendre à l'encontre du
dit Jehan Couchy, Anthoyne Gilbert, Jehan et Barbe Couchy
veuf de feu Germain Touzain et ses enffans et de la dite deffunte Aufaure, sa femme et sans prejudice néanmoings des
droits de servitude que ledit sieur a reservé sur les aultres
enffans dudit Couchy et de la dite deffunte Aufaure qui sont
taxés par lesdit rolles par luy faits. Le dit Jehan Couchy, Grellet
pere et ledit Anthoyne, son fils, presants, stipullants et acceptants, tant pour eux que pour lesdits Jehan, Gilbert et Barbe,
leurs freres et les leurs, hoirs et successeurs à l'advenir. Le
dit desistemant fait pour et moyenant le prix et somme de deux
cents livres tournois, laquelle somme les dits Couchy ont pour

ce payé comptant reallement et de faict, en bon et loyal paye-
mant au dit seigneur de Baptisse qui la prinse et recue, dont
il s'est contenté et en a quitté et quitte les dits Couchy et les
leurs à l'advenir et promet ne leur en demander jamays aulcune chose ; et au surplus demeurent les parties hors de cour
et de procès, quittes l'une envers l'autre de tous despens,
dommaiges et interests qu'ils pourroyent avoir et pretendre
l'un contre l'aultre. Car ainsy l'on voullus et accorddés les
dites partyes. Promettans icelles partyes par leur foy et ser-
mant pour ce corporellemant mis et juré en la main du dit
juré, notayre, que contre le contenu en ces presentes ils
n'yront ne viendront, aller ne venir feront, ains le tiendront,
garderont, entretenir, garder et observer feront, à eux et aux
leurs à l'advenir, soubs l'obligation de tous et ungts chacuns
leurs biens, et à peine de tous despans dommaiges et interests
que seront fayts et soufferts affaulte de l'entretenemant et ac-
complissemant du contenu en ces presentes, et pour cet effaist
ont mis et soumis leurs dits biens, sous les compultions, con-
victions et contraintes de la cour et jurediction royalle de la
sénechaussée de ce pays de la Marche et de toutes autres cours
et juredictions dues et raisonnables. Renonçans sur ce, etc.

Faict et passé au lieu et bourg de Clugnat, domicille de Me
Jacques de la Ribardière, avans midy, en prescence de Me
Gilbert Juston, notaire royal, demeurans au dit bourg de Clugnat et de Jehan Niquant, meunier, demeurant audit moulin de
Rozeilles, paroysse de Saint Desier, tesmoingtz, qui ont signé
en la minutte des presentes avec ledit sieur de Baptisse et Anthoyne Couchy, ledit Jehan Couchy ayant desclaré ne
scavoir signer. Ainsy signé audit original, J. de Cluys, Juston, A Couchy, J. Nicquant et le notaire royal souzsigné, le
dernier jours de décembre l'an mil six centz vingt huist.

Camuzet, notaire royal expedié audit Couchy et Grellet.

(*Expedition sur parchemin, communiquée par M. Mayaud,
ancien huissier à Jarnages.*)

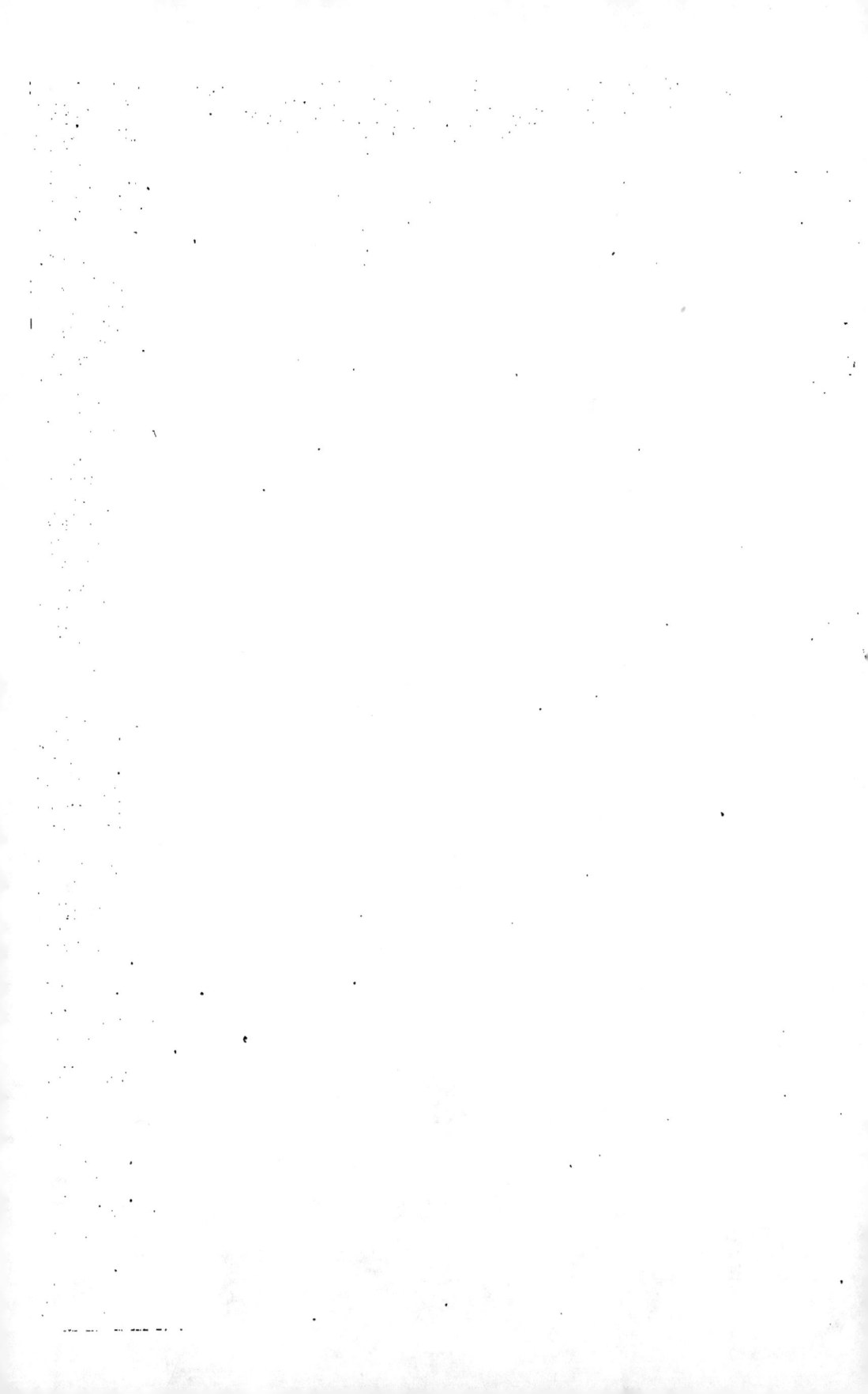